AF565890

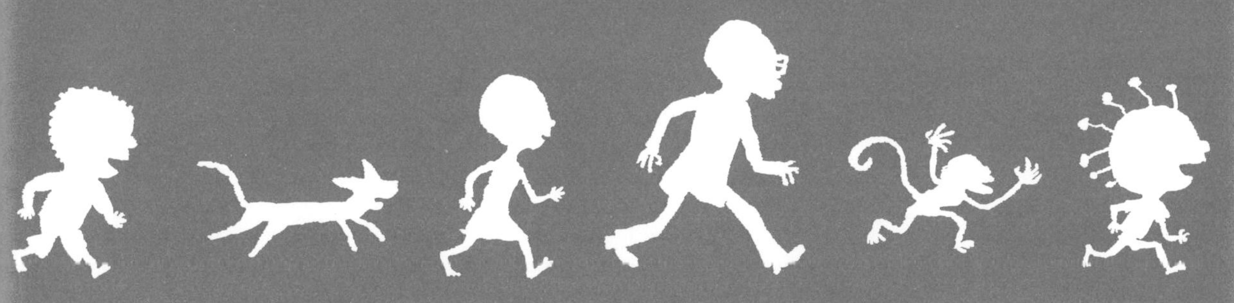

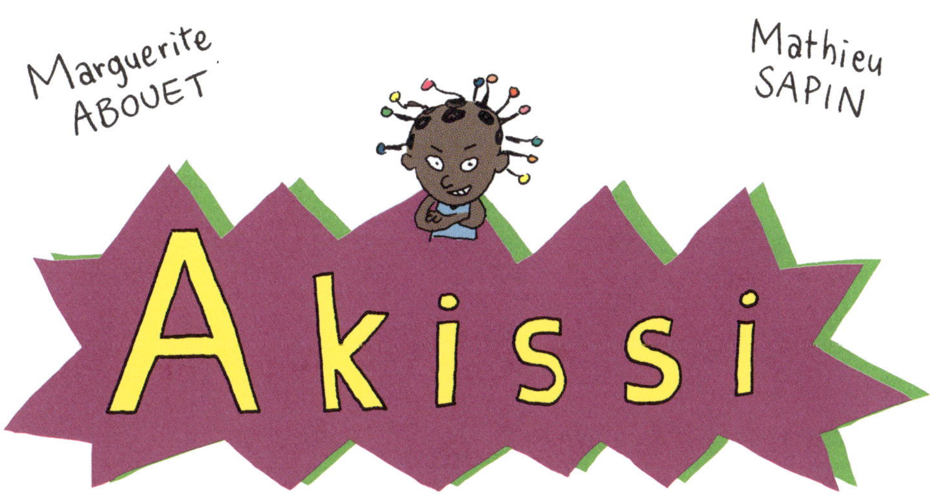

MAGISCHE MIXTUR

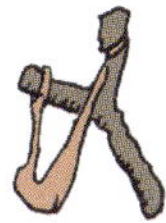

Angelehnt an die Bilderwelt
von Clément Oubrerie

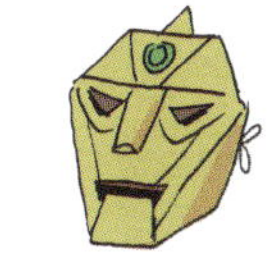

Farben: Clémence

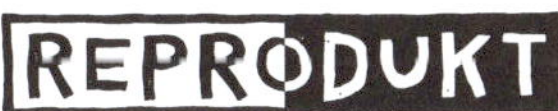

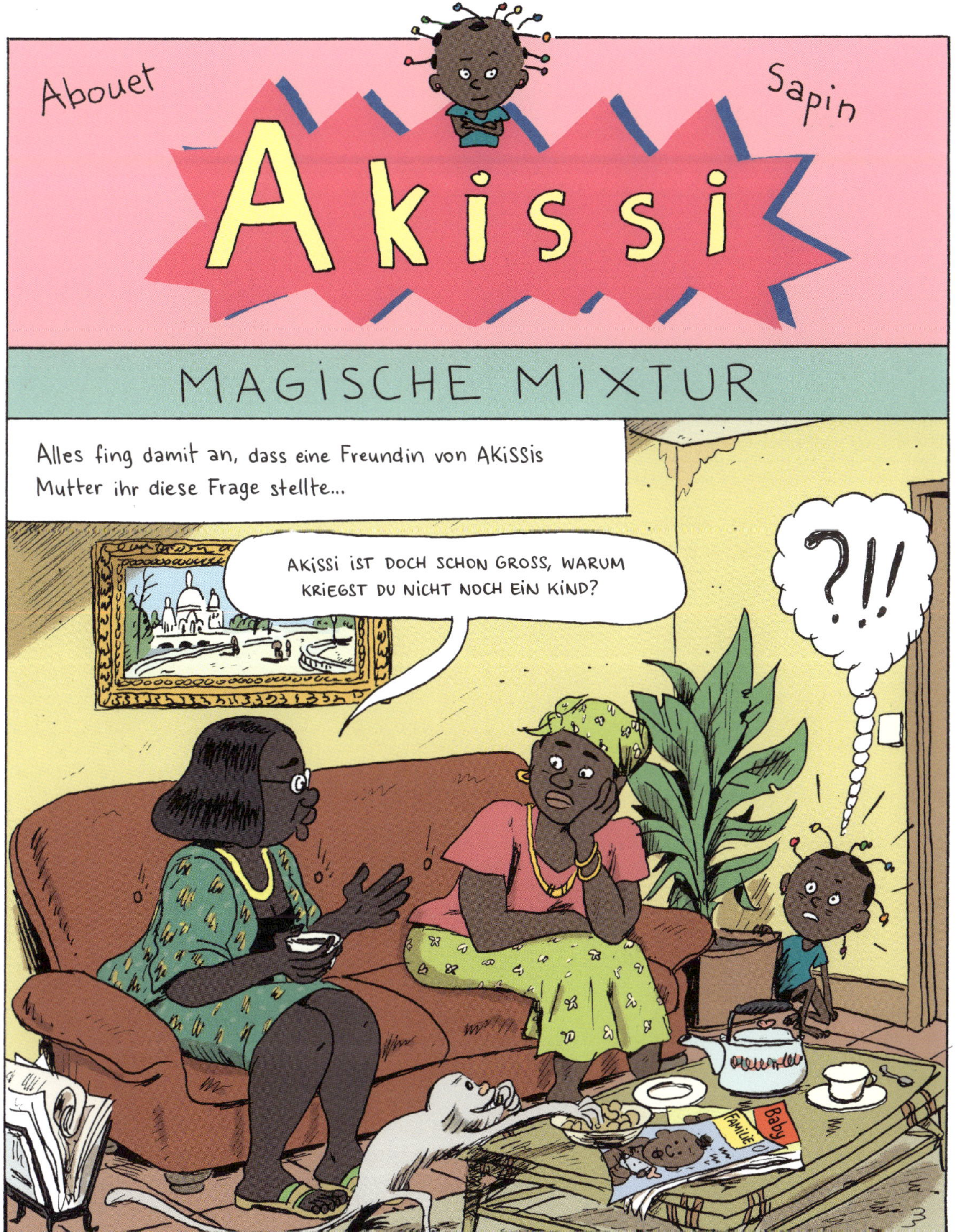

Abouet
Sapin
Akissi
MAGISCHE MIXTUR
Alles fing damit an, dass eine Freundin von AKISSIs Mutter ihr diese Frage stellte…
AKISSI IST DOCH SCHON GROSS, WARUM KRIEGST DU NICHT NOCH EIN KIND?
?!!
FAMILIE
Baby

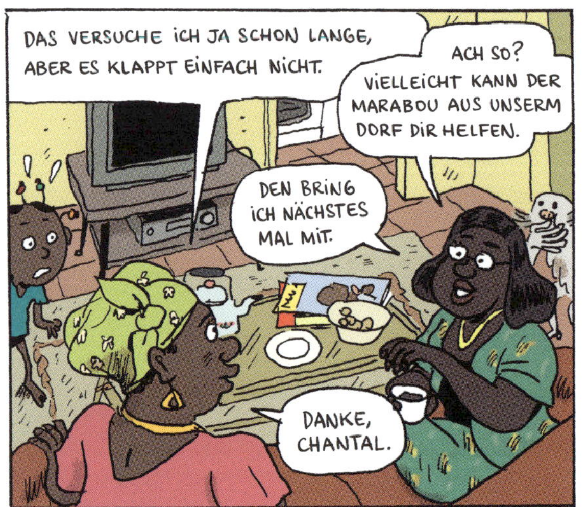
DAS VERSUCHE ICH JA SCHON LANGE, ABER ES KLAPPT EINFACH NICHT.
ACH SO? VIELLEICHT KANN DER MARABOU AUS UNSERM DORF DIR HELFEN.
DEN BRING ICH NÄCHSTES MAL MIT.
DANKE, CHANTAL.

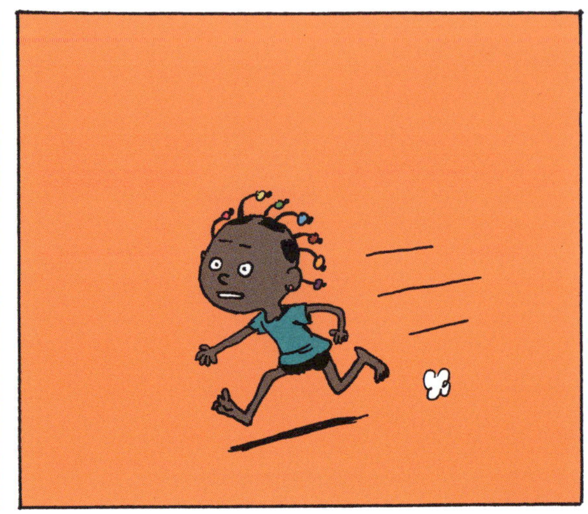

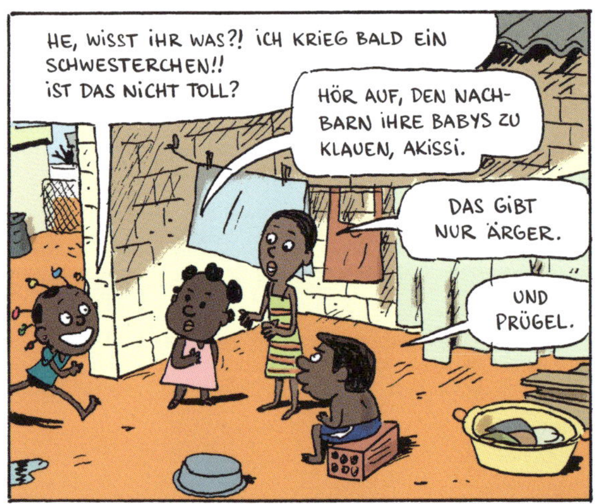
HE, WISST IHR WAS?! ICH KRIEG BALD EIN SCHWESTERCHEN!! IST DAS NICHT TOLL?
HÖR AUF, DEN NACHBARN IHRE BABYS ZU KLAUEN, AKISSI.
DAS GIBT NUR ÄRGER.
UND PRÜGEL.

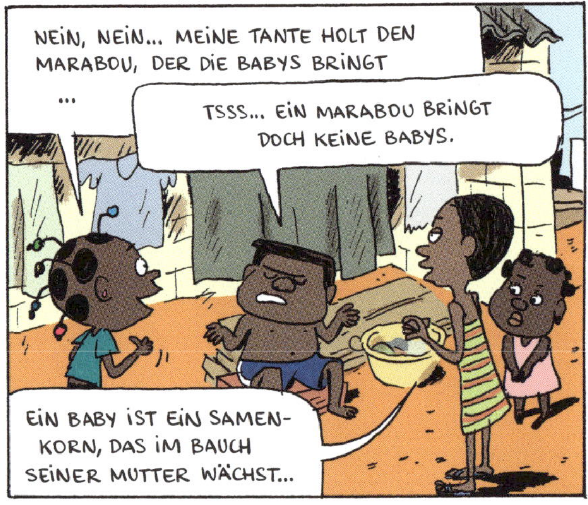
NEIN, NEIN... MEINE TANTE HOLT DEN MARABOU, DER DIE BABYS BRINGT ...
TSSS... EIN MARABOU BRINGT DOCH KEINE BABYS.
EIN BABY IST EIN SAMENKORN, DAS IM BAUCH SEINER MUTTER WÄCHST...

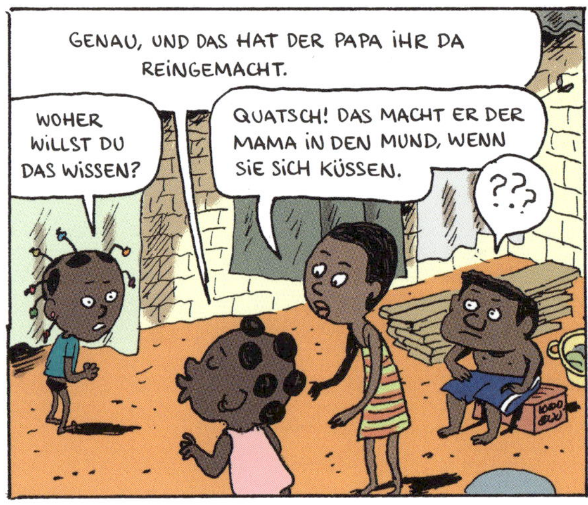
GENAU, UND DAS HAT DER PAPA IHR DA REINGEMACHT.
WOHER WILLST DU DAS WISSEN?
QUATSCH! DAS MACHT ER DER MAMA IN DEN MUND, WENN SIE SICH KÜSSEN.
???

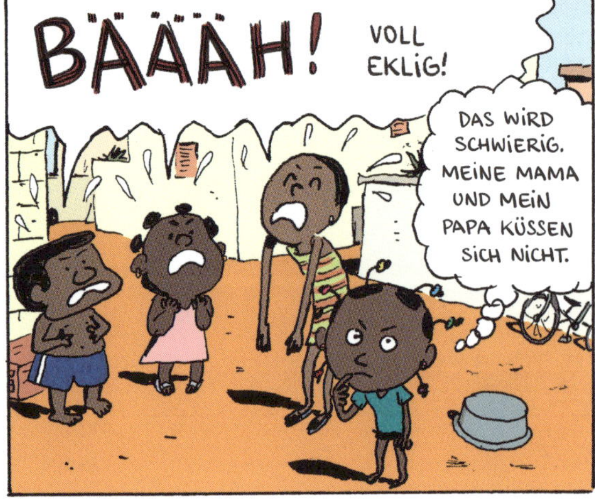
BÄÄÄH!
VOLL EKLIG!
DAS WIRD SCHWIERIG. MEINE MAMA UND MEIN PAPA KÜSSEN SICH NICHT.

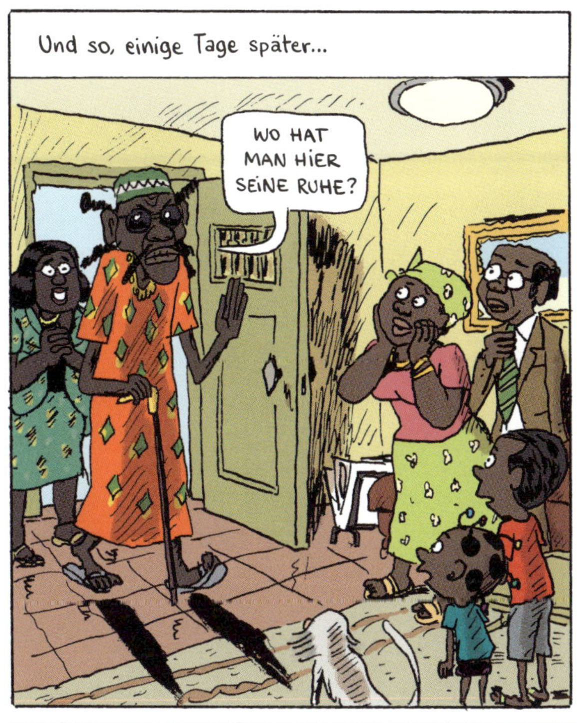
Und so, einige Tage später...
WO HAT MAN HIER SEINE RUHE?

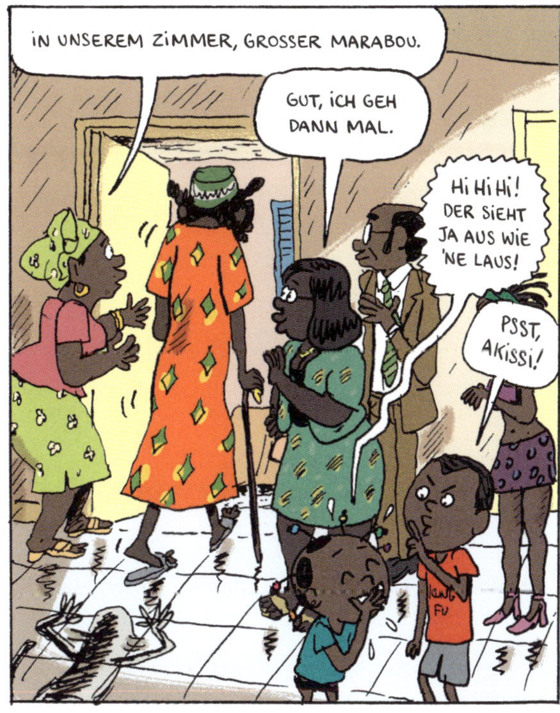
IN UNSEREM ZIMMER, GROSSER MARABOU.
GUT, ICH GEH DANN MAL.
HI HI HI! DER SIEHT JA AUS WIE 'NE LAUS!
PSST, AKISSI!

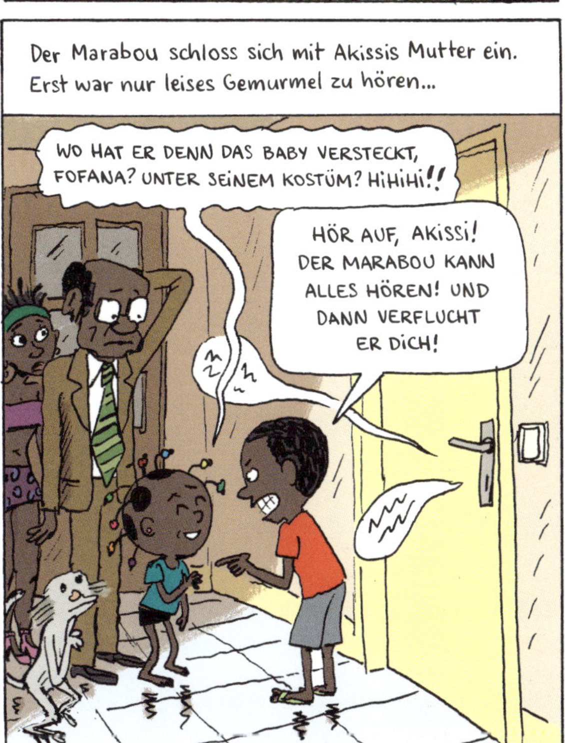
Der Marabou schloss sich mit Akissis Mutter ein. Erst war nur leises Gemurmel zu hören...
WO HAT ER DENN DAS BABY VERSTECKT, FOFANA? UNTER SEINEM KOSTÜM? HIHIHI!!
HÖR AUF, AKISSI! DER MARABOU KANN ALLES HÖREN! UND DANN VERFLUCHT ER DICH!

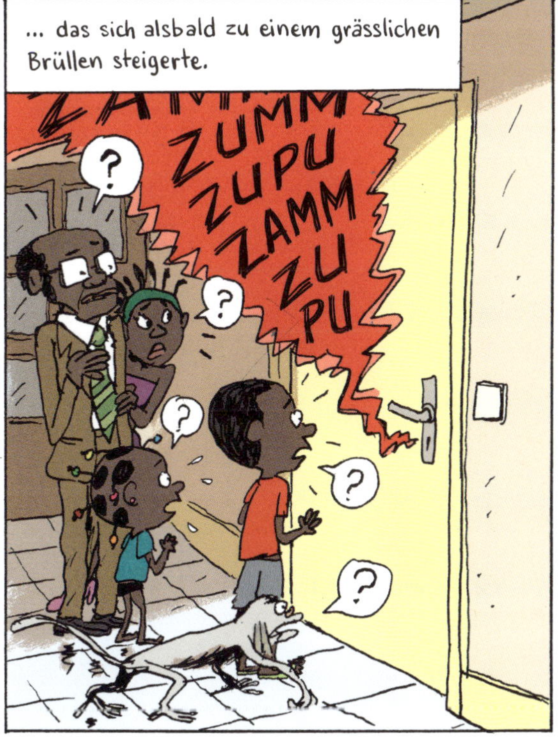
... das sich alsbald zu einem grässlichen Brüllen steigerte.
ZUMM
ZUPU
ZAMM
ZU
PU
?
?
?
?
?

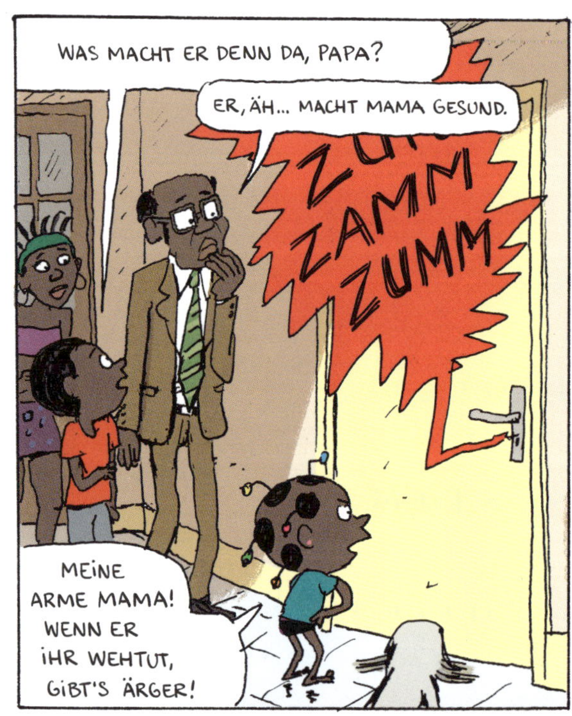
WAS MACHT ER DENN DA, PAPA?
ER, ÄH... MACHT MAMA GESUND.
ZUU ZAMM ZUMM
MEINE ARME MAMA! WENN ER IHR WEHTUT, GIBT'S ÄRGER!

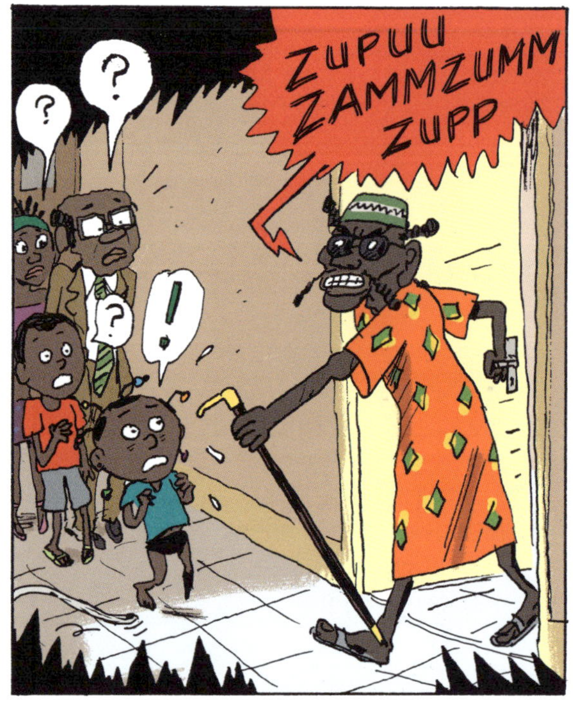
?
?
?
!
ZUPUU ZAMMZUMM ZUPP

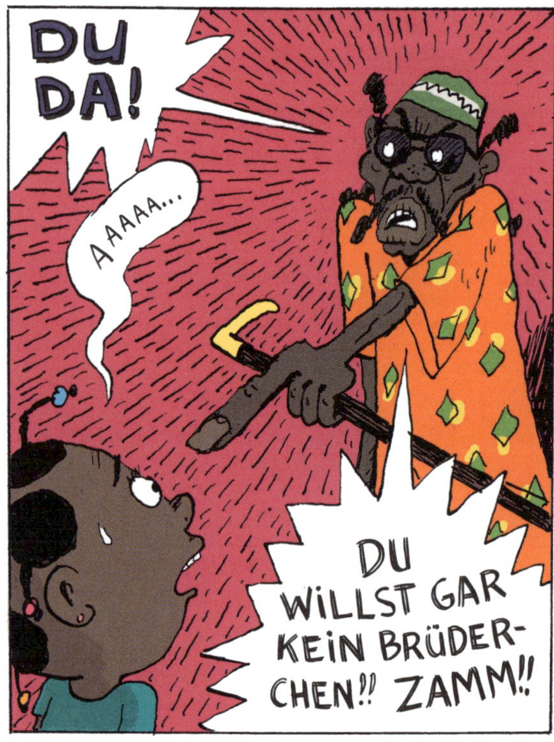
DU DA!
AAAAA...
DU WILLST GAR KEIN BRÜDERCHEN!! ZAMM!!

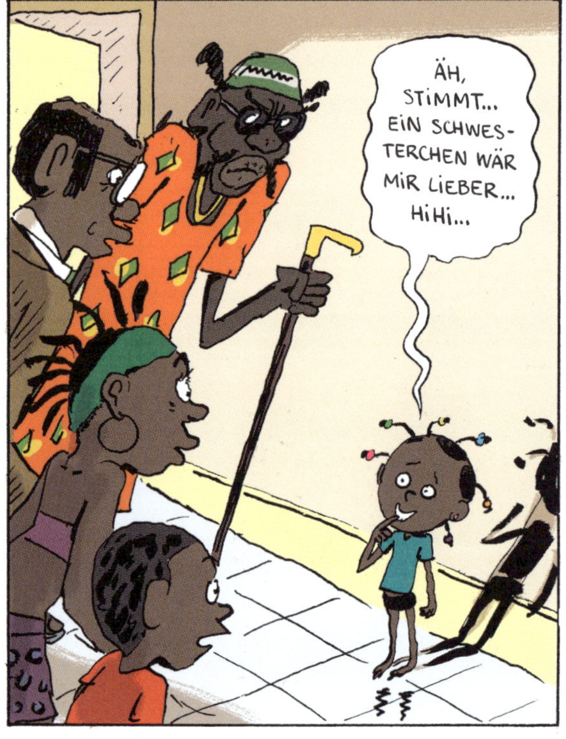
ÄH, STIMMT... EIN SCHWESTERCHEN WÄR MIR LIEBER... HIHI...

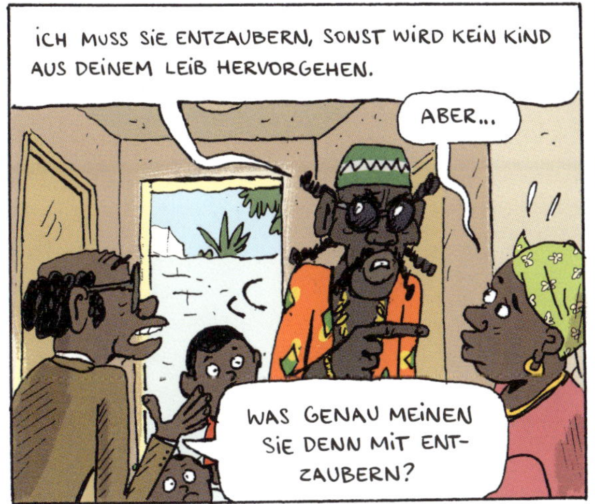
ICH MUSS SIE ENTZAUBERN, SONST WIRD KEIN KIND AUS DEINEM LEIB HERVORGEHEN.
ABER...
WAS GENAU MEINEN SIE DENN MIT ENT-ZAUBERN?

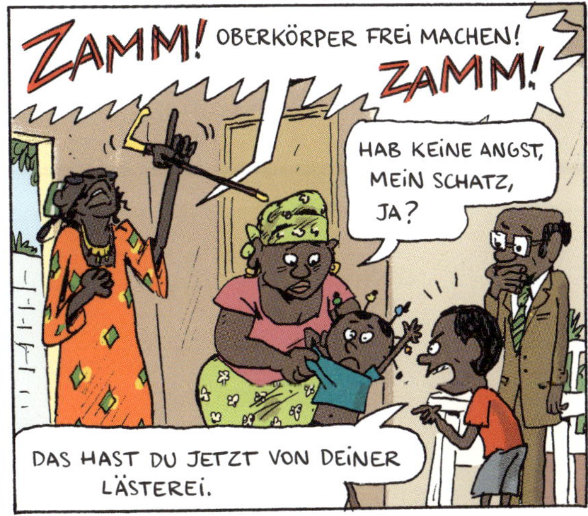
ZAMM!
OBERKÖRPER FREI MACHEN!
ZAMM!
HAB KEINE ANGST, MEIN SCHATZ, JA?
DAS HAST DU JETZT VON DEINER LÄSTEREI.

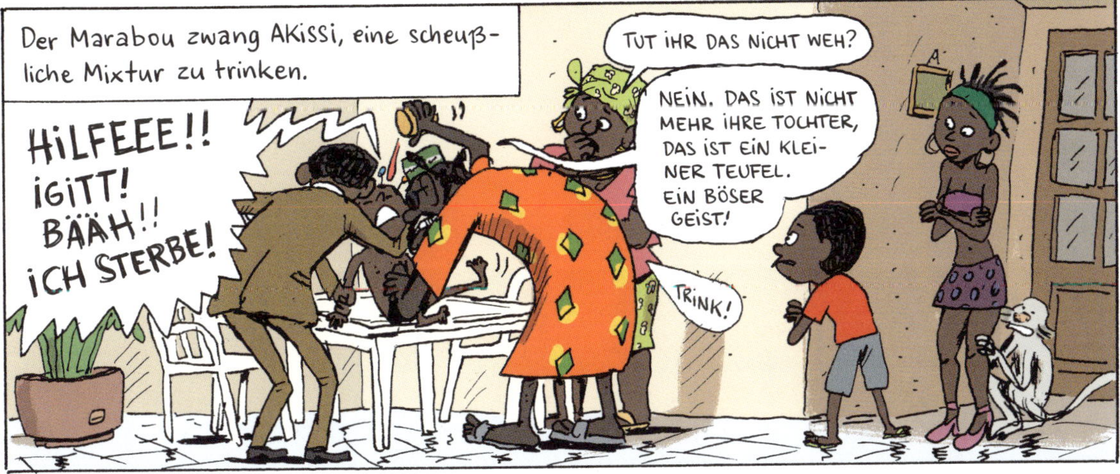
Der Marabou zwang AKISSI, eine scheuß-liche Mixtur zu trinken.
HILFEEE!! IGITT! BÄÄH!! ICH STERBE!
TUT IHR DAS NICHT WEH?
NEIN. DAS IST NICHT MEHR IHRE TOCHTER, DAS IST EIN KLEI-NER TEUFEL. EIN BÖSER GEIST!
TRINK!

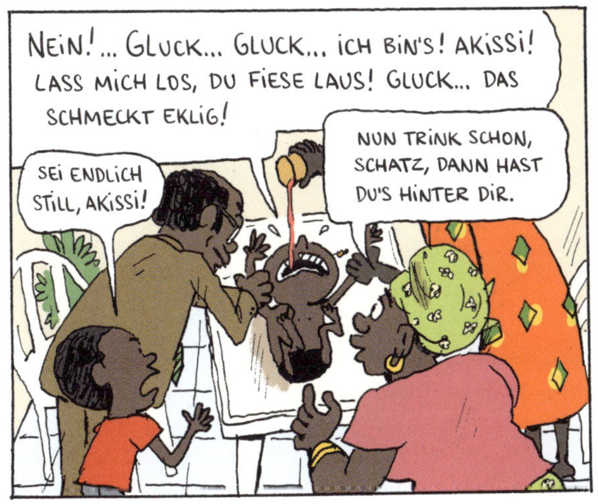
NEIN! ... GLUCK... GLUCK... ICH BIN'S! AKISSI! LASS MICH LOS, DU FIESE LAUS! GLUCK... DAS SCHMECKT EKLIG!
SEI ENDLICH STILL, AKISSI!
NUN TRINK SCHON, SCHATZ, DANN HAST DU'S HINTER DIR.

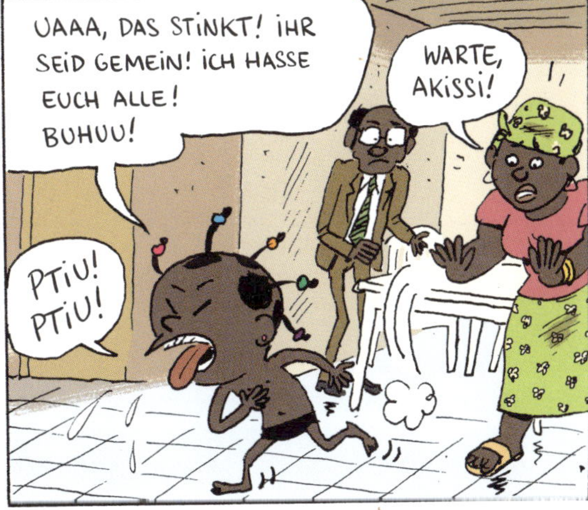
UAAA, DAS STINKT! IHR SEID GEMEIN! ICH HASSE EUCH ALLE! BUHUU!
WARTE, AKISSI!
PTIU! PTIU!

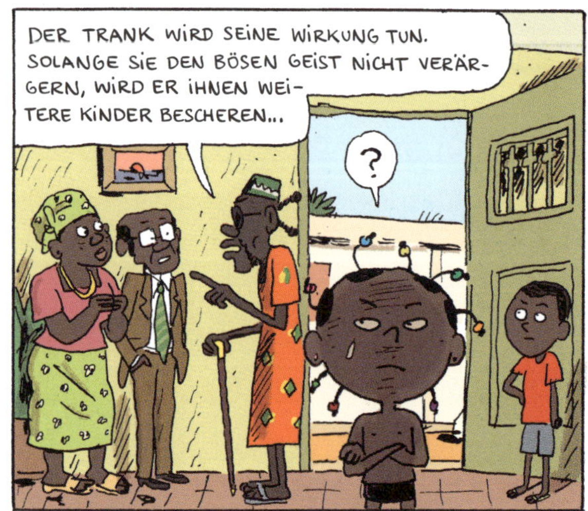
DER TRANK WIRD SEINE WIRKUNG TUN. SOLANGE SIE DEN BÖSEN GEIST NICHT VERÄRGERN, WIRD ER IHNEN WEITERE KINDER BESCHEREN...
?

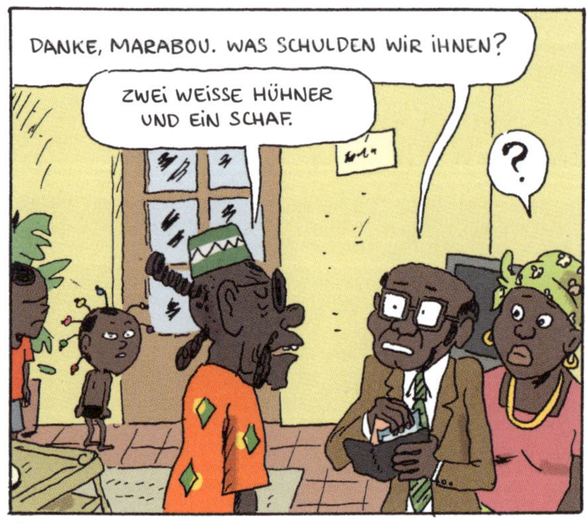
DANKE, MARABOU. WAS SCHULDEN WIR IHNEN?
ZWEI WEISSE HÜHNER UND EIN SCHAF.
?

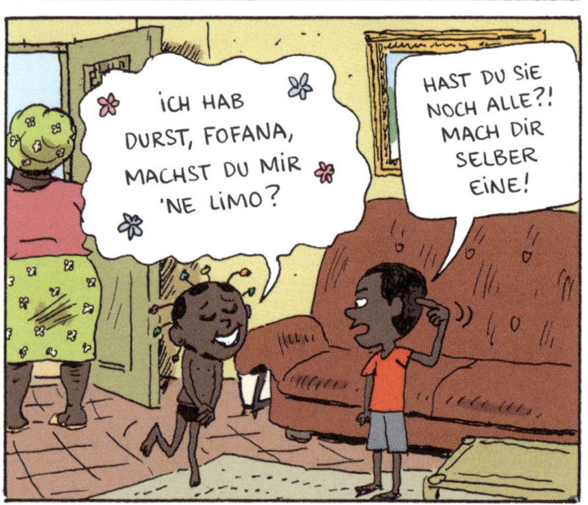
ICH HAB DURST, FOFANA, MACHST DU MIR 'NE LIMO?
HAST DU SIE NOCH ALLE?! MACH DIR SELBER EINE!

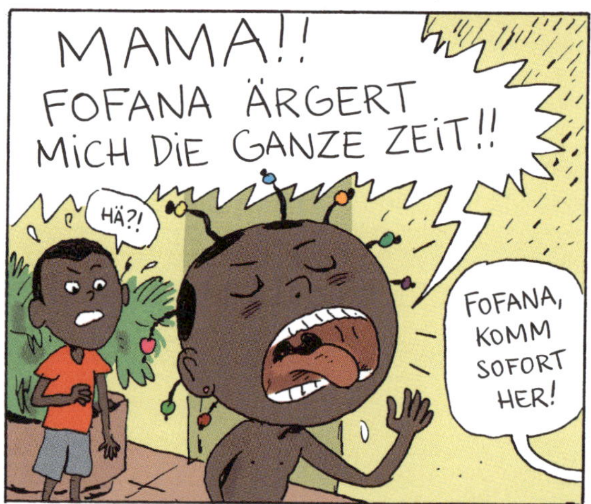
MAMA!! FOFANA ÄRGERT MICH DIE GANZE ZEIT!!
HÄ?!
FOFANA, KOMM SOFORT HER!

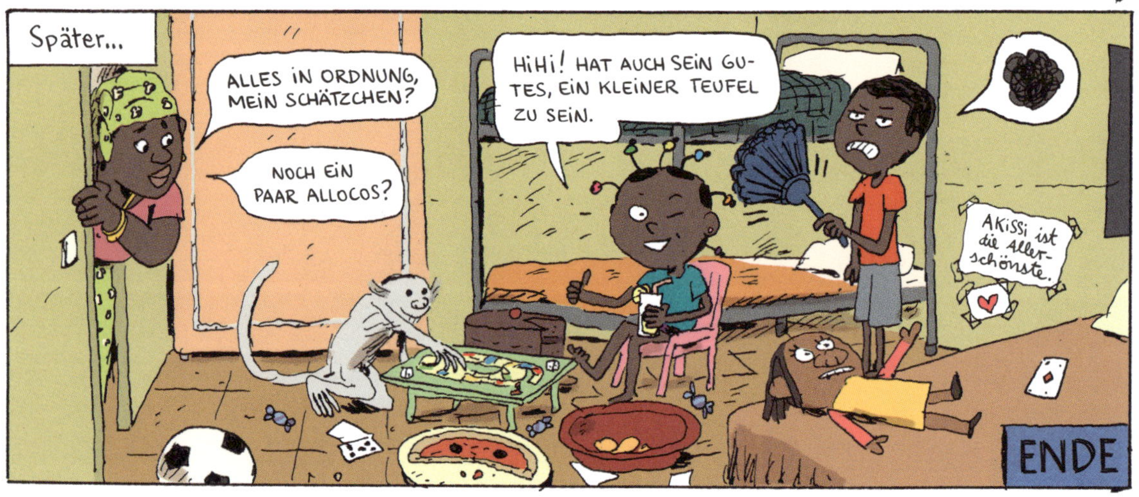
Später...
ALLES IN ORDNUNG, MEIN SCHÄTZCHEN?
NOCH EIN PAAR ALLOCOS?
HIHI! HAT AUCH SEIN GUTES, EIN KLEINER TEUFEL ZU SEIN.
AKISSI ist die Allerschönste.
ENDE

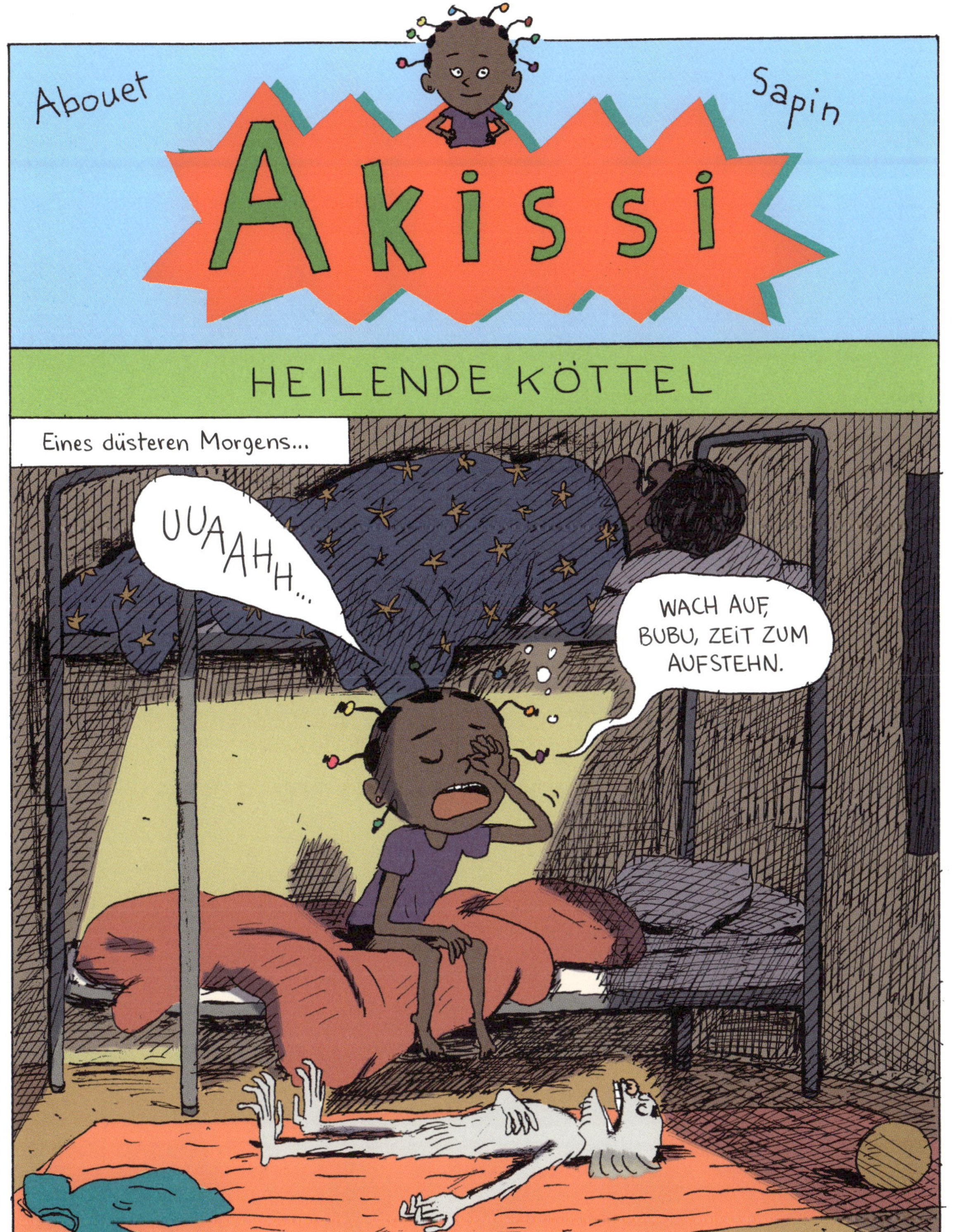
Abouet
Sapin
Akissi
HEILENDE KÖTTEL
Eines düsteren Morgens...
UUAAHH...
WACH AUF, BUBU, ZEIT ZUM AUFSTEHN.

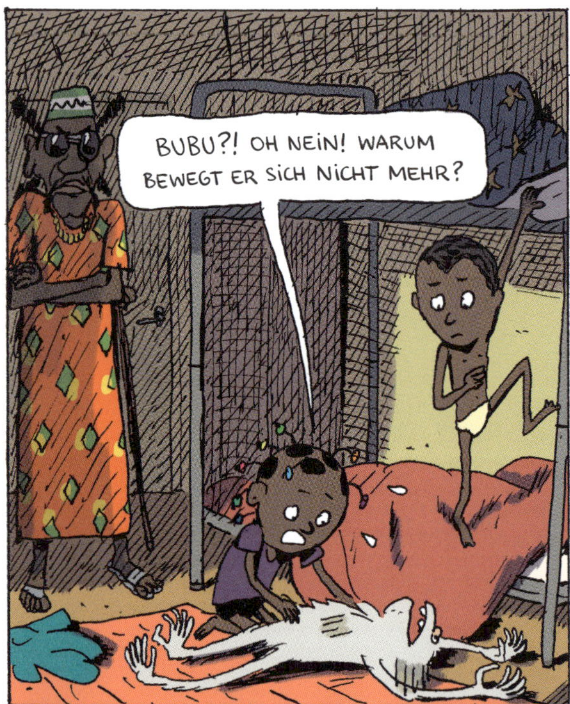
BUBU?! OH NEIN! WARUM BEWEGT ER SICH NICHT MEHR?

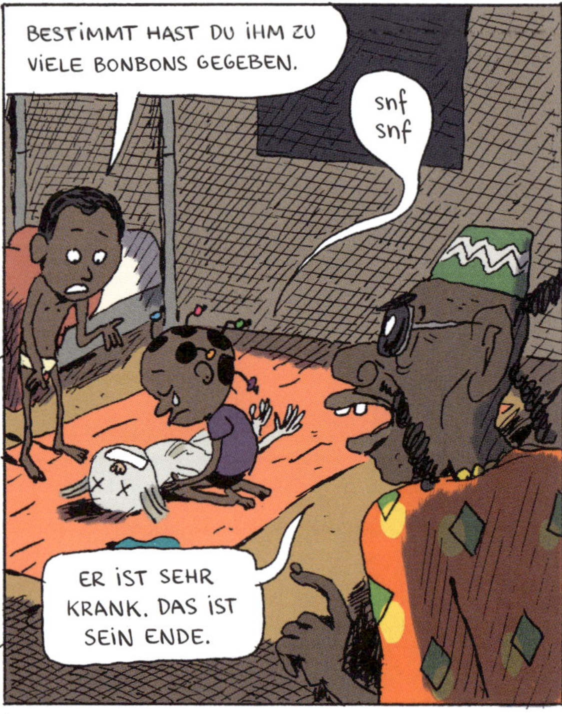
BESTIMMT HAST DU IHM ZU VIELE BONBONS GEGEBEN.
snf snf
ER IST SEHR KRANK. DAS IST SEIN ENDE.

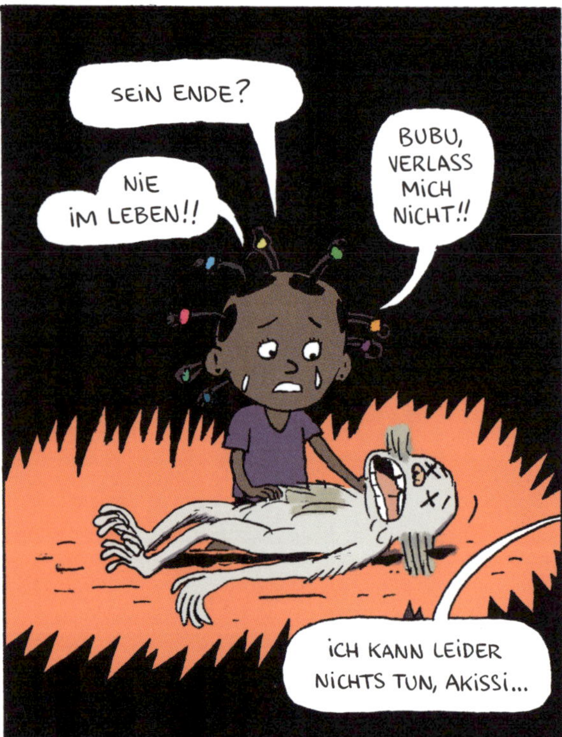
SEIN ENDE?
NIE IM LEBEN!!
BUBU, VERLASS MICH NICHT!!
ICH KANN LEIDER NICHTS TUN, AKISSI...

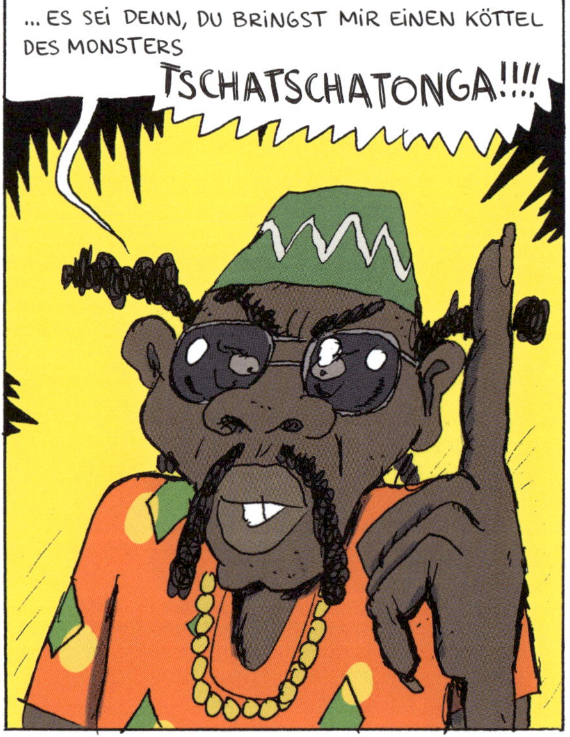
... ES SEI DENN, DU BRINGST MIR EINEN KÖTTEL DES MONSTERS
TSCHATSCHATONGA!!!!

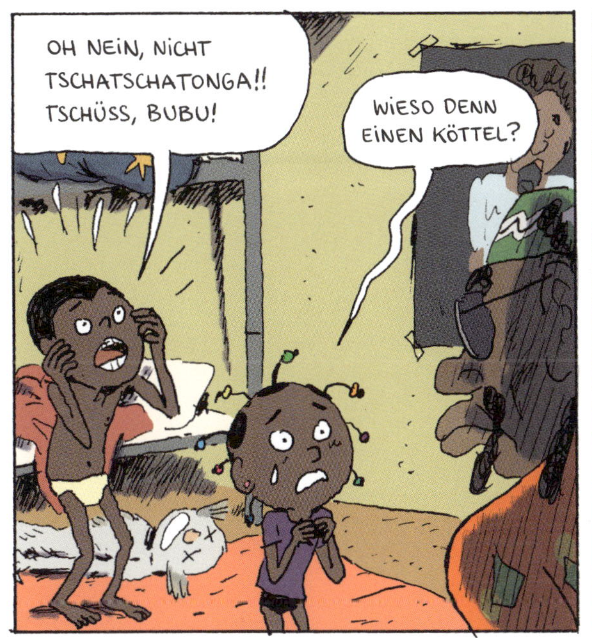

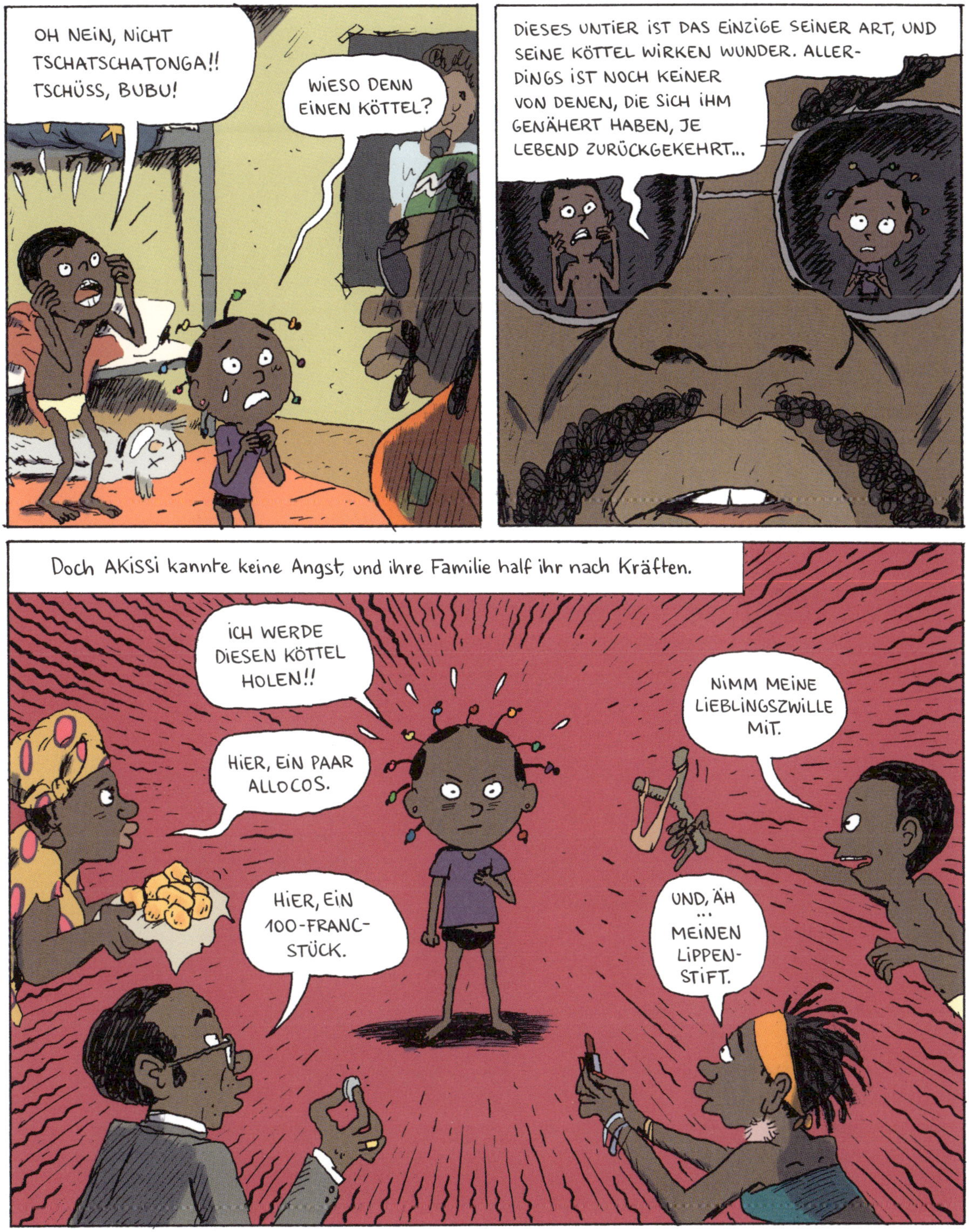

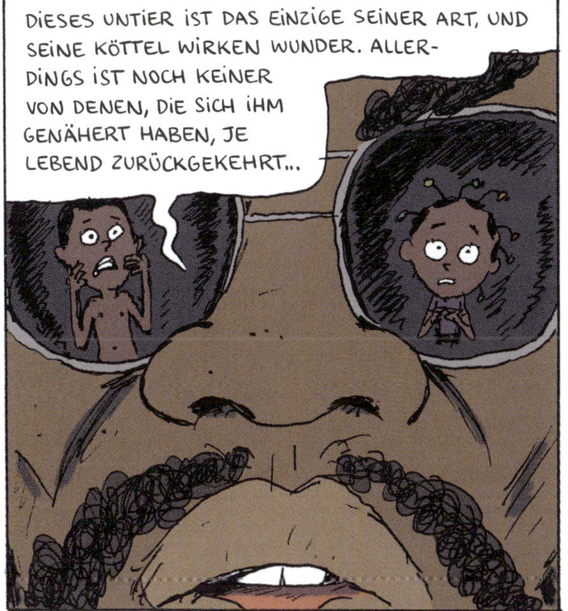

Doch AKISSI kannte keine Angst, und ihre Familie half ihr nach Kräften.

ICH WERDE DIESEN KÖTTEL HOLEN!!

HIER, EIN PAAR ALLOCOS.

HIER, EIN 100-FRANC-STÜCK.

NIMM MEINE LIEBLINGSZWILLE MIT.

UND, ÄH ... MEINEN LIPPENSTIFT.

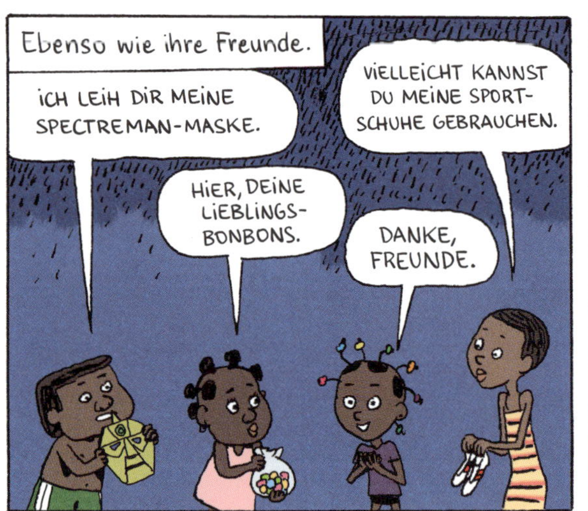
Ebenso wie ihre Freunde.
ICH LEIH DIR MEINE SPECTREMAN-MASKE.
VIELLEICHT KANNST DU MEINE SPORT-SCHUHE GEBRAUCHEN.
HIER, DEINE LIEBLINGS-BONBONS.
DANKE, FREUNDE.

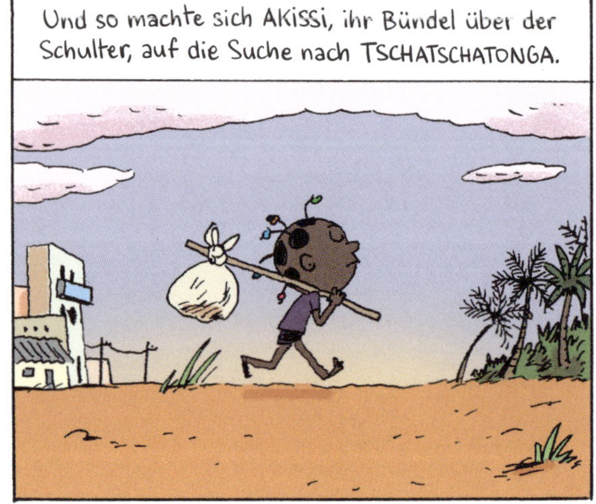
Und so machte sich AKISSI, ihr Bündel über der Schulter, auf die Suche nach TSCHATSCHATONGA.

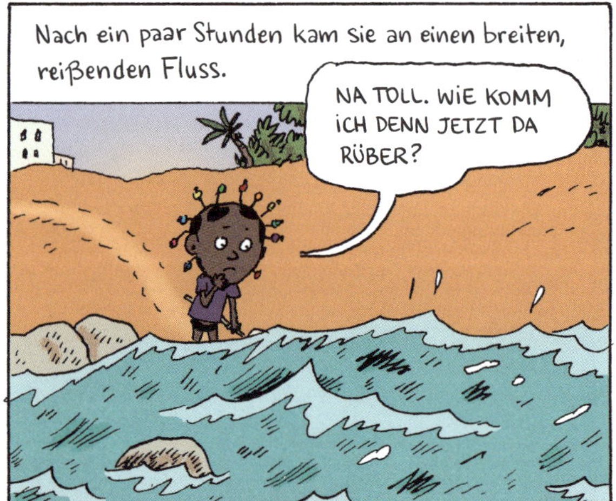
Nach ein paar Stunden kam sie an einen breiten, reißenden Fluss.
NA TOLL. WIE KOMM ICH DENN JETZT DA RÜBER?

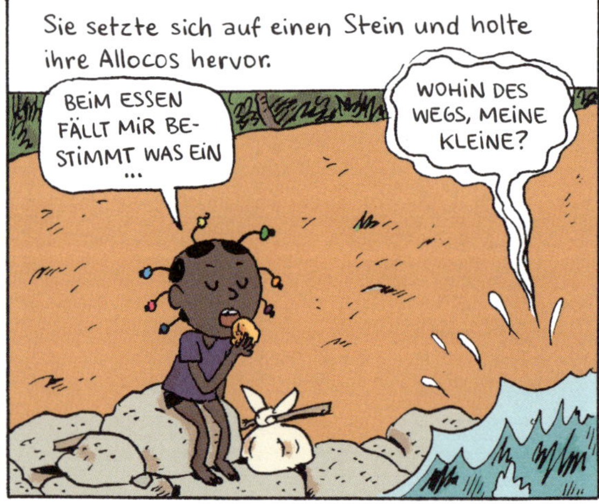
Sie setzte sich auf einen Stein und holte ihre Allocos hervor.
BEIM ESSEN FÄLLT MIR BE-STIMMT WAS EIN ...
WOHIN DES WEGS, MEINE KLEINE?

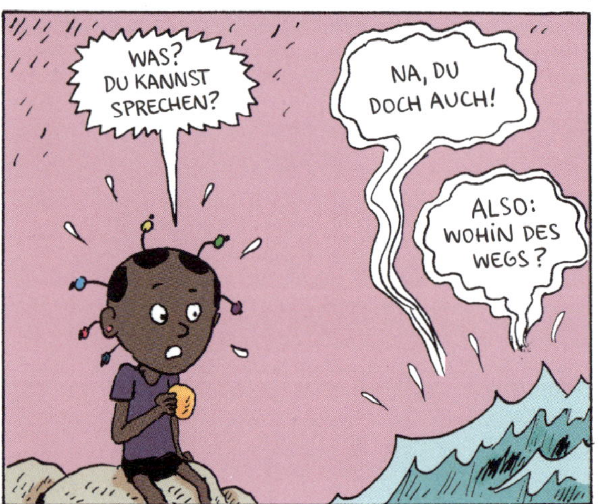
WAS? DU KANNST SPRECHEN?
NA, DU DOCH AUCH!
ALSO: WOHIN DES WEGS?

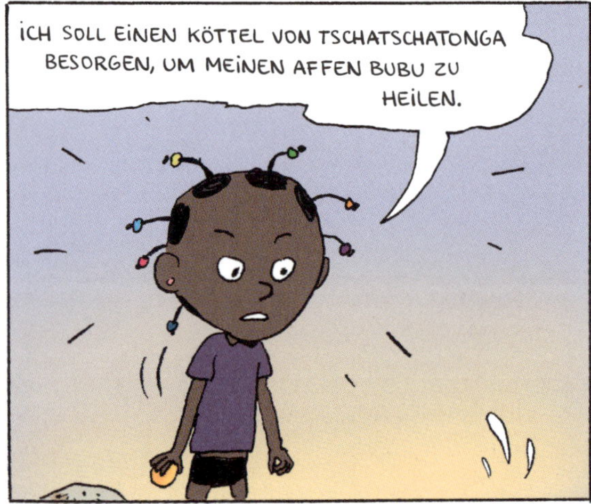
ICH SOLL EINEN KÖTTEL VON TSCHATSCHATONGA BESORGEN, UM MEINEN AFFEN BUBU ZU HEILEN.

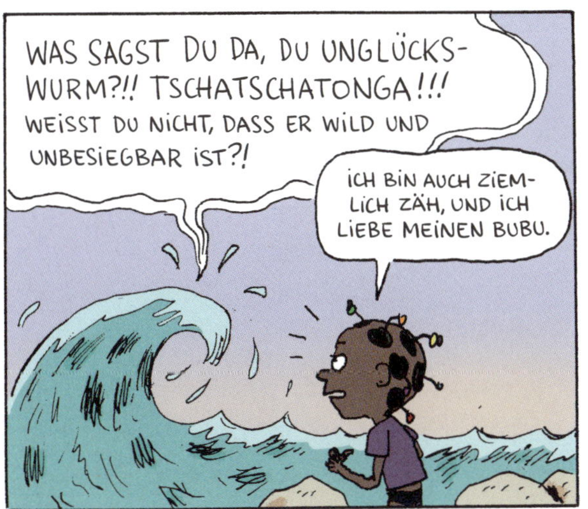
WAS SAGST DU DA, DU UNGLÜCKSWURM?!! TSCHATSCHATONGA!!! WEISST DU NICHT, DASS ER WILD UND UNBESIEGBAR IST?!
ICH BIN AUCH ZIEMLICH ZÄH, UND ICH LIEBE MEINEN BUBU.

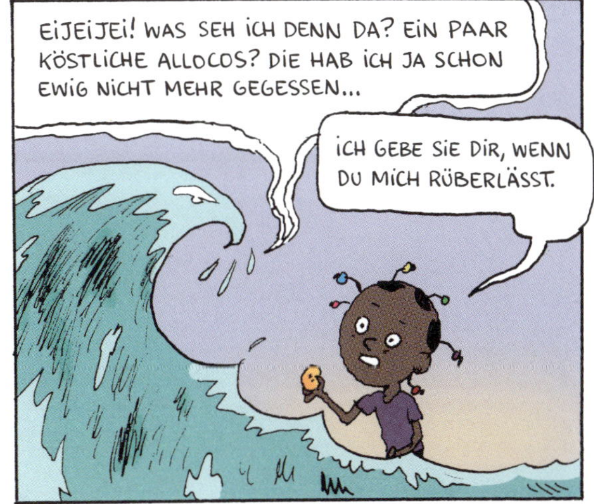
EIJEIJEI! WAS SEH ICH DENN DA? EIN PAAR KÖSTLICHE ALLOCOS? DIE HAB ICH JA SCHON EWIG NICHT MEHR GEGESSEN...
ICH GEBE SIE DIR, WENN DU MICH RÜBERLÄSST.

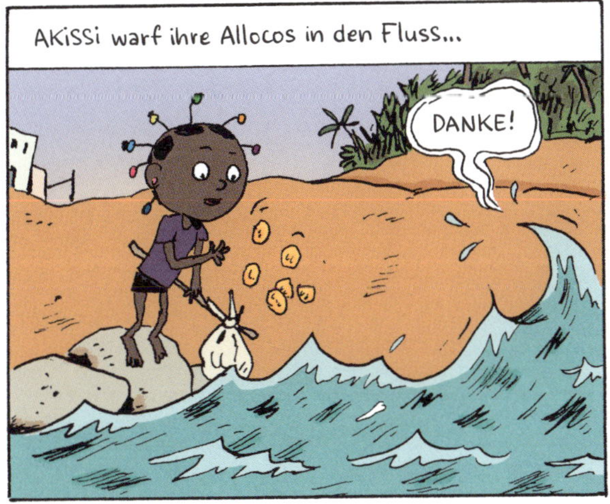
AKISSI warf ihre Allocos in den Fluss...
DANKE!

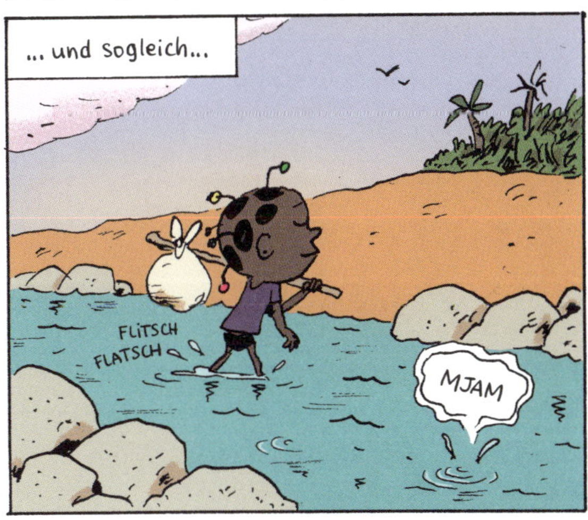
... und sogleich...
FLITSCH
FLATSCH
MJAM

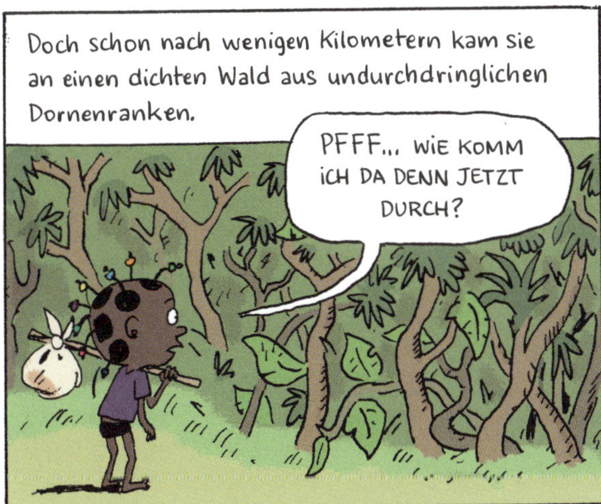
Doch schon nach wenigen Kilometern kam sie an einen dichten Wald aus undurchdringlichen Dornenranken.
PFFF... WIE KOMM ICH DA DENN JETZT DURCH?

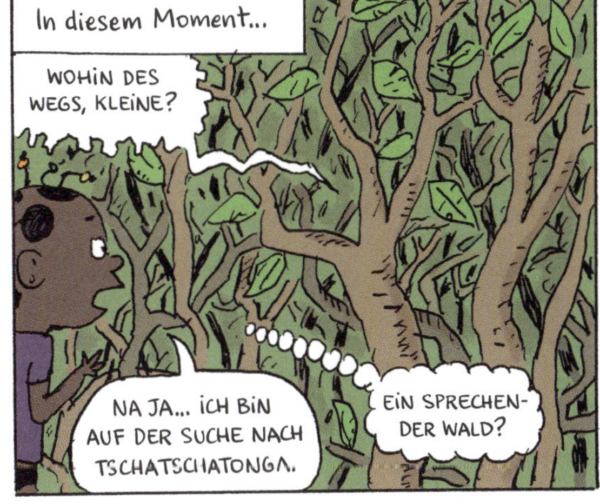
In diesem Moment...
WOHIN DES WEGS, KLEINE?
EIN SPRECHENDER WALD?
NA JA... ICH BIN AUF DER SUCHE NACH TSCHATSCHATONGA.

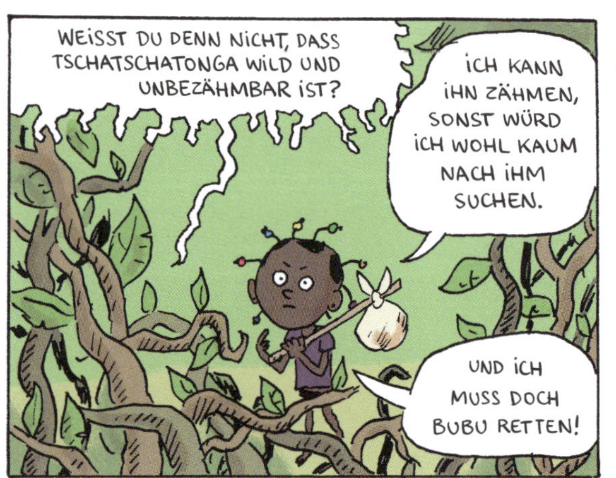
WEISST DU DENN NICHT, DASS TSCHATSCHATONGA WILD UND UNBEZÄHMBAR IST?
ICH KANN IHN ZÄHMEN, SONST WÜRD ICH WOHL KAUM NACH IHM SUCHEN.
UND ICH MUSS DOCH BUBU RETTEN!

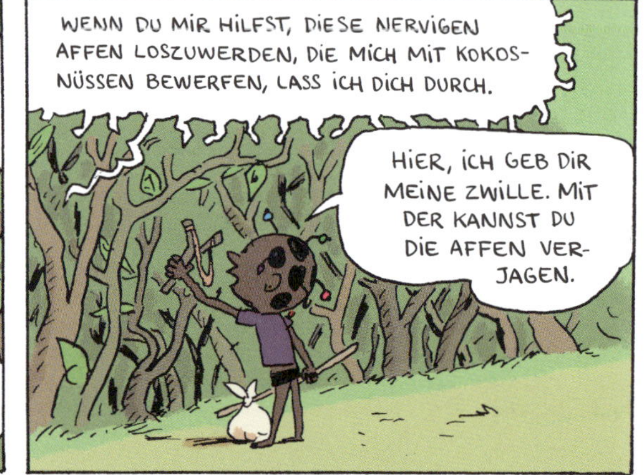
WENN DU MIR HILFST, DIESE NERVIGEN AFFEN LOSZUWERDEN, DIE MICH MIT KOKOSNÜSSEN BEWERFEN, LASS ICH DICH DURCH.
HIER, ICH GEB DIR MEINE ZWILLE. MIT DER KANNST DU DIE AFFEN VERJAGEN.

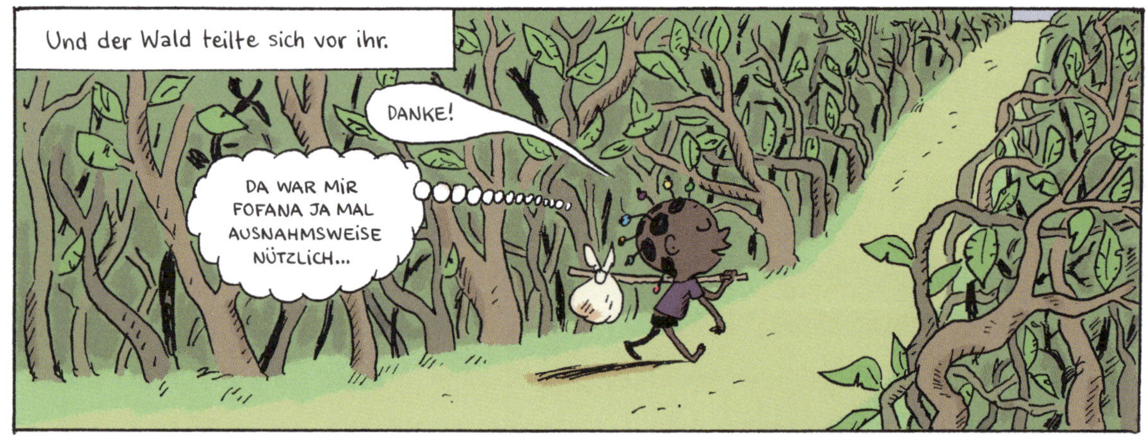
Und der Wald teilte sich vor ihr.
DANKE!
DA WAR MIR FOFANA JA MAL AUSNAHMSWEISE NÜTZLICH...

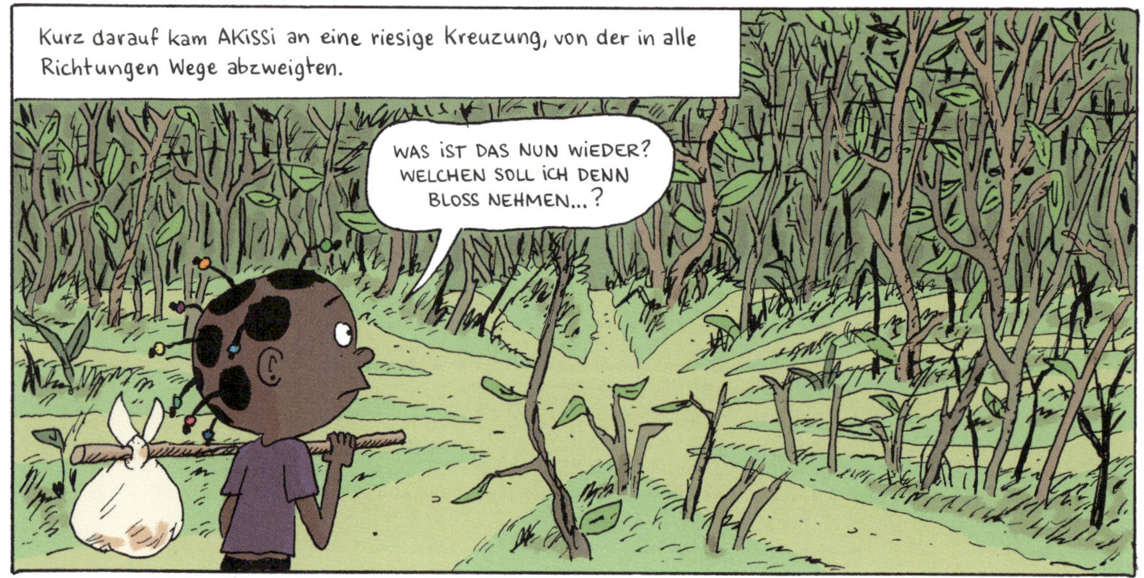
Kurz darauf kam AKISSI an eine riesige Kreuzung, von der in alle Richtungen Wege abzweigten.
WAS IST DAS NUN WIEDER? WELCHEN SOLL ICH DENN BLOSS NEHMEN...?

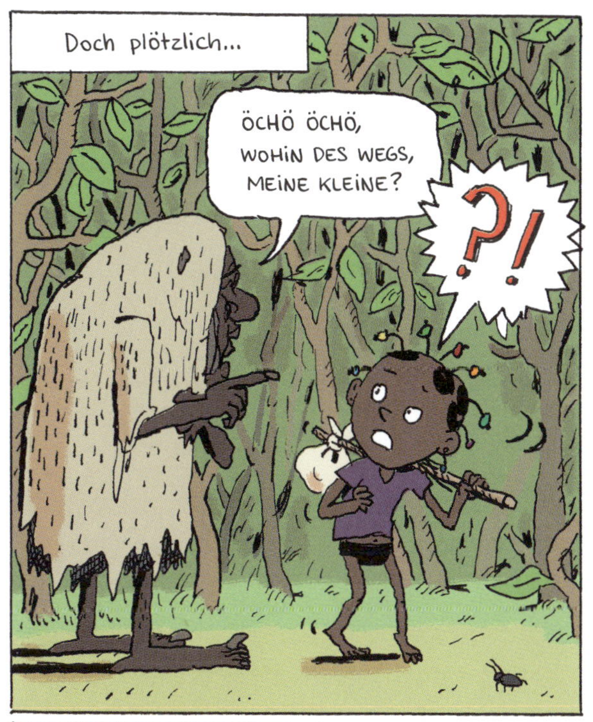
Doch plötzlich...
ÖCHÖ ÖCHÖ, WOHIN DES WEGS, MEINE KLEINE?
?!

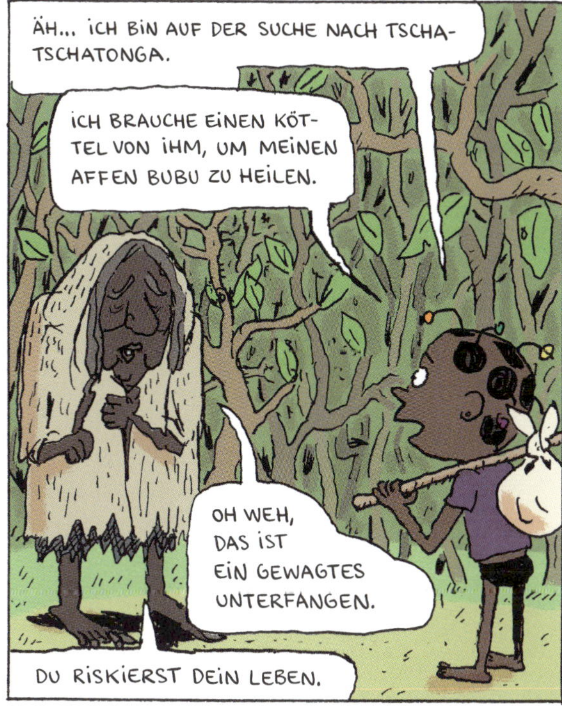
ÄH... ICH BIN AUF DER SUCHE NACH TSCHA-TSCHATONGA.
ICH BRAUCHE EINEN KÖT-TEL VON IHM, UM MEINEN AFFEN BUBU ZU HEILEN.
OH WEH, DAS IST EIN GEWAGTES UNTERFANGEN.
DU RISKIERST DEIN LEBEN.

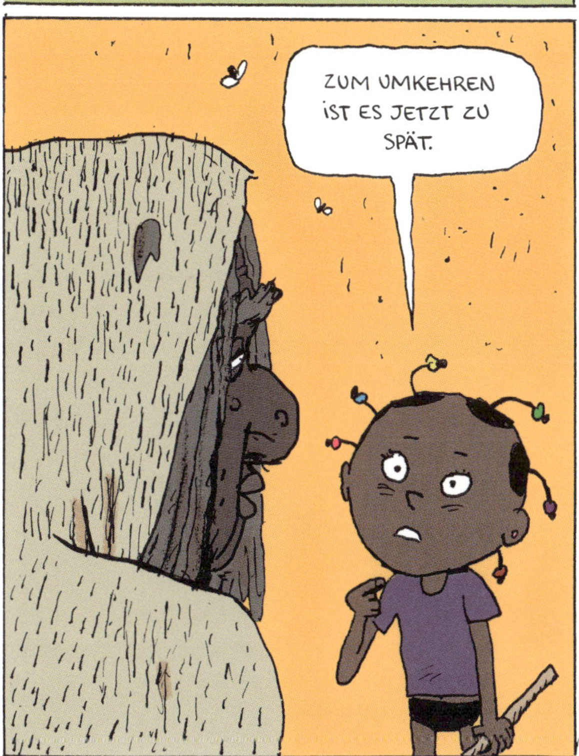
ZUM UMKEHREN IST ES JETZT ZU SPÄT.

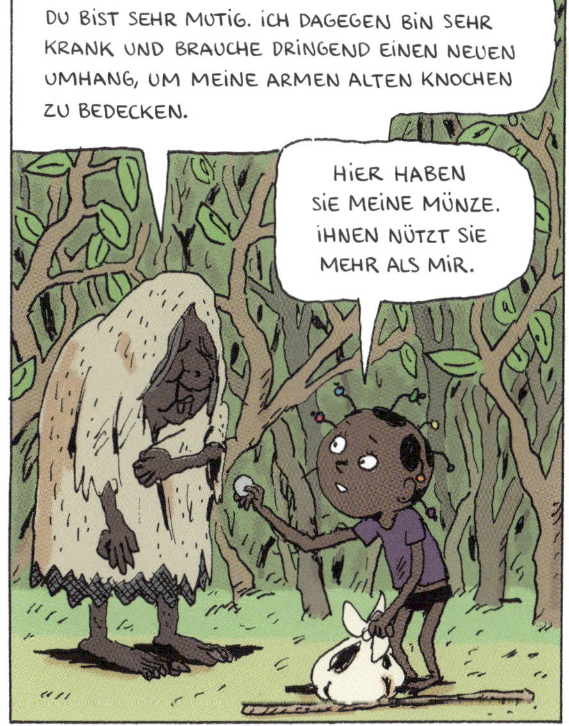
DU BIST SEHR MUTIG. ICH DAGEGEN BIN SEHR KRANK UND BRAUCHE DRINGEND EINEN NEUEN UMHANG, UM MEINE ARMEN ALTEN KNOCHEN ZU BEDECKEN.
HIER HABEN SIE MEINE MÜNZE. IHNEN NÜTZT SIE MEHR ALS MIR.

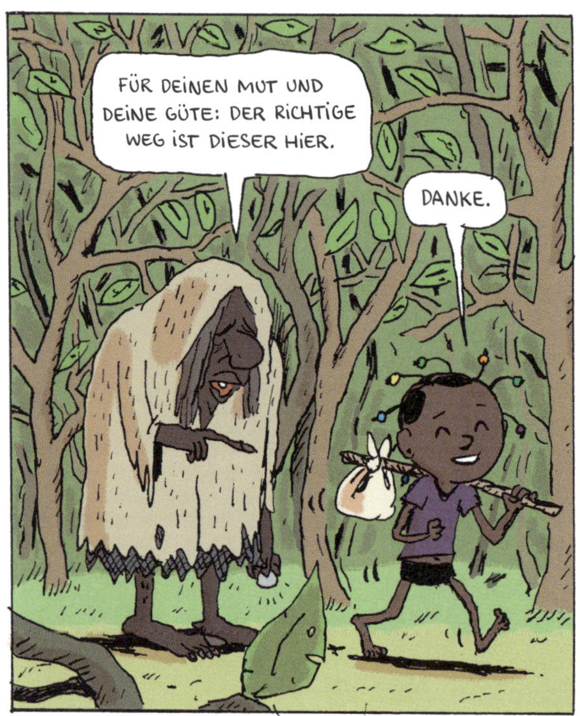

Alsbald kam AKISSI auf eine weite Lichtung und dort, auf einer kleinen Anhöhe, entdeckte sie TSCHATSCHATONGA!

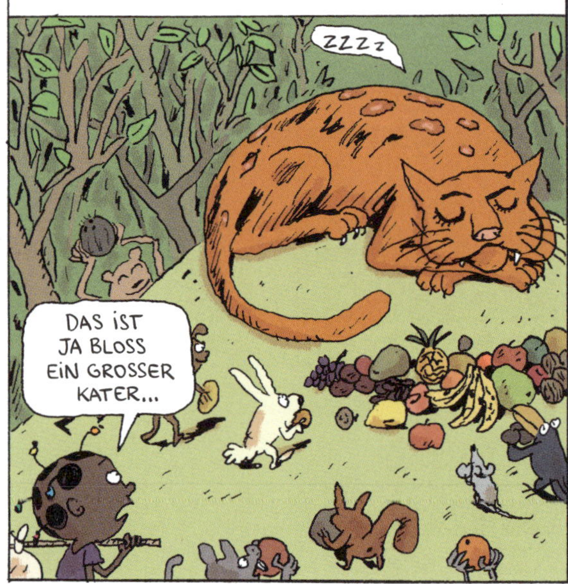

DER SCHLÄFT, DER FAULE KERL. NA GUT, LEICHT WIRD DAS SICHER NICHT... ICH KOMME, TSCHATSCHATONGA!

HM, JETZT KRIEG ICH HUNGER...

Vorsichtig stieg AKISSI über die vielen Tiere hinweg und näherte sich auf Zehenspitzen der schlafenden Bestie.

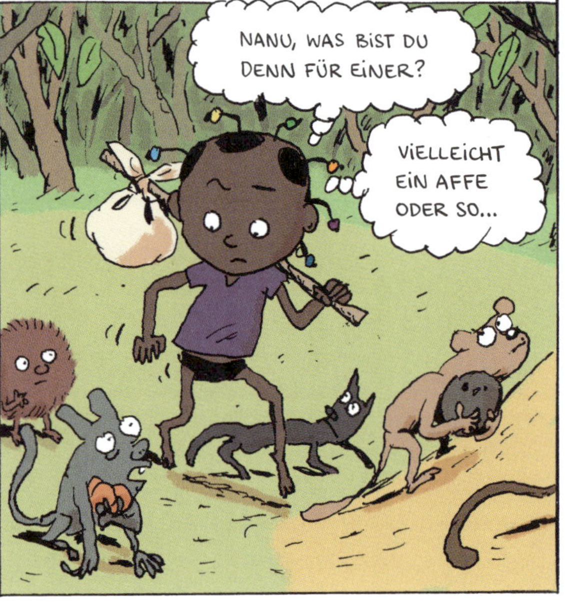

Bei dem Riesenkater angelangt, hob sie seinen Schwanz und griff nach einem Köttel.

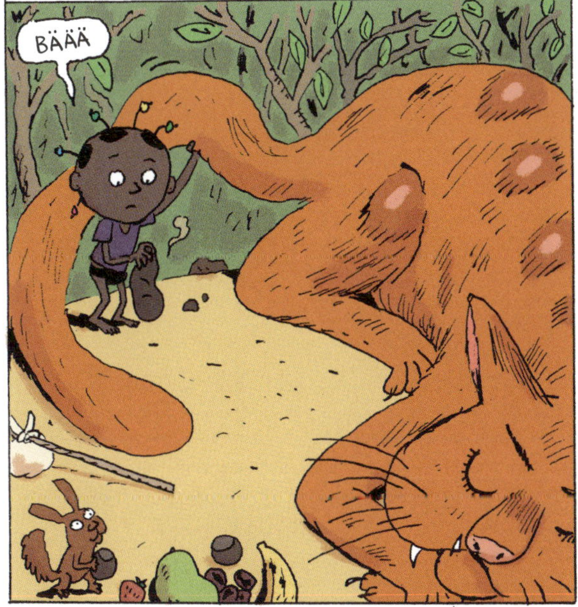

Da begann der plötzlich zu jammern.

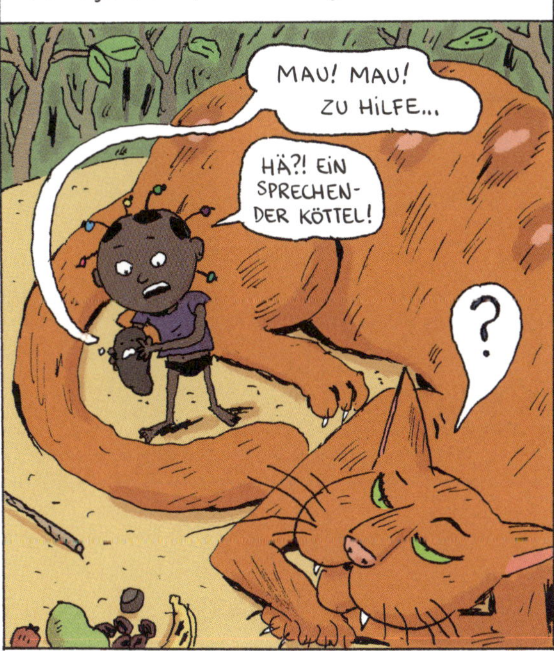

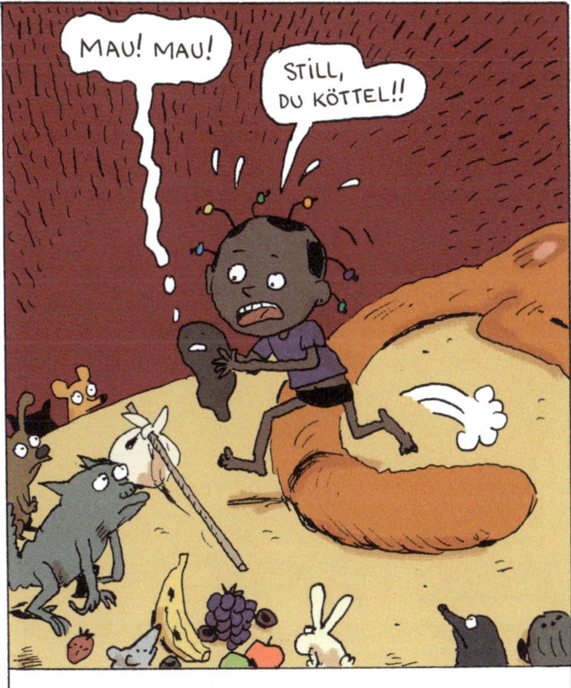

Fix sprang AKISSI aus dem Kreis der Tiere.

Doch TSCHATSCHATONGA hatte den Raub seines Köttels schon bemerkt. Rasend vor Wut stieß er ein grässliches, unbeschreibliches Fauchen aus und nahm die Verfolgung des Mädchens auf.

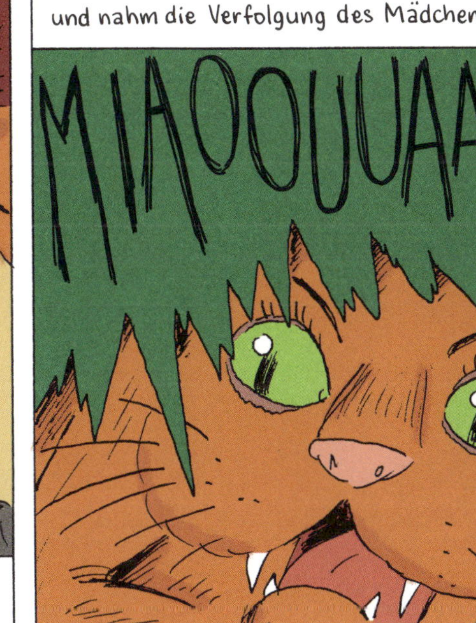

Das Monster war schon kurz davor, die Diebin zu schnappen.

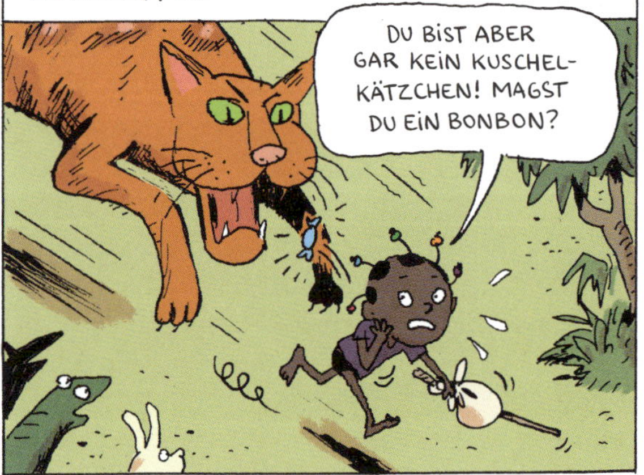

TSCHATSCHATONGA wäre fast erstickt, und AKISSI schlüpfte rasch in die Schuhe von BA.

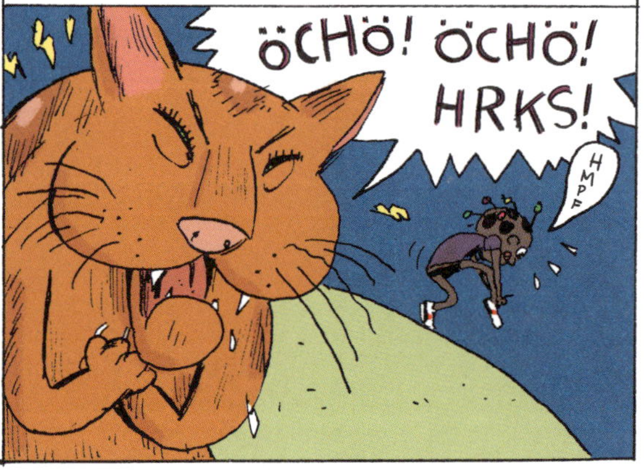

Wie der Blitz rannte AKISSI los, doch auch der Kater nahm die Verfolgung wieder auf.

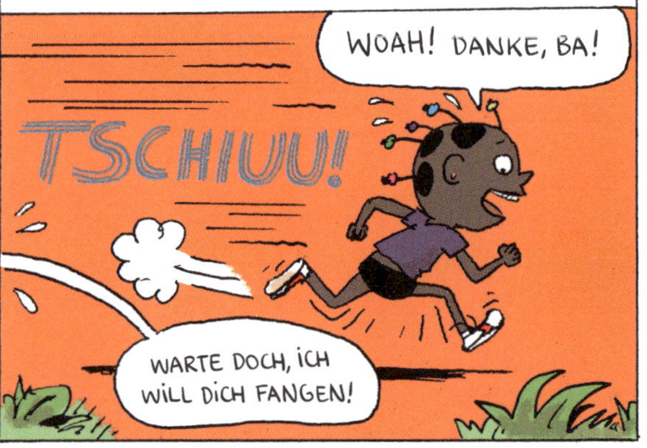

Als AKISSI an die Kreuzung mit den vielen Wegen kam, verwandelte die Alte sie alle in einen.

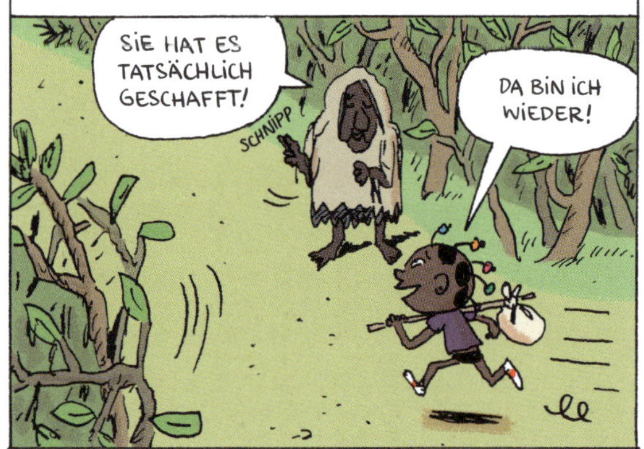

Sobald AKISSI vorbei war, zauberte die Alte die vielen Wege wieder zurück. Der Kater wusste nicht, welchen er nehmen sollte.

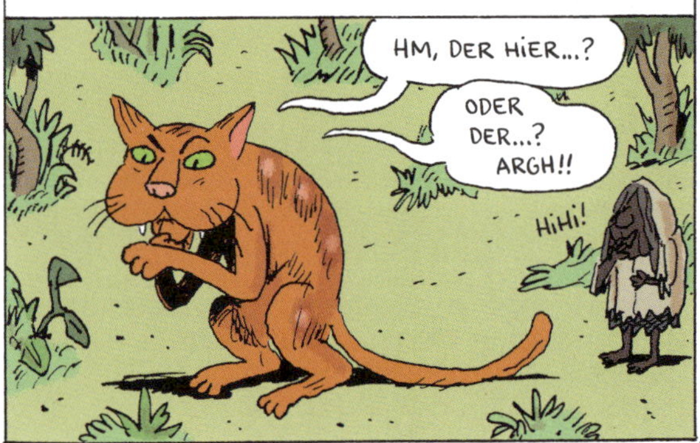

Und er probierte sie alle aus, bis er die Abdrücke von BAs Schuhen fand.

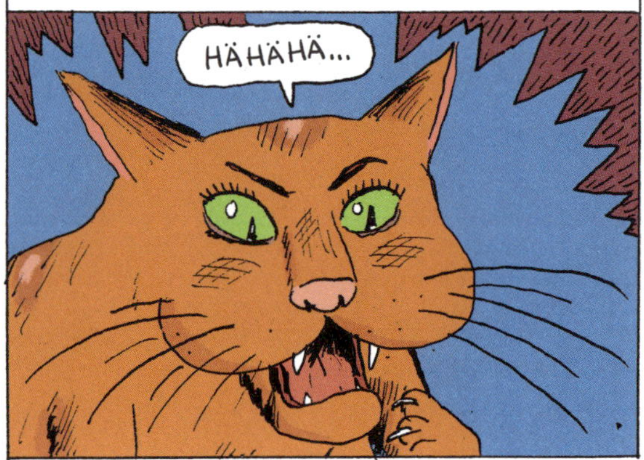

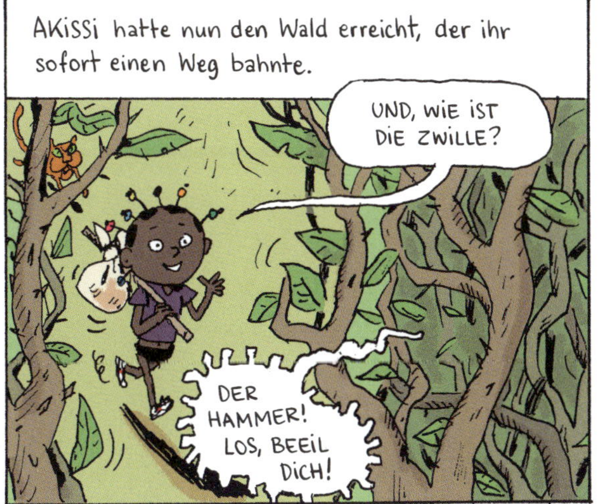
AKiSSi hatte nun den Wald erreicht, der ihr sofort einen Weg bahnte.
UND, WIE iST DIE ZWILLE?
DER HAMMER! LOS, BEEiL DiCH!

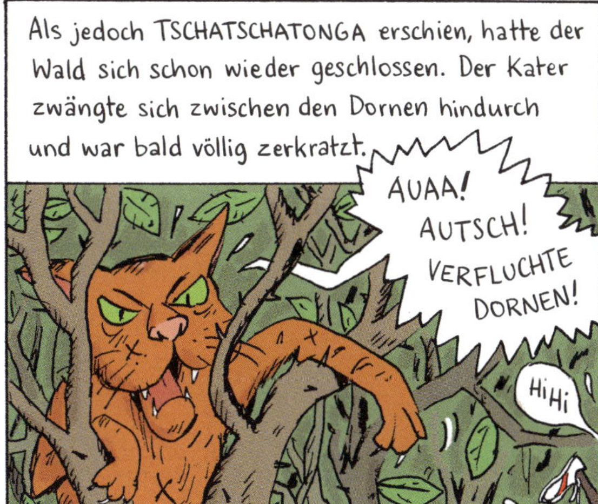
Als jedoch TSCHATSCHATONGA erschien, hatte der Wald sich schon wieder geschlossen. Der Kater zwängte sich zwischen den Dornen hindurch und war bald völlig zerkratzt.
AUAA! AUTSCH! VERFLUCHTE DORNEN!
HiHi

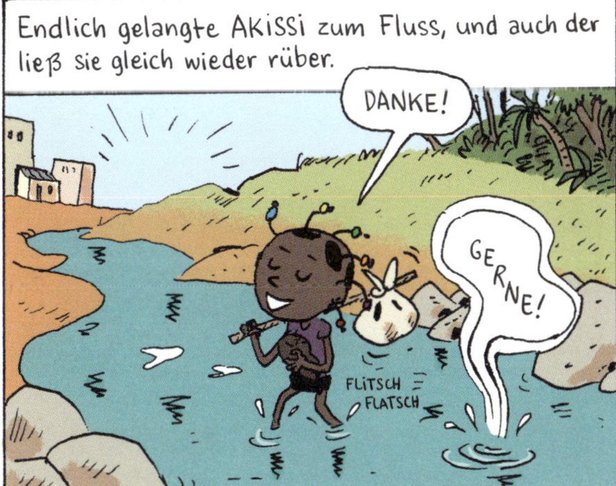
Endlich gelangte AKiSSi zum Fluss, und auch der ließ sie gleich wieder rüber.
DANKE!
GERNE!
FLiTSCH FLATSCH

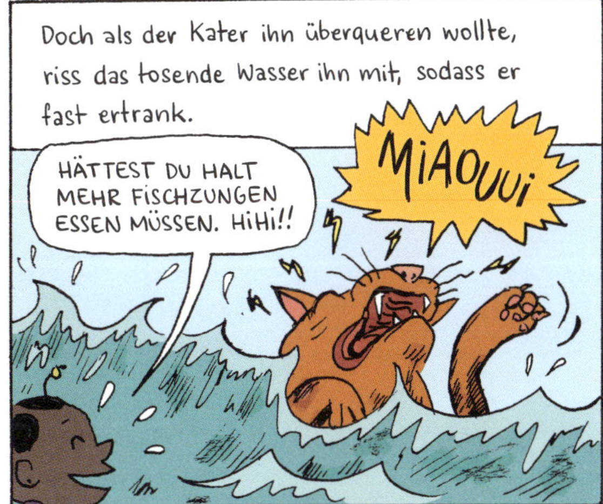
Doch als der Kater ihn überqueren wollte, riss das tosende Wasser ihn mit, sodass er fast ertrank.
HÄTTEST DU HALT MEHR FiSCHZUNGEN ESSEN MÜSSEN. HiHi!!
MiAOUUi

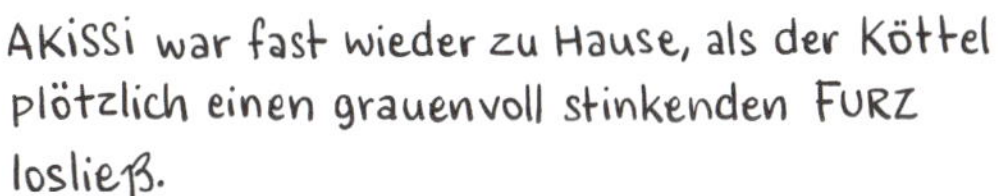
AKiSSi war fast wieder zu Hause, als der Köttel plötzlich einen grauenvoll stinkenden FURZ losließ.

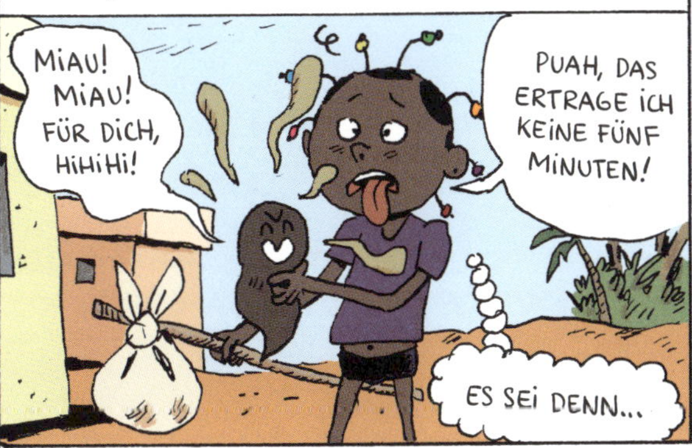
MiAU! MiAU! FÜR DiCH, HiHiHi!
PUAH, DAS ERTRAGE iCH KEiNE FÜNF MiNUTEN!
ES SEi DENN...

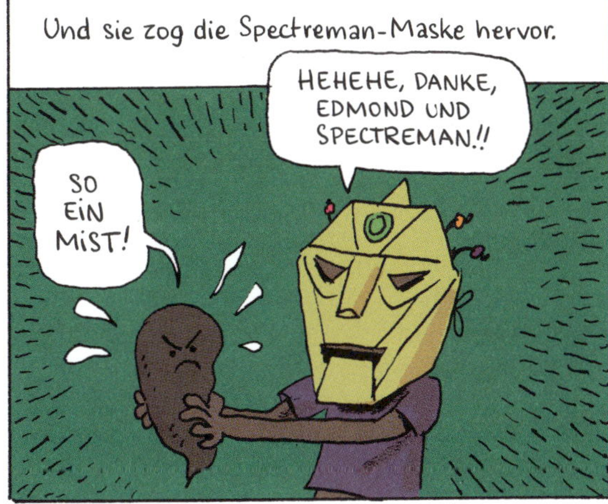
Und sie zog die Spectreman-Maske hervor.
HEHEHE, DANKE, EDMOND UND SPECTREMAN!!
SO EiN MiST!

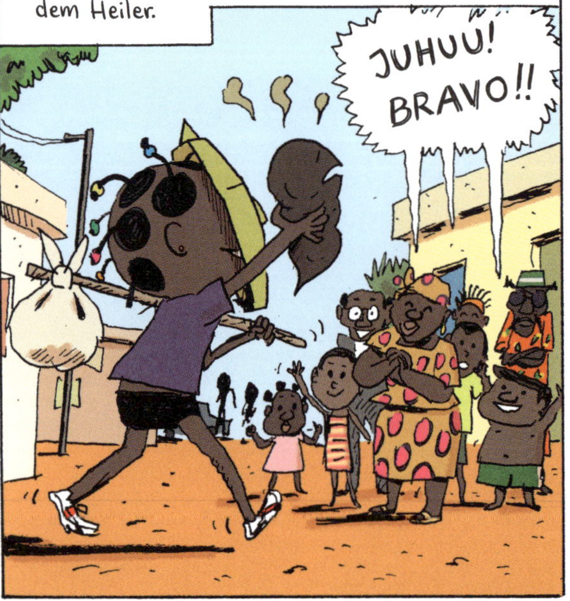
Zu Hause wurde AKISSI mit großem Jubel empfangen und überreichte den Köttel dem Heiler.
JUHUU! BRAVO!!

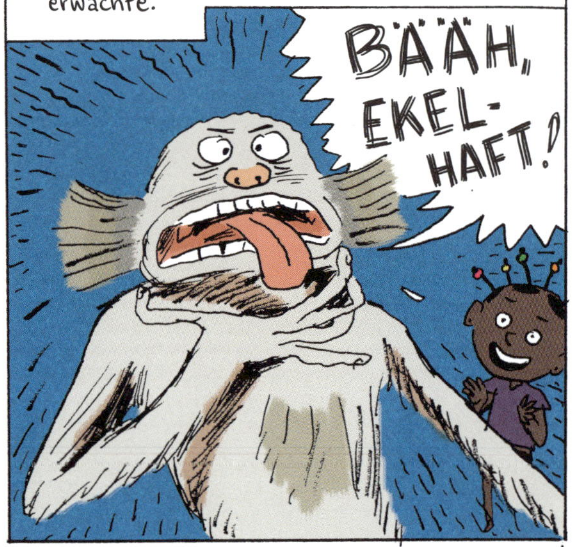
Der bereitete daraus mit etwas Flüssigkeit einen Trank, den er Bubu in die Nase träufelte, woraufhin dieser sofort erwachte.
BÄÄH, EKEL-HAFT!

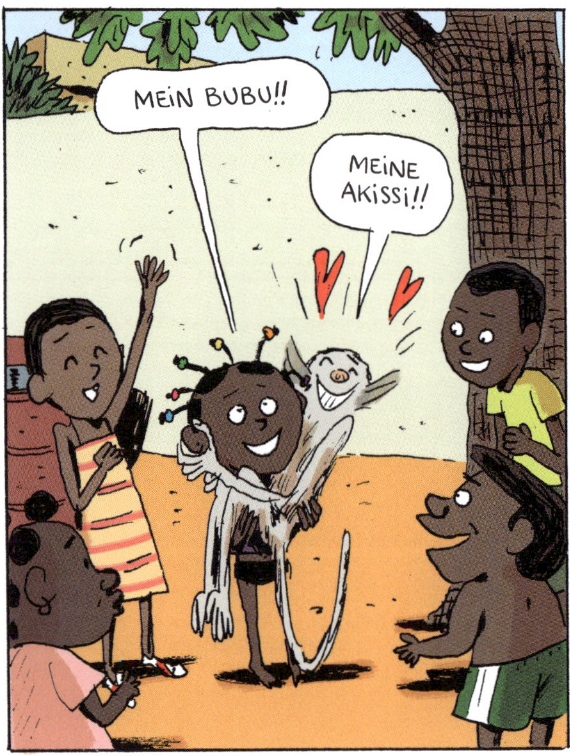
MEIN BUBU!!
MEINE AKISSI!!

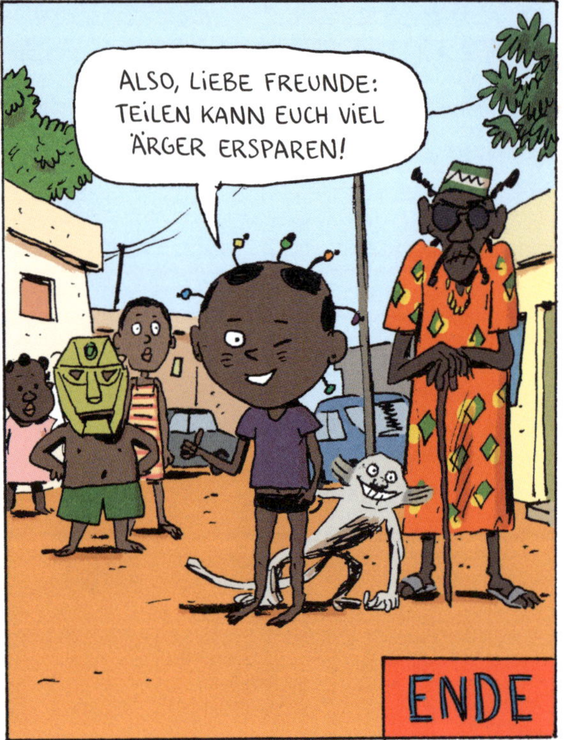
ALSO, LIEBE FREUNDE: TEILEN KANN EUCH VIEL ÄRGER ERSPAREN!
ENDE

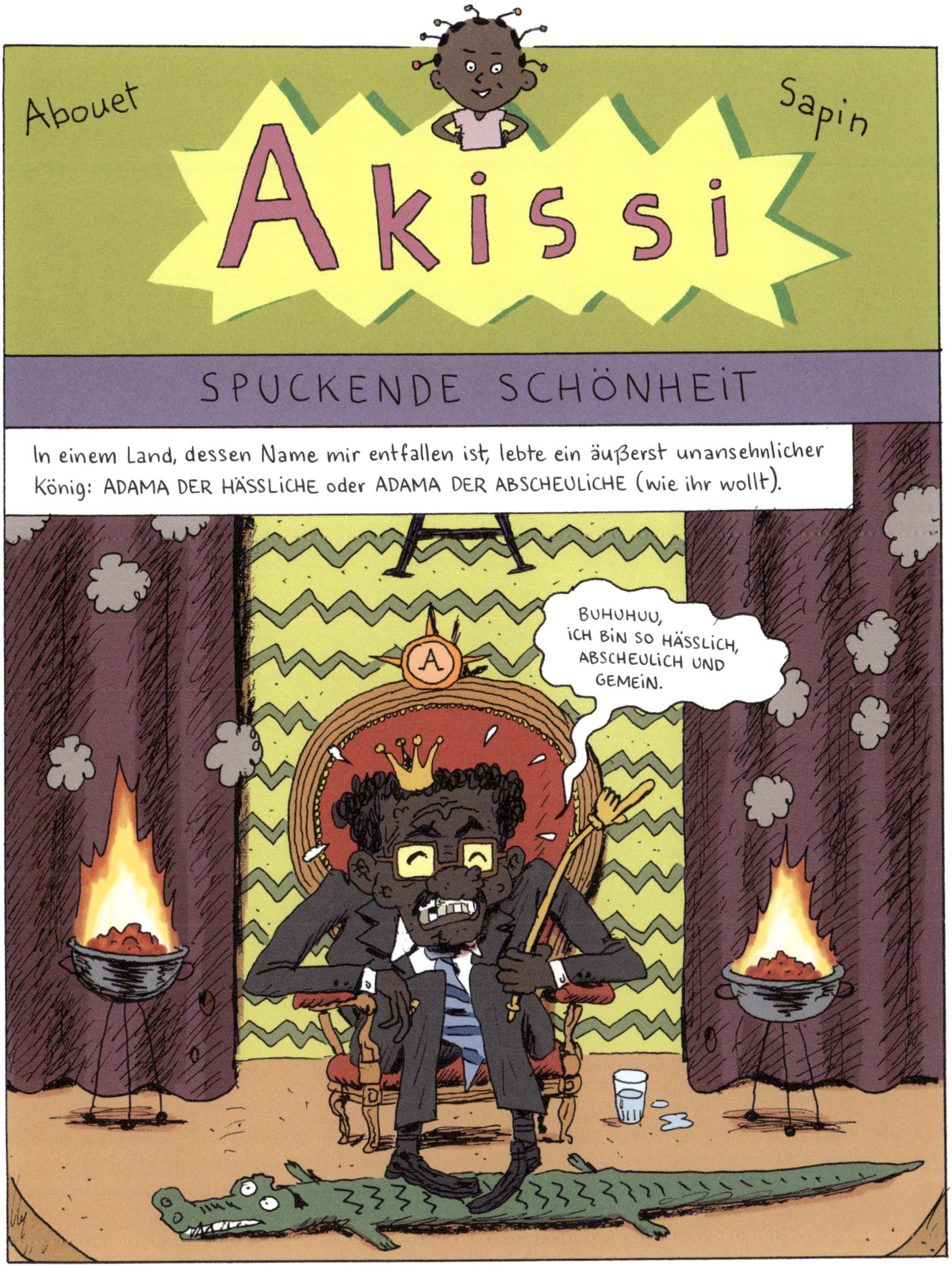

Abouet

Sapin

Akissi

SPUCKENDE SCHÖNHEIT

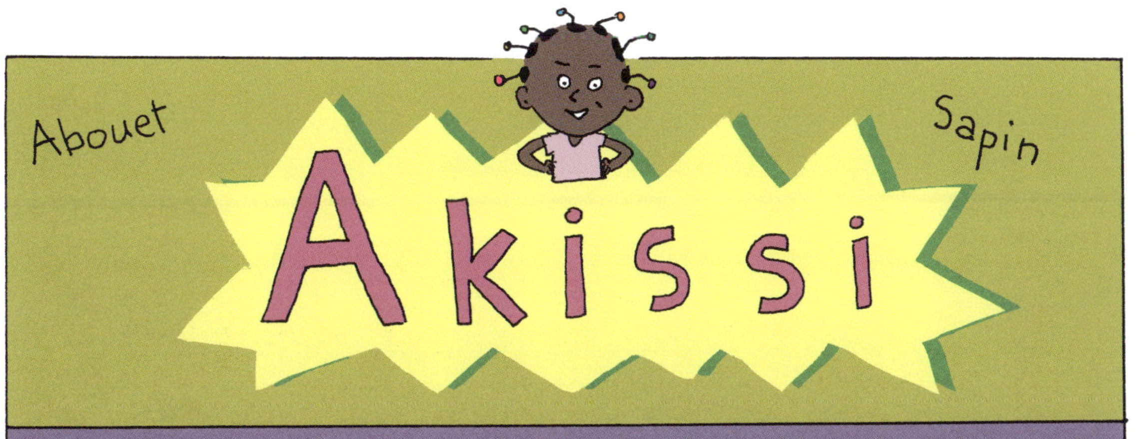

In einem Land, dessen Name mir entfallen ist, lebte ein äußerst unansehnlicher König: ADAMA DER HÄSSLICHE oder ADAMA DER ABSCHEULICHE (wie ihr wollt).

Und als sei das noch nicht schlimm genug, waren alle Menschen und Tiere dieses Landes ebenfalls hässlich. Deshalb nannte man es auch das Land der Hässlichkeit...

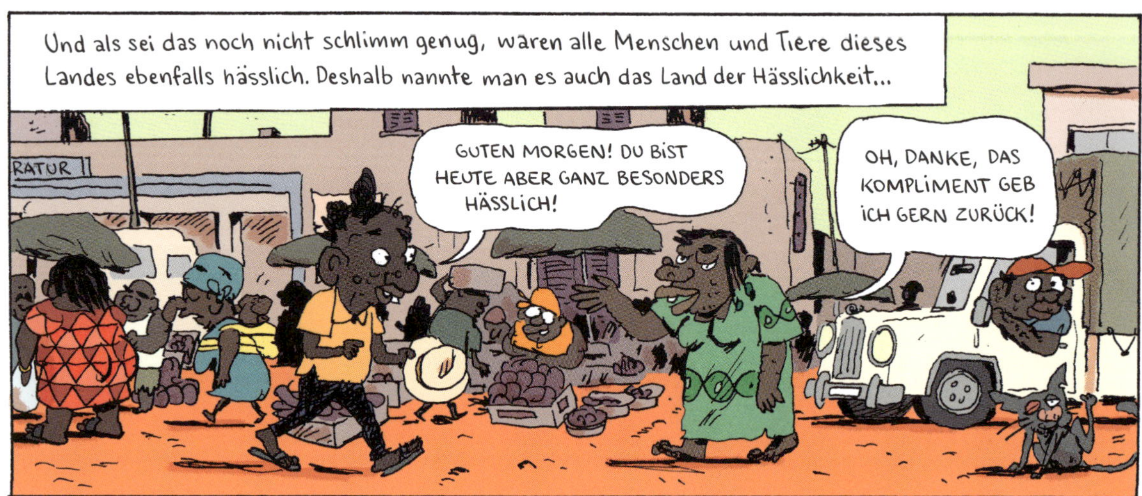

Wann immer jemand Schönes geboren wurde (was durchaus vorkam), warf der König das Baby in einen tiefen Brunnen, um seinem Land das Leid zu ersparen.

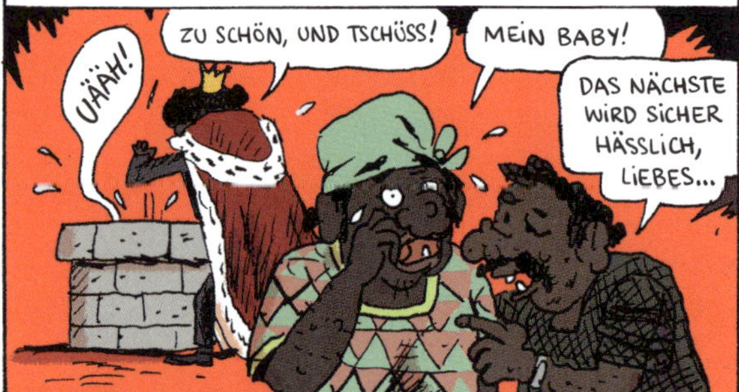

Warum diese barbarischen Sitten? Man vermutet, dass der König in einem anderen Leben viele Kinder gequält hat: Vielleicht war er Lehrer gewesen und zur Strafe von einem Dämon verflucht worden?

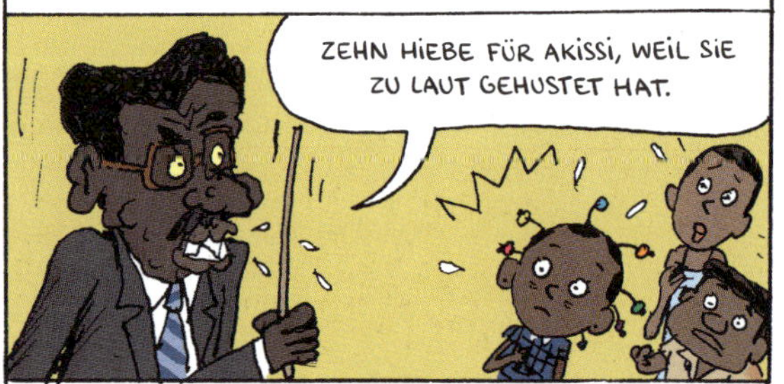

Eines hässlichen Tages jedoch bekam ein Paar, das sonst nur hässliche Kinder hatte...

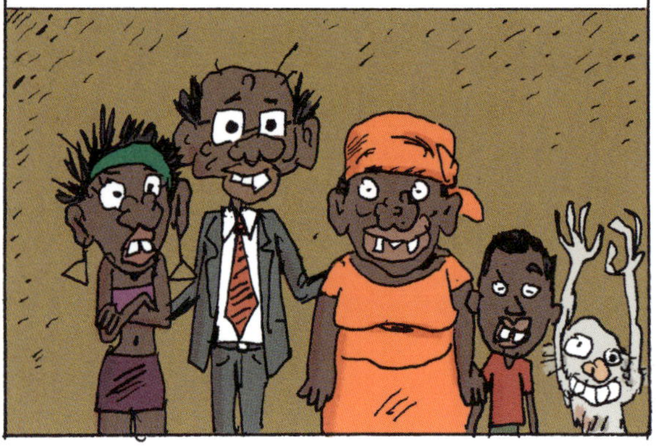

... ein kleines Mädchen von so außergewöhnlicher, unvergleichlicher, fast schon überirdischer Schönheit: einer Schönheit, wie noch kein Mensch sie gesehen hatte...

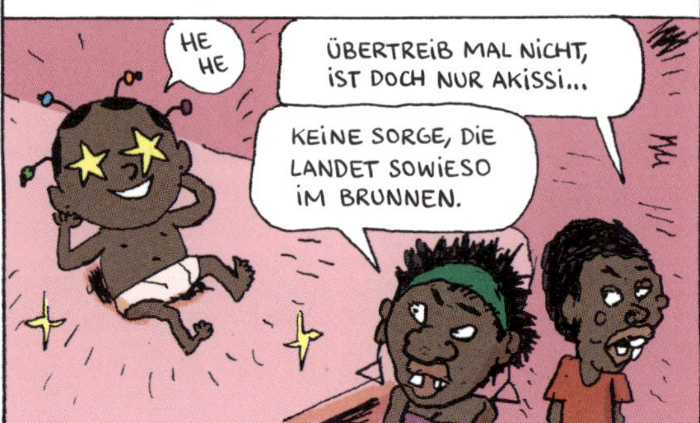

Doch NEIN! Die Eltern beschlossen, das Kind zu retten. Sie hielten seine Schönheit geheim und zogen es im Verborgenen auf.

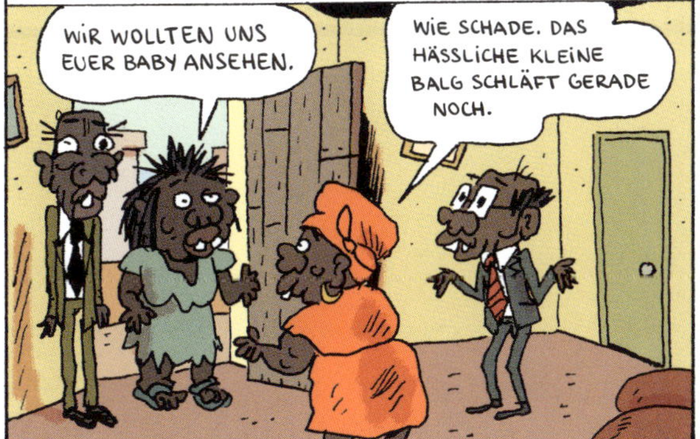

AKISSI, die Schöne, hatte derweil die Kunst des Spuckens entdeckt, die sie bald wie keine andere beherrschte... Oder ist das eher eine Unart? Dürfen Schönheiten nicht spucken...?

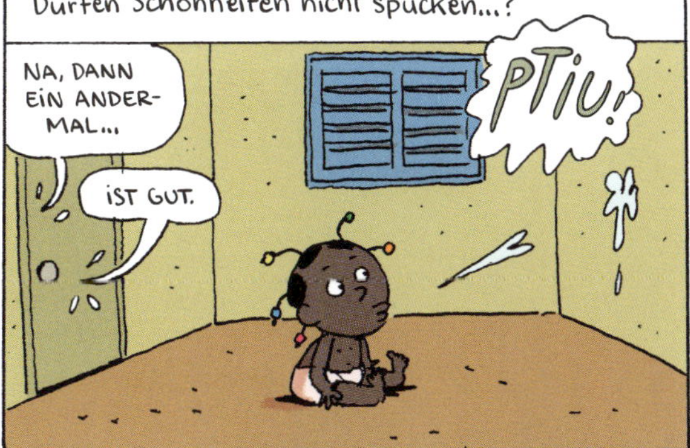

Als AKISSI in die Schule kam, machten ihre Eltern sie absichtlich hässlich, um nicht den Neid und den Zorn König ADAMAS DES... (hier bitte den gewünschten Namen einsetzen) zu erregen.

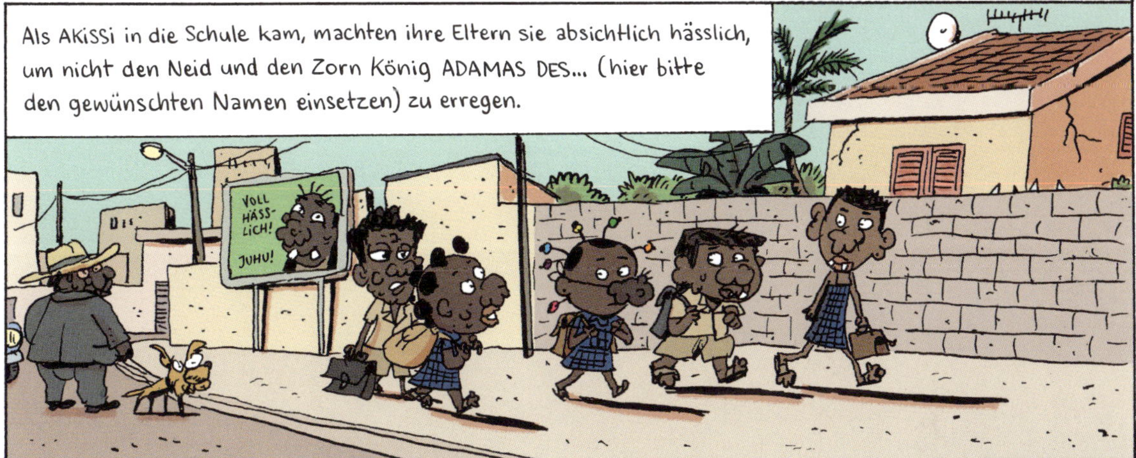

Eines Tages, als AKISSI sich wieder mal im Spucken übte, zielte sie zum Spaß auf ein Mickerhühnchen, das sich sogleich in eine...

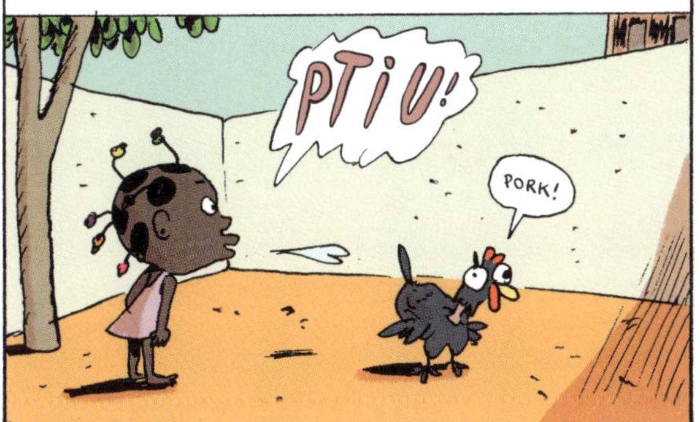

... PRACHTHENNE verwandelte!

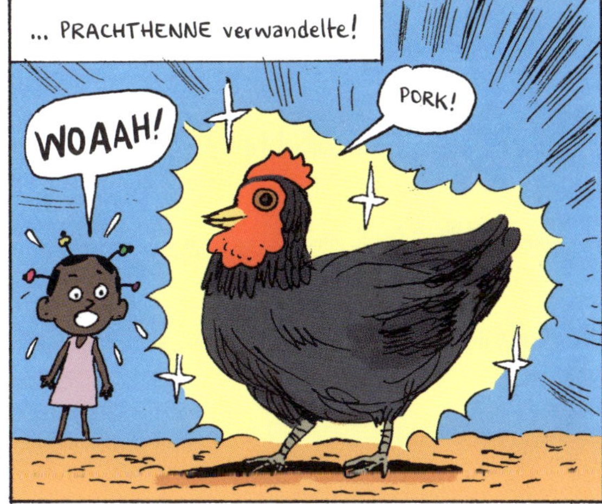

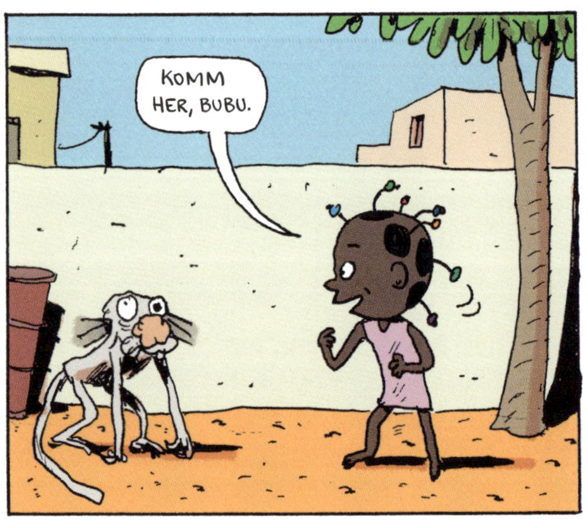
KOMM HER, BUBU.

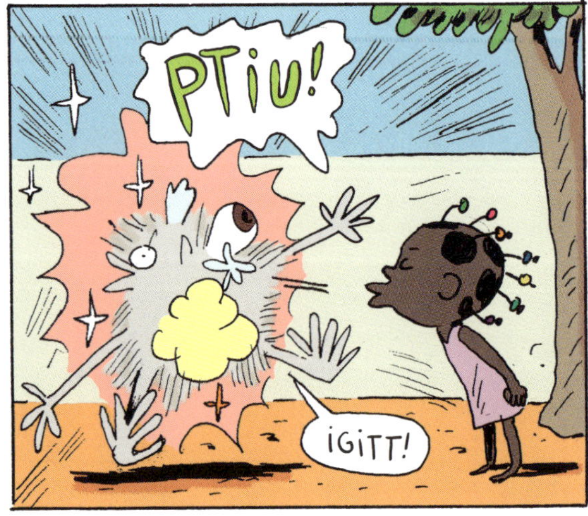
PTiU!
¡GITT!

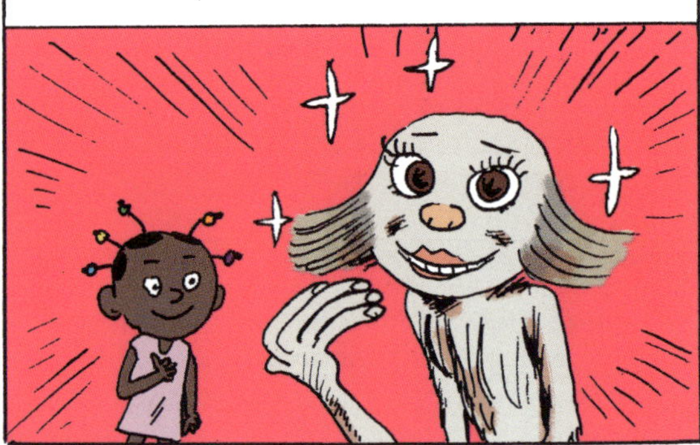
Die Spucke der schönen AKiSSi konnte also Schönheit verleihen... was ja auch einleuchtet, wo sie doch selbst so schön war...

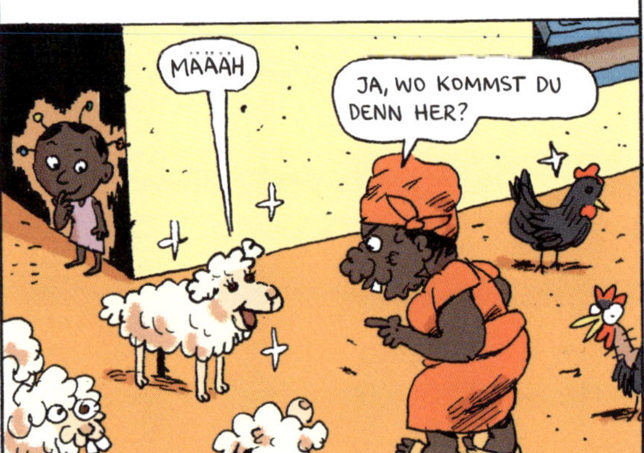
Heimlich verwandelte AKiSSi noch ein paar andere Tiere in Schönheiten.
MÄÄÄH
JA, WO KOMMST DU DENN HER?

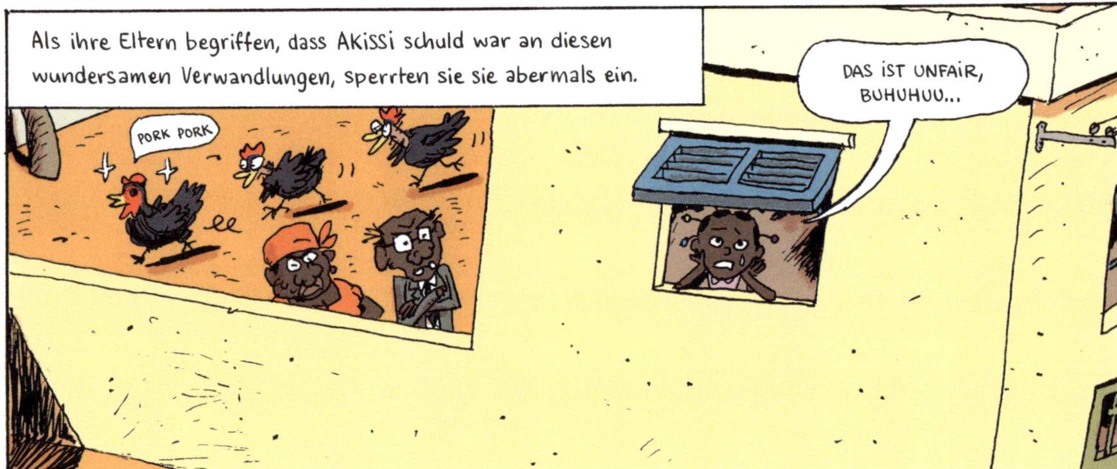
Als ihre Eltern begriffen, dass AKiSSi schuld war an diesen wundersamen Verwandlungen, sperrten sie sie abermals ein.
PORK PORK
DAS IST UNFAIR, BUHUHUU...

Eines sehr heißen Tages jedoch packte AKISSI die Lust, aus dem Fenster zu spucken, und ihr pfeilschneller Strahl traf die unerträglich hässliche DIANA, die genau in diesem Moment vorbeiging (gefolgt von HENRIETTE).

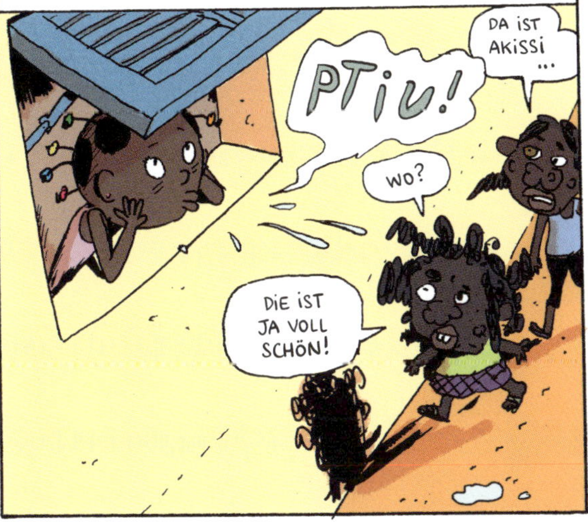

Und was geschehen musste, geschah.

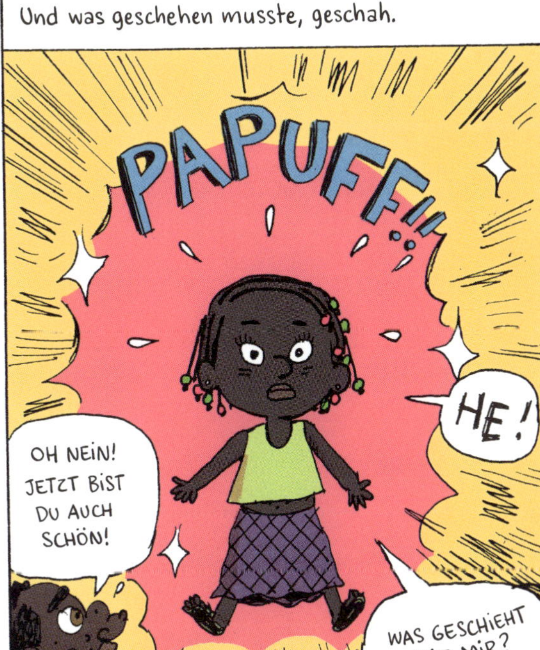

Sogleich begab sich DIANA zum König.

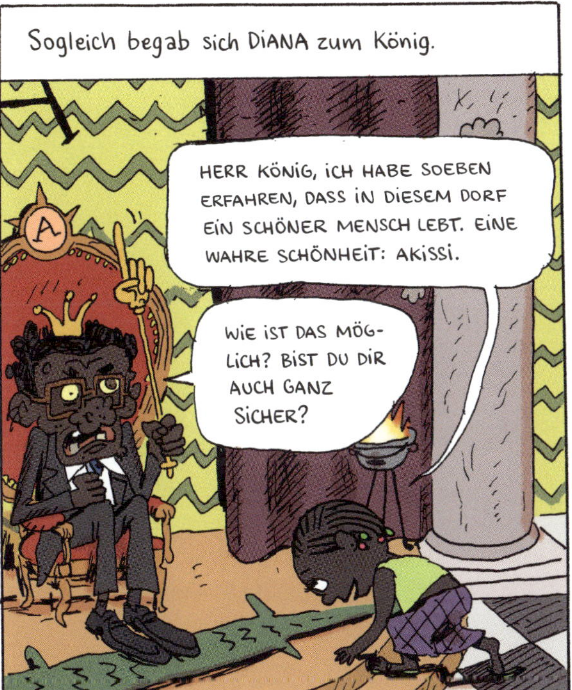

Und so warf man AKISSI und BUBU unter den kummervollen Blicken ihrer Familie und Freunde (außer der fiesen DIANA natürlich) in den Brunnen.

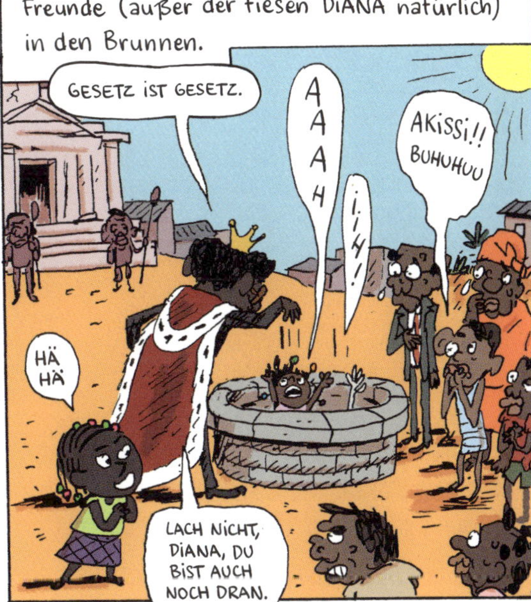

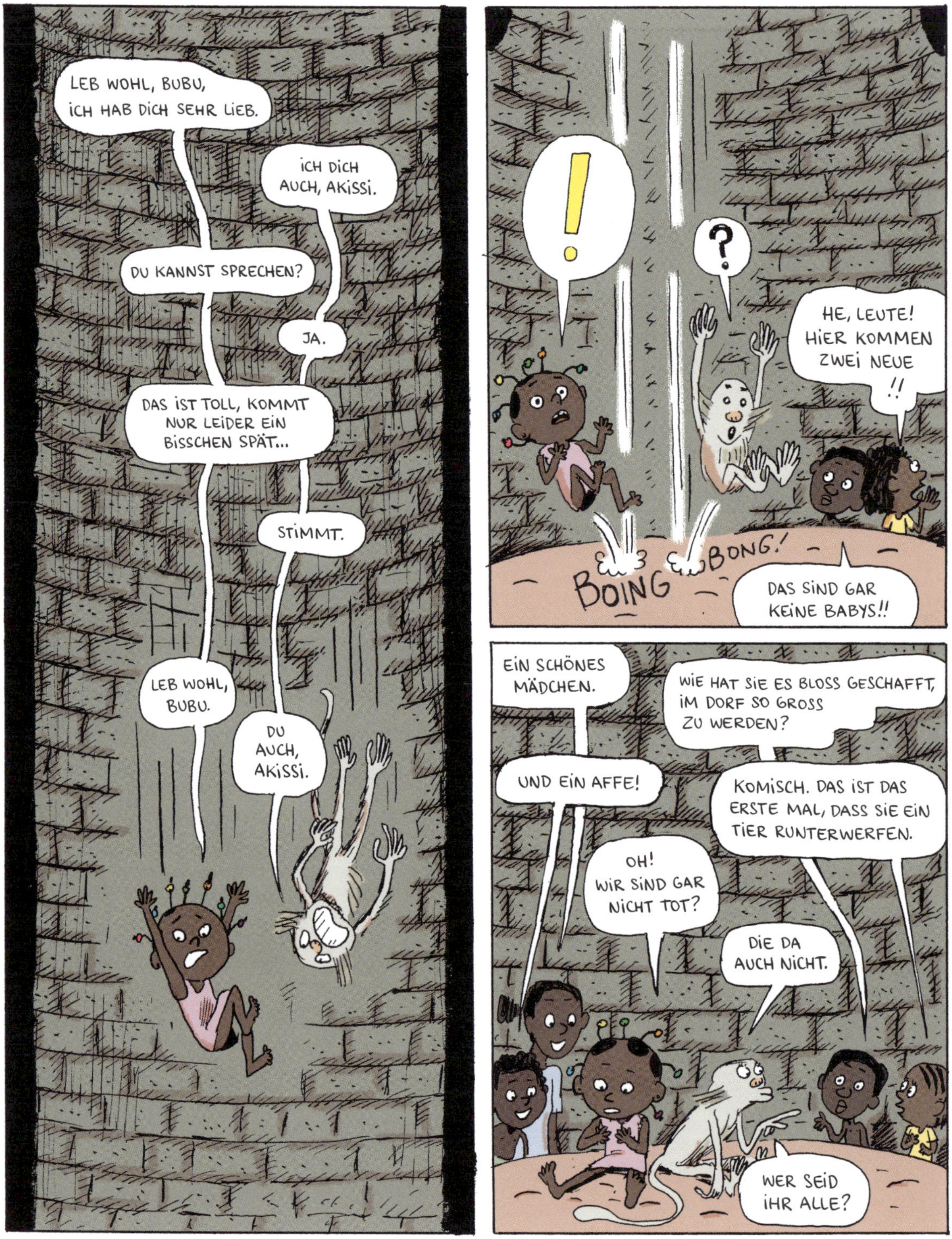

LEB WOHL, BUBU, ICH HAB DICH SEHR LIEB.
ICH DICH AUCH, AKISSI.
DU KANNST SPRECHEN?
JA.
DAS IST TOLL, KOMMT NUR LEIDER EIN BISSCHEN SPÄT...
STIMMT.
LEB WOHL, BUBU.
DU AUCH, AKISSI.

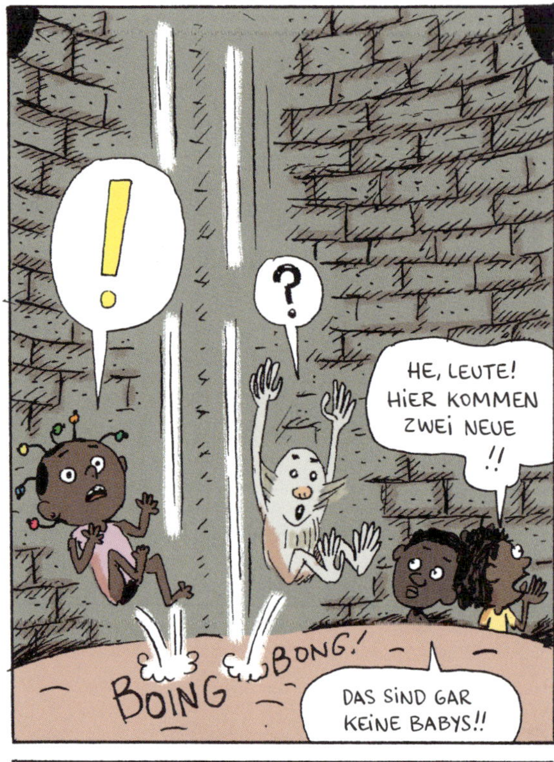

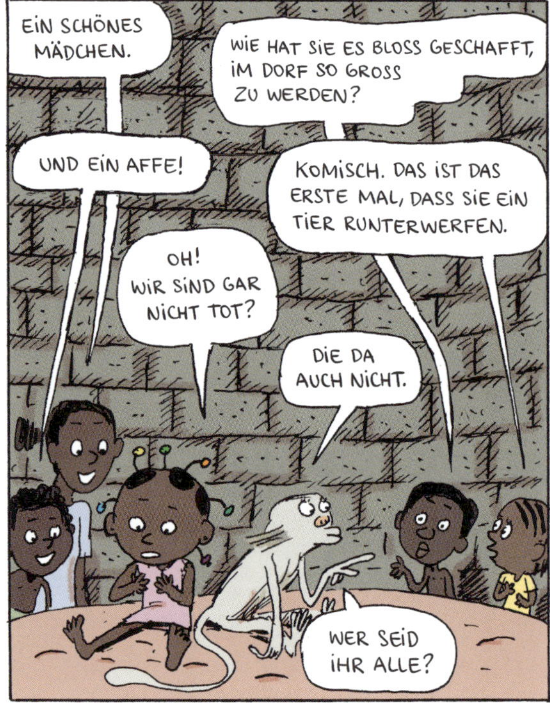

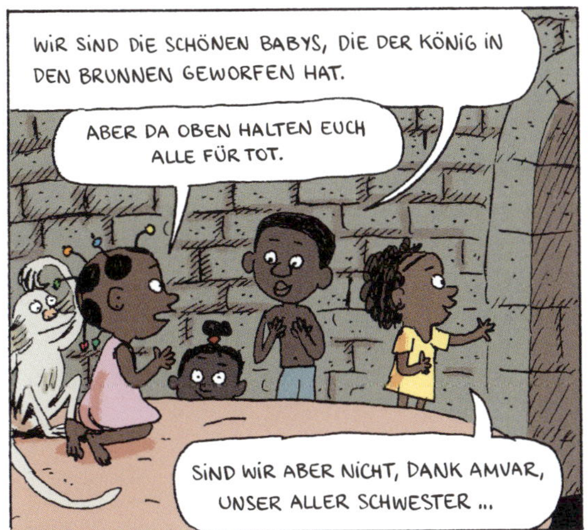
WIR SIND DIE SCHÖNEN BABYS, DIE DER KÖNIG IN DEN BRUNNEN GEWORFEN HAT.
ABER DA OBEN HALTEN EUCH ALLE FÜR TOT.
SIND WIR ABER NICHT, DANK AMVAR, UNSER ALLER SCHWESTER ...

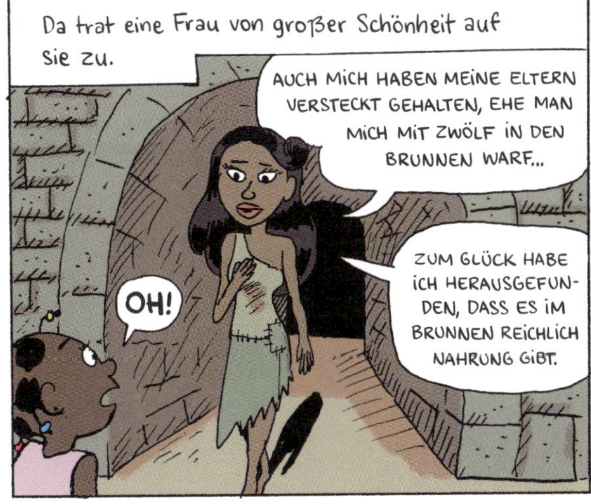
Da trat eine Frau von großer Schönheit auf sie zu.
AUCH MICH HABEN MEINE ELTERN VERSTECKT GEHALTEN, EHE MAN MICH MIT ZWÖLF IN DEN BRUNNEN WARF...
OH!
ZUM GLÜCK HABE ICH HERAUSGEFUNDEN, DASS ES IM BRUNNEN REICHLICH NAHRUNG GIBT.

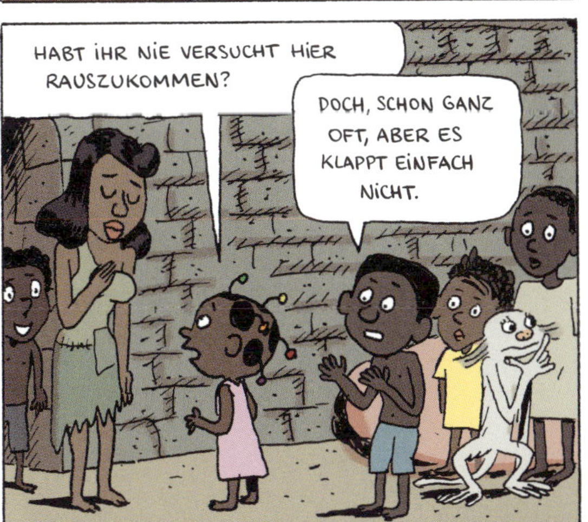
HABT IHR NIE VERSUCHT HIER RAUSZUKOMMEN?
DOCH, SCHON GANZ OFT, ABER ES KLAPPT EINFACH NICHT.

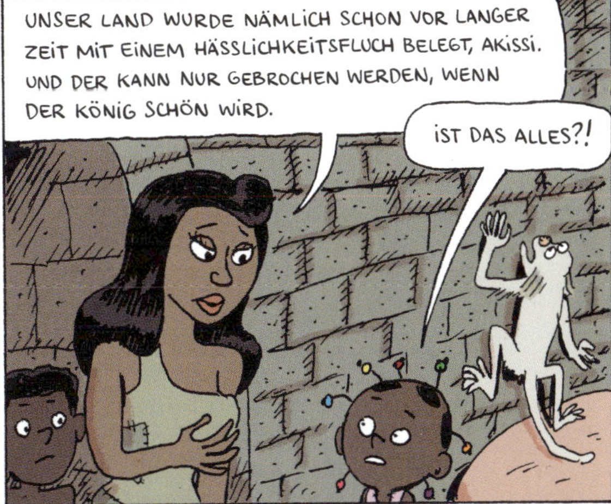
UNSER LAND WURDE NÄMLICH SCHON VOR LANGER ZEIT MIT EINEM HÄSSLICHKEITSFLUCH BELEGT, AKISSI. UND DER KANN NUR GEBROCHEN WERDEN, WENN DER KÖNIG SCHÖN WIRD.
IST DAS ALLES?!

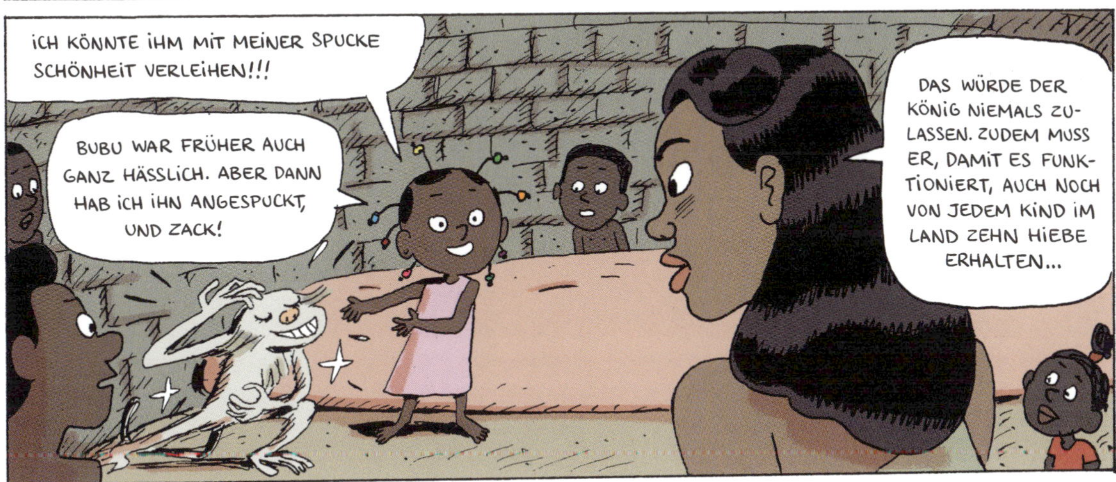
ICH KÖNNTE IHM MIT MEINER SPUCKE SCHÖNHEIT VERLEIHEN!!!
BUBU WAR FRÜHER AUCH GANZ HÄSSLICH. ABER DANN HAB ICH IHN ANGESPUCKT, UND ZACK!
DAS WÜRDE DER KÖNIG NIEMALS ZULASSEN. ZUDEM MUSS ER, DAMIT ES FUNKTIONIERT, AUCH NOCH VON JEDEM KIND IM LAND ZEHN HIEBE ERHALTEN...

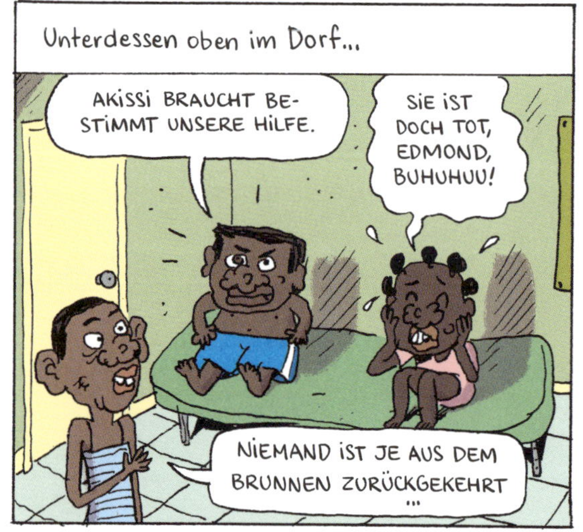
Unterdessen oben im Dorf...
AKISSI BRAUCHT BESTIMMT UNSERE HILFE.
SIE IST DOCH TOT, EDMOND, BUHUHUU!
NIEMAND IST JE AUS DEM BRUNNEN ZURÜCKGEKEHRT ...

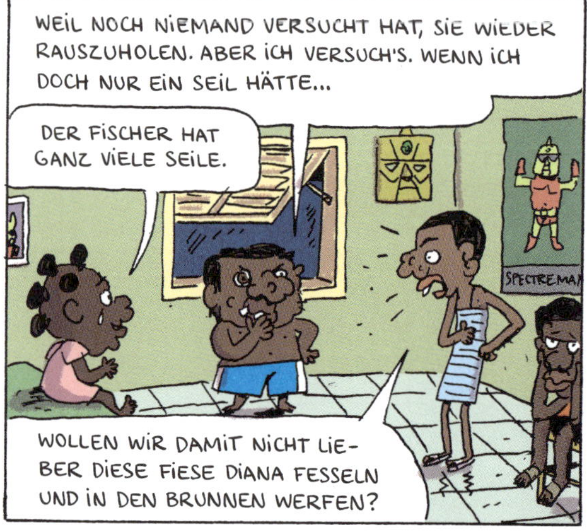
WEIL NOCH NIEMAND VERSUCHT HAT, SIE WIEDER RAUSZUHOLEN. ABER ICH VERSUCH'S. WENN ICH DOCH NUR EIN SEIL HÄTTE...
DER FISCHER HAT GANZ VIELE SEILE.
SPECTREMAN
WOLLEN WIR DAMIT NICHT LIEBER DIESE FIESE DIANA FESSELN UND IN DEN BRUNNEN WERFEN?

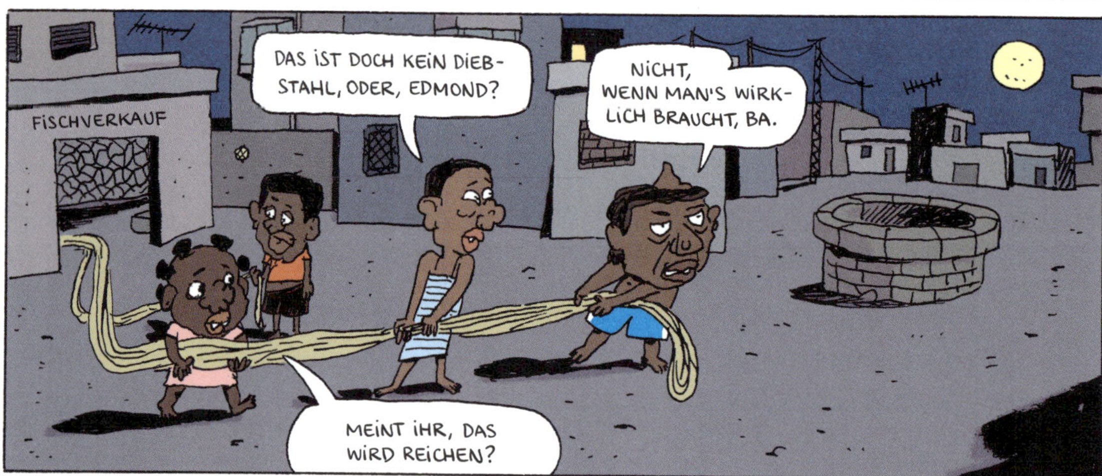
FISCHVERKAUF
DAS IST DOCH KEIN DIEBSTAHL, ODER, EDMOND?
NICHT, WENN MAN'S WIRKLICH BRAUCHT, BA.
MEINT IHR, DAS WIRD REICHEN?

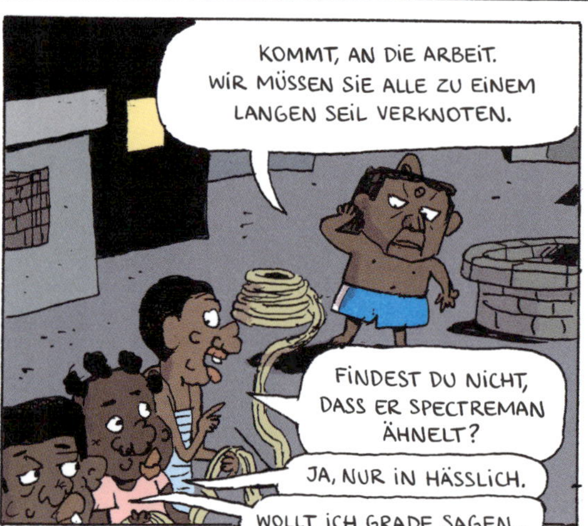
KOMMT, AN DIE ARBEIT. WIR MÜSSEN SIE ALLE ZU EINEM LANGEN SEIL VERKNOTEN.
FINDEST DU NICHT, DASS ER SPECTREMAN ÄHNELT?
JA, NUR IN HÄSSLICH.
WOLLT ICH GRADE SAGEN...

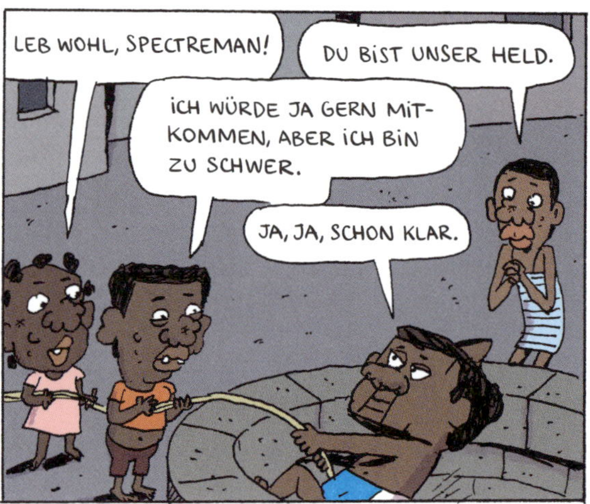
LEB WOHL, SPECTREMAN!
DU BIST UNSER HELD.
ICH WÜRDE JA GERN MITKOMMEN, ABER ICH BIN ZU SCHWER.
JA, JA, SCHON KLAR.

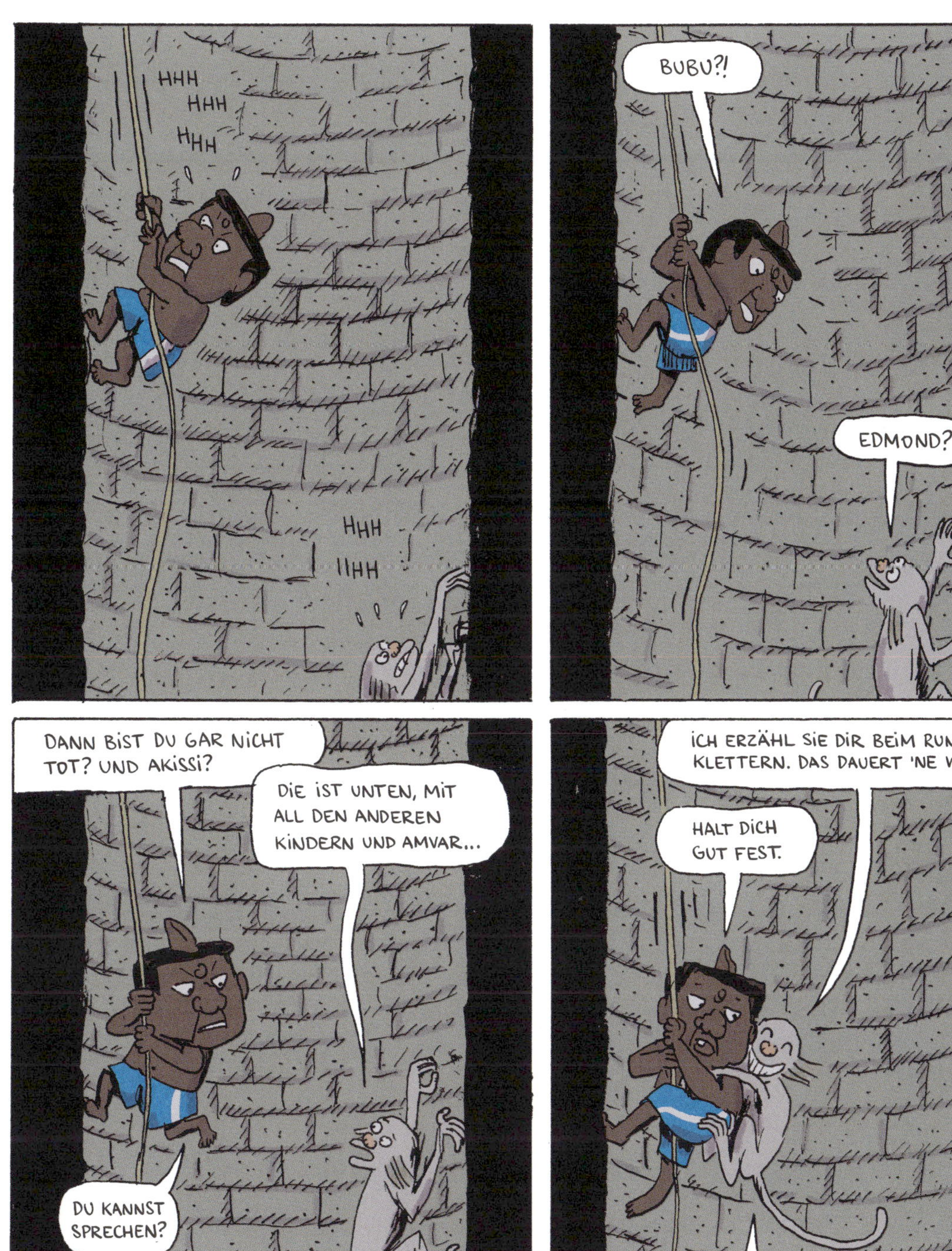
HHH
HHH
HHH
HHH
HHH
BUBU?!
EDMOND?
DANN BIST DU GAR NICHT TOT? UND AKISSI?
DIE IST UNTEN, MIT ALL DEN ANDEREN KINDERN UND AMVAR…
DU KANNST SPRECHEN?
JA, IST 'NE LANGE GESCHICHTE…
ICH ERZÄHL SIE DIR BEIM RUNTERKLETTERN. DAS DAUERT 'NE WEILE.
HALT DICH GUT FEST.
HAT DIR SCHON MAL JEMAND GESAGT, DASS DU SPECTREMAN ÄHNELST?

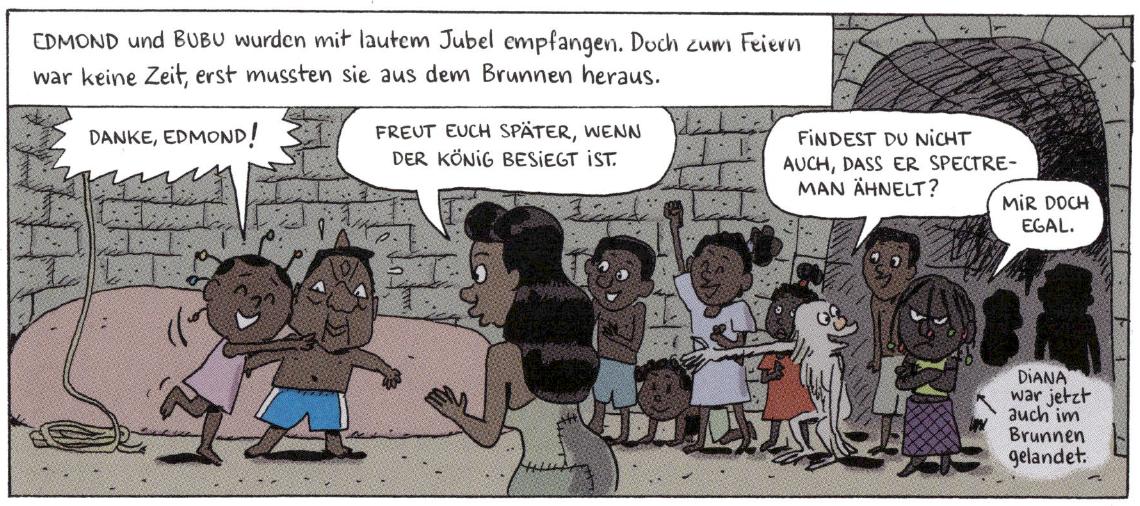
EDMOND und BUBU wurden mit lautem Jubel empfangen. Doch zum Feiern war keine Zeit, erst mussten sie aus dem Brunnen heraus.
DANKE, EDMOND!
FREUT EUCH SPÄTER, WENN DER KÖNIG BESIEGT IST.
FINDEST DU NICHT AUCH, DASS ER SPECTRE-MAN ÄHNELT?
MIR DOCH EGAL.
DIANA war jetzt auch im Brunnen gelandet.

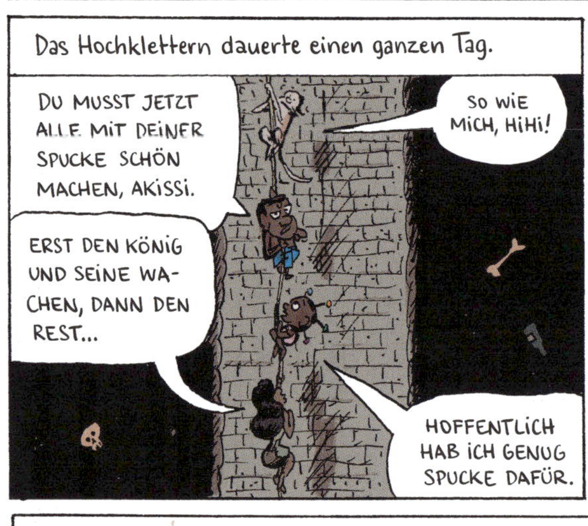
Das Hochklettern dauerte einen ganzen Tag.
DU MUSST JETZT ALLE MIT DEINER SPUCKE SCHÖN MACHEN, AKISSI.
SO WIE MICH, HIHI!
ERST DEN KÖNIG UND SEINE WACHEN, DANN DEN REST...
HOFFENTLICH HAB ICH GENUG SPUCKE DAFÜR.

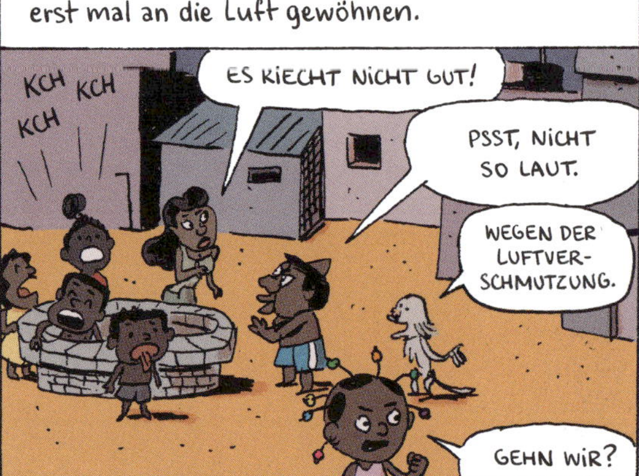
Oben angekommen, mussten die Kinder sich erst mal an die Luft gewöhnen.
KCH KCH KCH
ES RIECHT NICHT GUT!
PSST, NICHT SO LAUT.
WEGEN DER LUFTVERSCHMUTZUNG.
GEHN WIR?

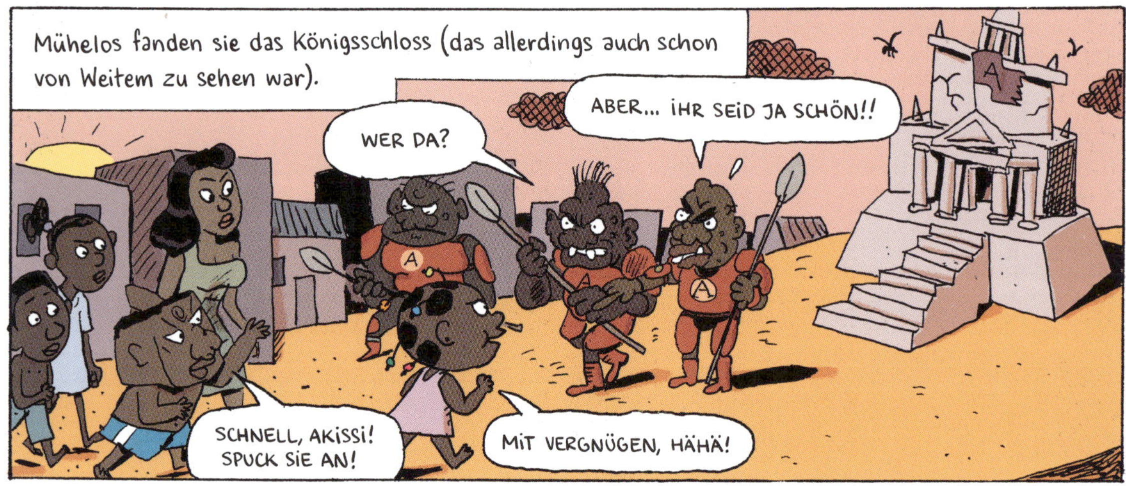
Mühelos fanden sie das Königsschloss (das allerdings auch schon von Weitem zu sehen war).
WER DA?
ABER... IHR SEID JA SCHÖN!!
SCHNELL, AKISSI! SPUCK SIE AN!
MIT VERGNÜGEN, HÄHÄ!

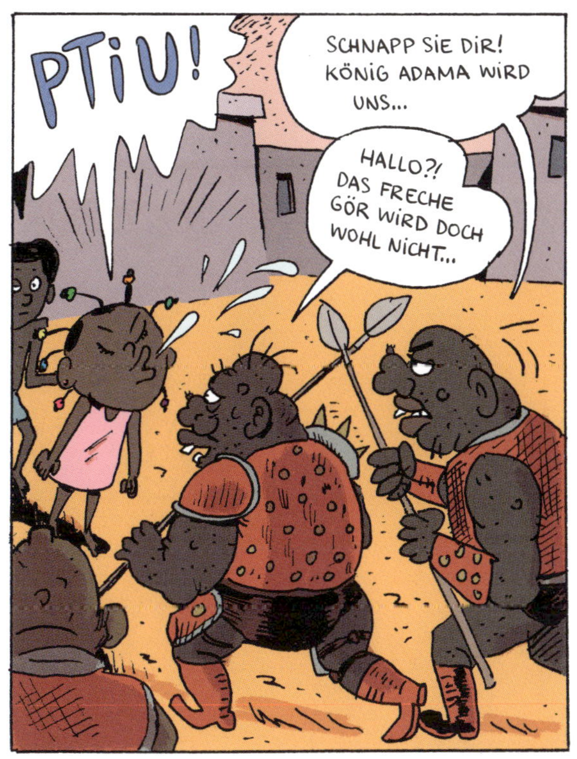
PTIU!
SCHNAPP SIE DIR! KÖNIG ADAMA WIRD UNS...
HALLO?! DAS FRECHE GÖR WIRD DOCH WOHL NICHT...

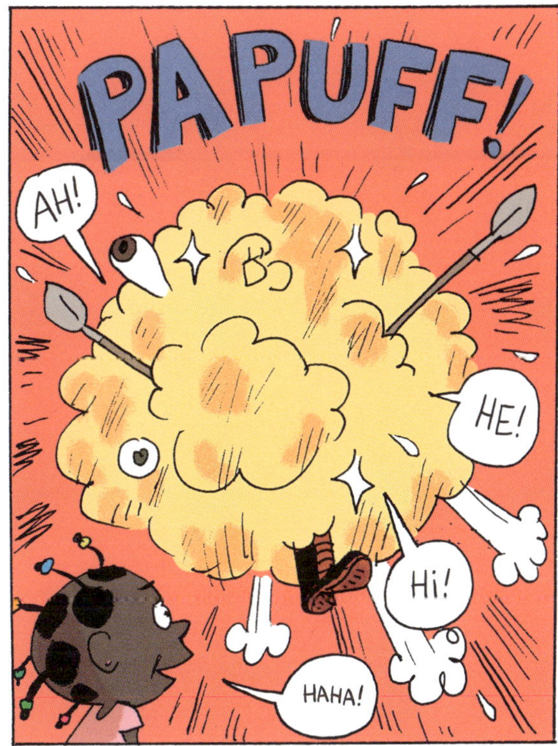
PAPUFF!
AH!
HE!
HI!
HAHA!

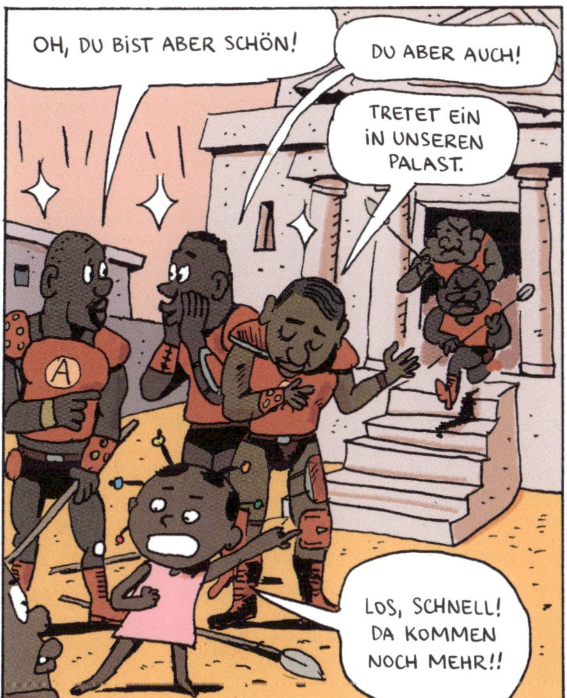
OH, DU BIST ABER SCHÖN!
DU ABER AUCH!
TRETET EIN IN UNSEREN PALAST.
LOS, SCHNELL! DA KOMMEN NOCH MEHR!!

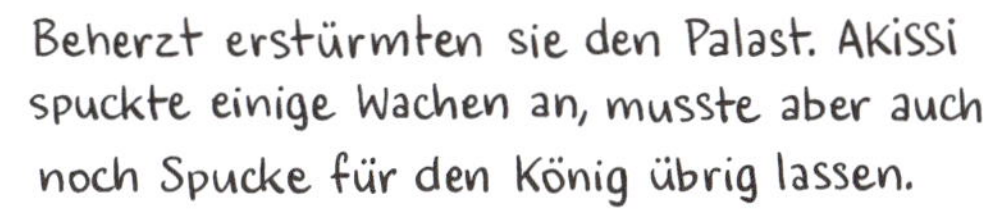
Beherzt erstürmten sie den Palast. AKISSI spuckte einige Wachen an, musste aber auch noch Spucke für den König übrig lassen.

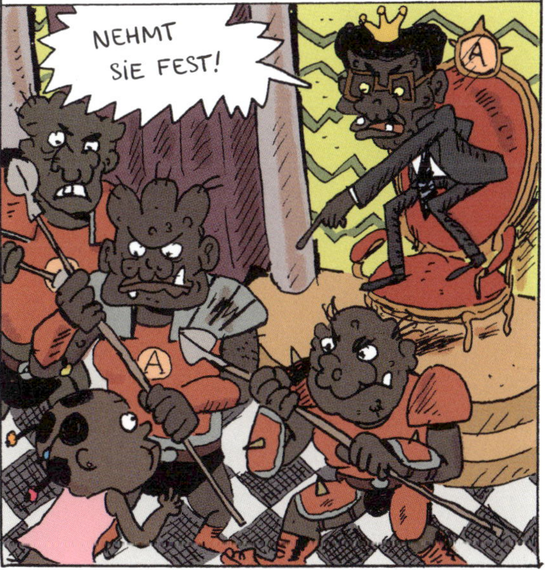
NEHMT SIE FEST!

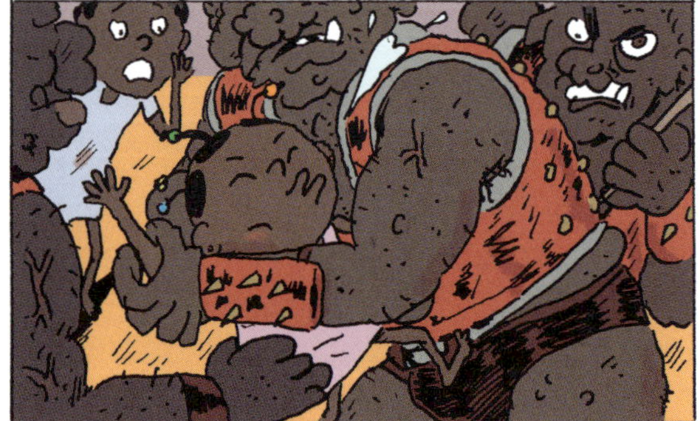
Als die Wachen zu zahlreich wurden, nahm AKISSI noch mal all ihre Spucke zu einem letzten, einzigartigen Strahl zusammen, der...

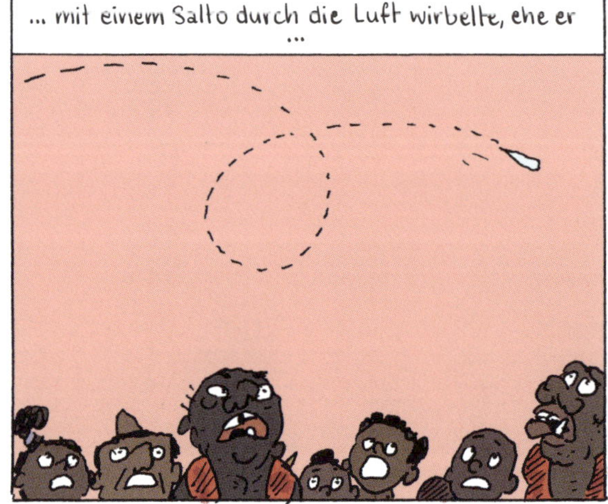
... mit einem Salto durch die Luft wirbelte, ehe er ...

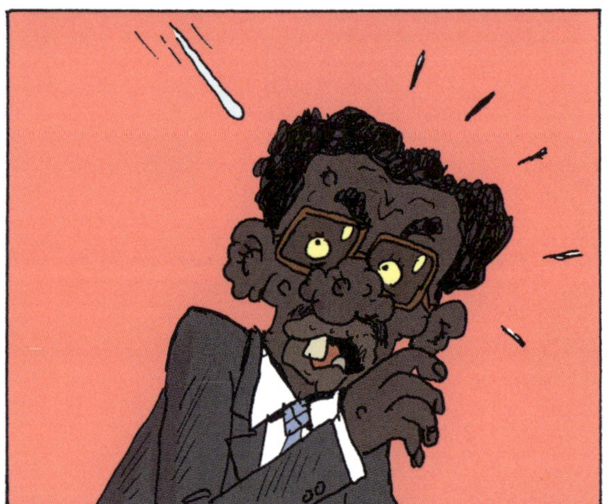

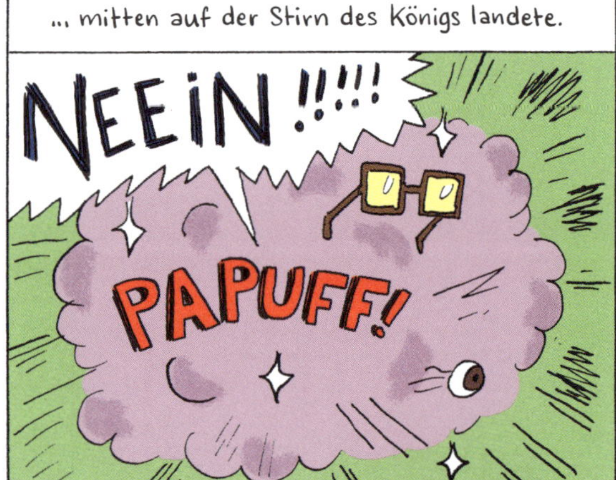
... mitten auf der Stirn des Königs landete.
NEEIN !!!!!
PAPUFF!

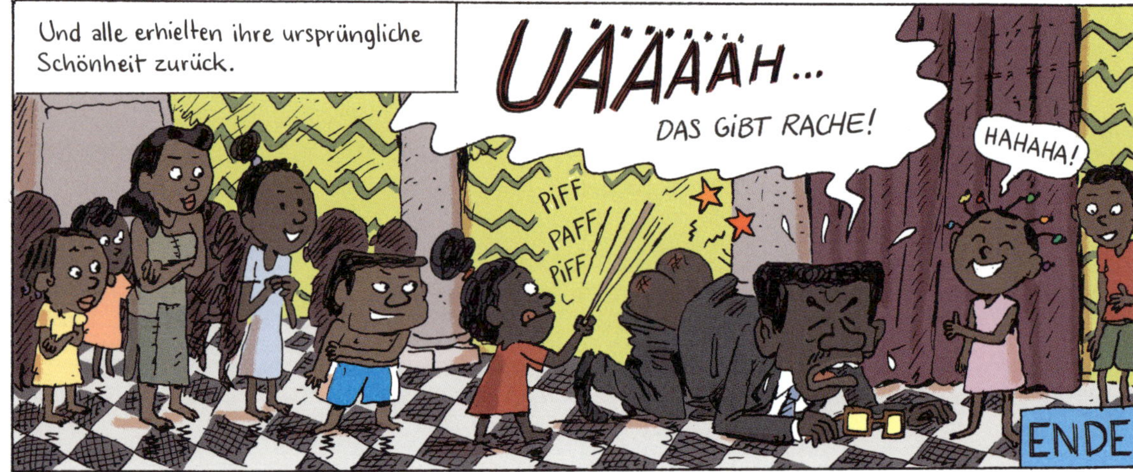
Und alle erhielten ihre ursprüngliche Schönheit zurück.
UÄÄÄÄH...
DAS GIBT RACHE!
PIFF
PAFF
PIFF
HAHAHA!
ENDE

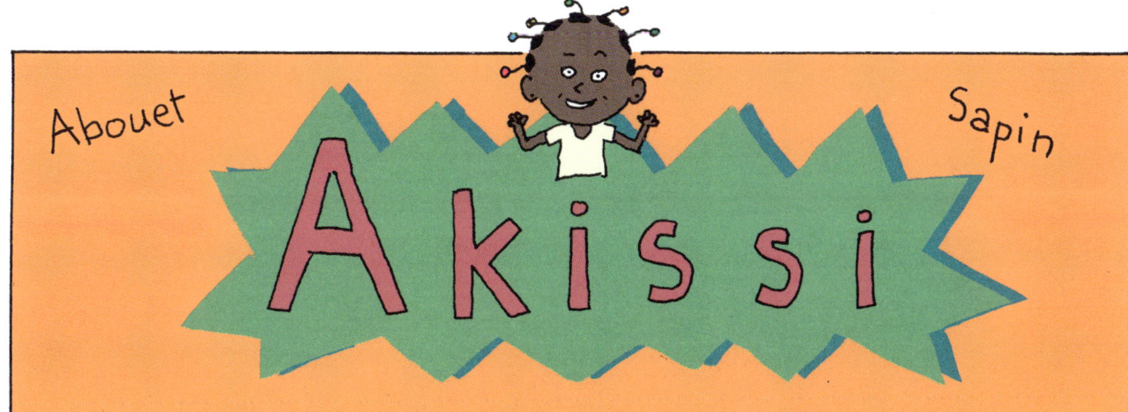

FÜNF KÜHNE RÄCHER

Ein Monstervogel hatte das Königreich ALYCOS in seiner Gewalt und verbreitete dort Angst und Schrecken...

ich habe...!

Flapp
Flapp

Die Stadt wird von einer Kuppel geschützt.

Sobald der Morgen graute, machte sich dieses gefiederte Ungeheuer, halb Vogel, halb Maschine, auf die Jagd nach Beute.

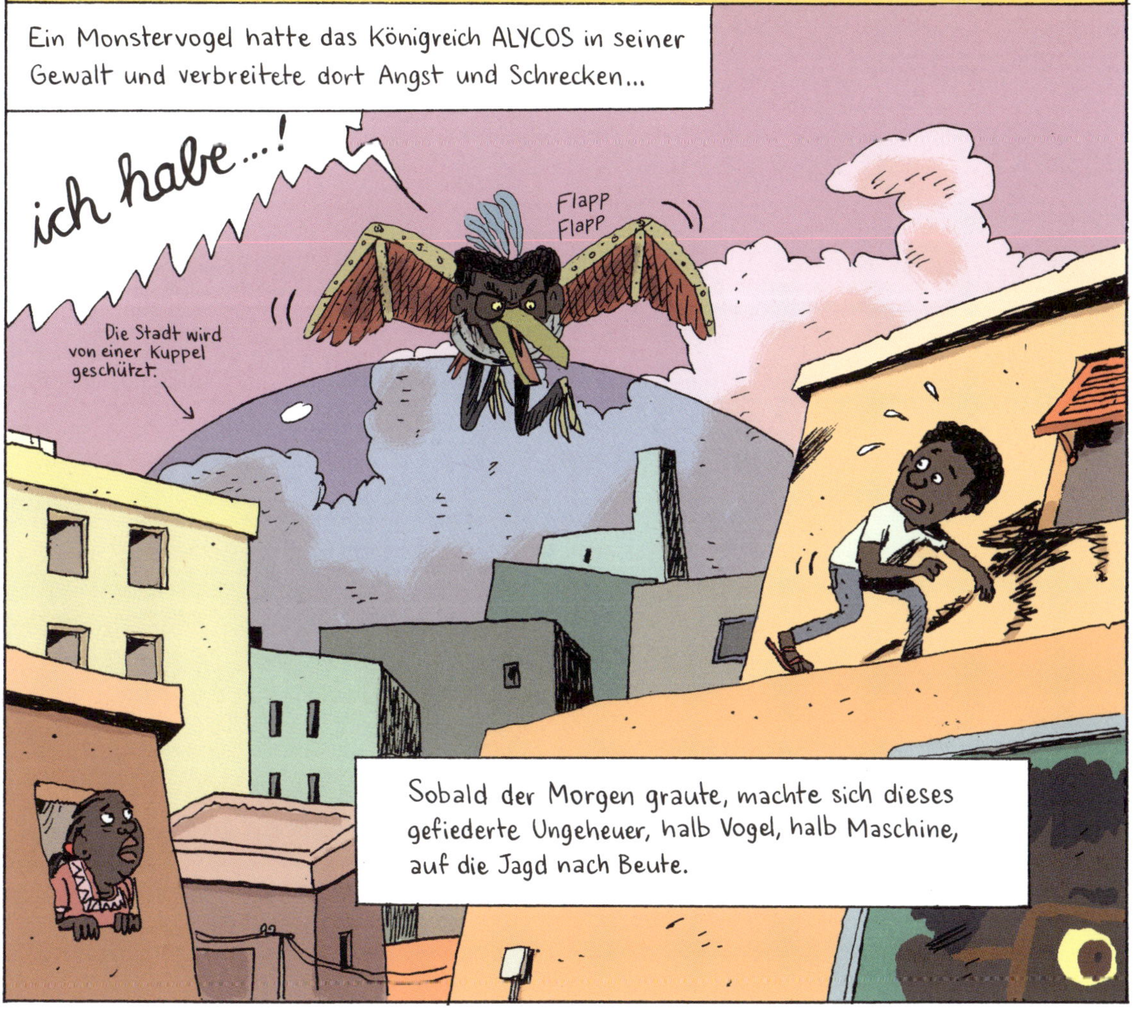

In allen Straßen, Höfen und Häusern der Stadt suchte es nach Opfern, um sie mit seinen grässlichen Gesängen zu lähmen...

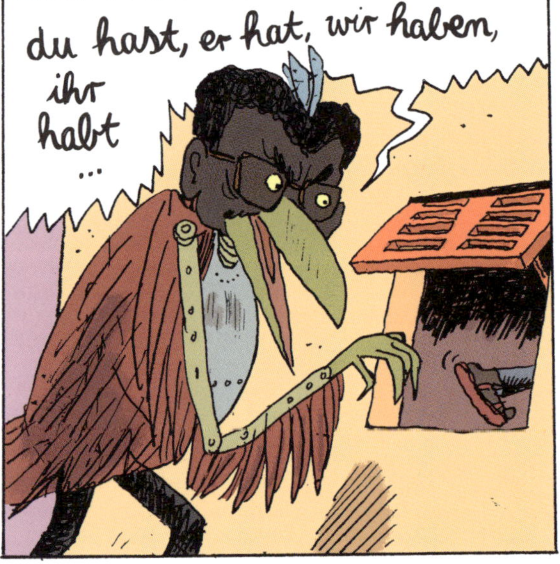

Das kleine Einmaleins bis 10... die Beugung der Verben SEIN und HABEN in allen nur erdenklichen Zeitformen usw. Sein Name: DARKADAMA!

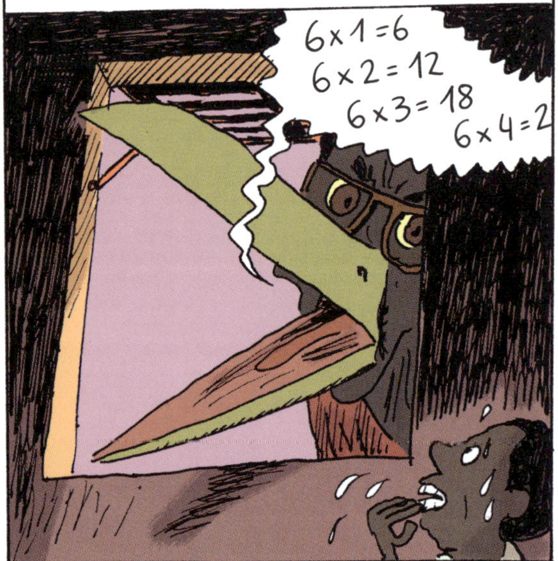

Mit seinem unheilvollen Gekrächze versetzte er die gesamte Bevölkerung von ALYCOS ins Kinderstadium zurück. Alle waren völlig verängstigt.

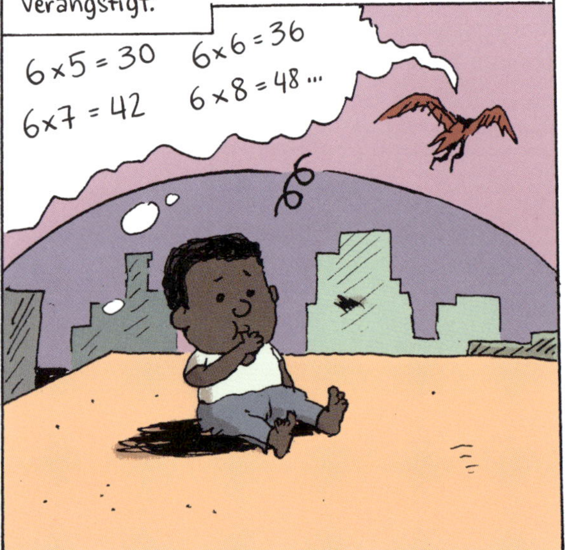

Nur fünf junge Erwachsene wagten es, dem Unhold die Stirn zu bieten und seine teuflischen Pläne zu durchkreuzen. Man nannte sie die KÜHNEN RÄCHER.

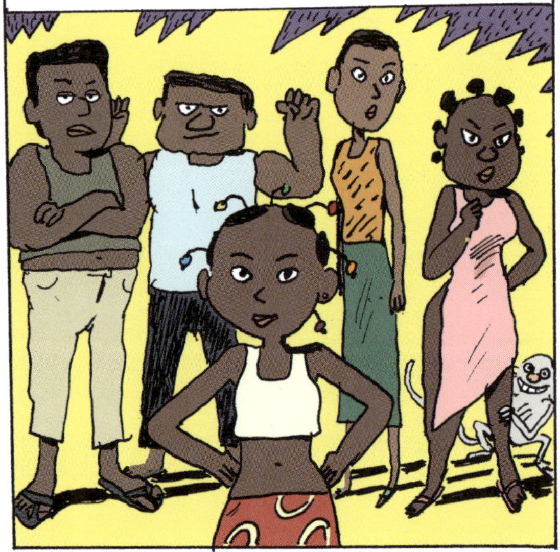

AKISSINA, EDMONDGREIF, BADINA, PELAGYM und PAPOURAZ verkörperten die wahren, längst vergessenen Werte (Großmut, Tapferkeit, Respekt, Intelligenz...).

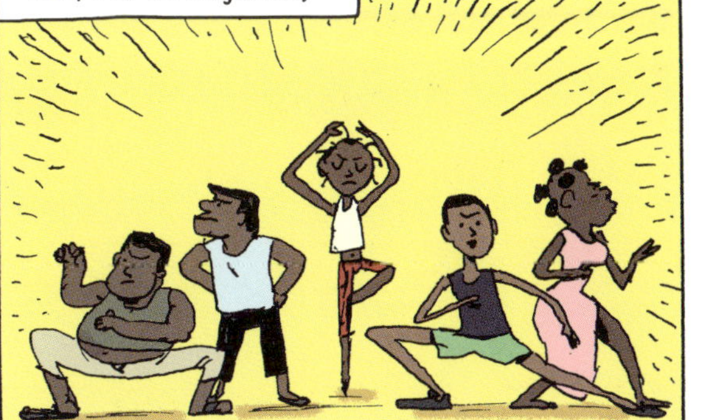

AKISSINA, die Anführerin der Rächer, war nicht nur groß und schön, sondern auch von edler Gesinnung. Ihr Ziel: gemeinsam mit BUBU für Recht und Gerechtigkeit zu kämpfen.

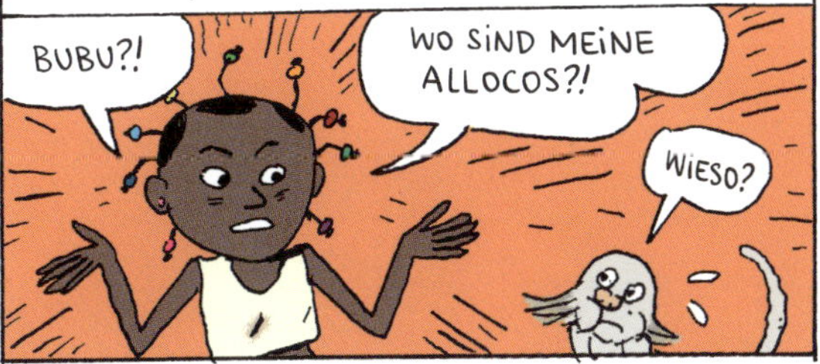

EDMONDGREIF, AKISSINAs bester Freund (und heimlich in sie verliebt), war der Mutigste und hatte superscharfe Krallen.

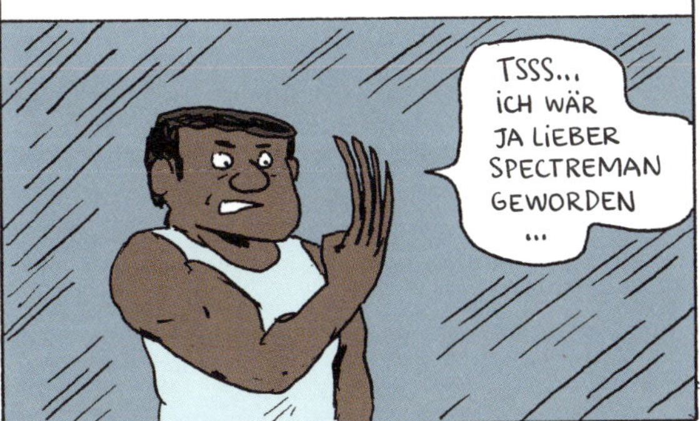

BADINA, AKISSINAs beste Freundin, war sehr klug und hatte lange Beine, mit denen sie schneller rennen konnte als ihr Schatten...

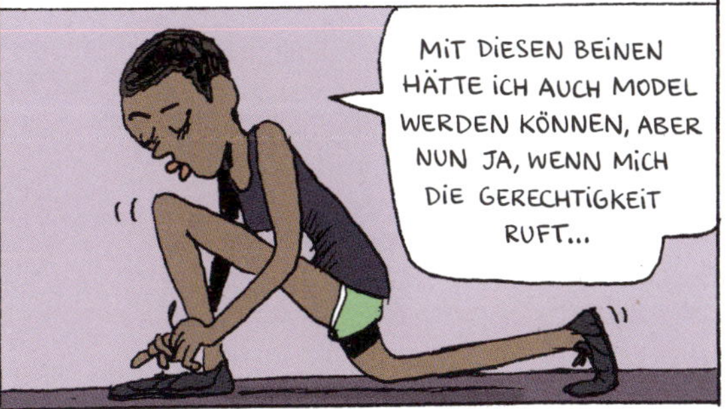

PELAGYM wiederum, AKISSINAs andere beste Freundin, zeichnete sich durch ihre Unschuld und Weisheit aus.

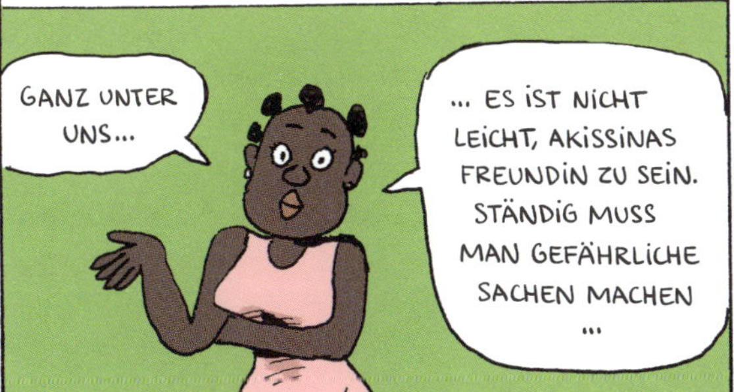

PAPOURAZ war der Stärkste von ihnen. Er war mollig und aß gern, und ein geheimnisvolles Sandwich hatte ihm unglaubliche Kräfte verliehen.

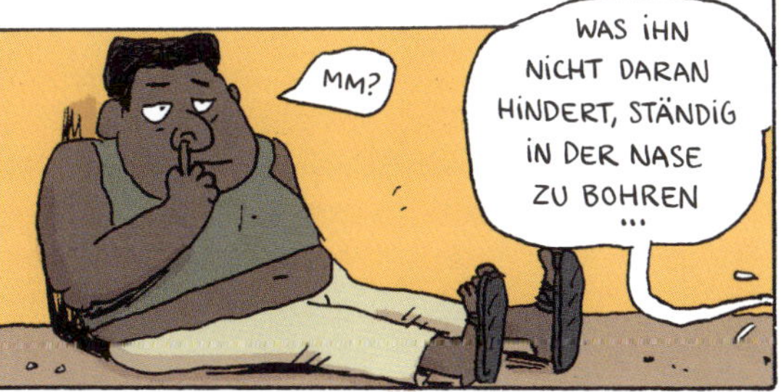

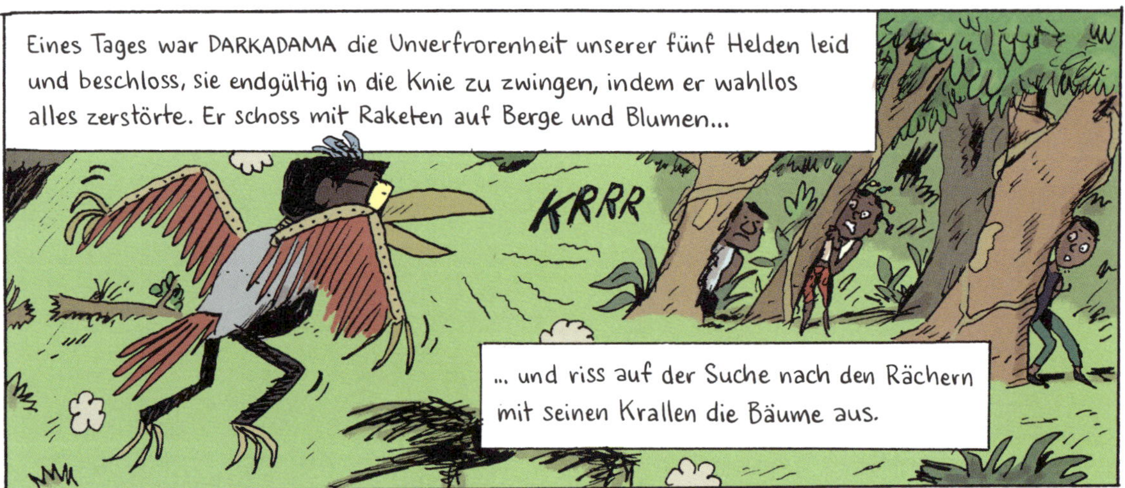
Eines Tages war DARKADAMA die Unverfrorenheit unserer fünf Helden leid und beschloss, sie endgültig in die Knie zu zwingen, indem er wahllos alles zerstörte. Er schoss mit Raketen auf Berge und Blumen...
KRRR
... und riss auf der Suche nach den Rächern mit seinen Krallen die Bäume aus.

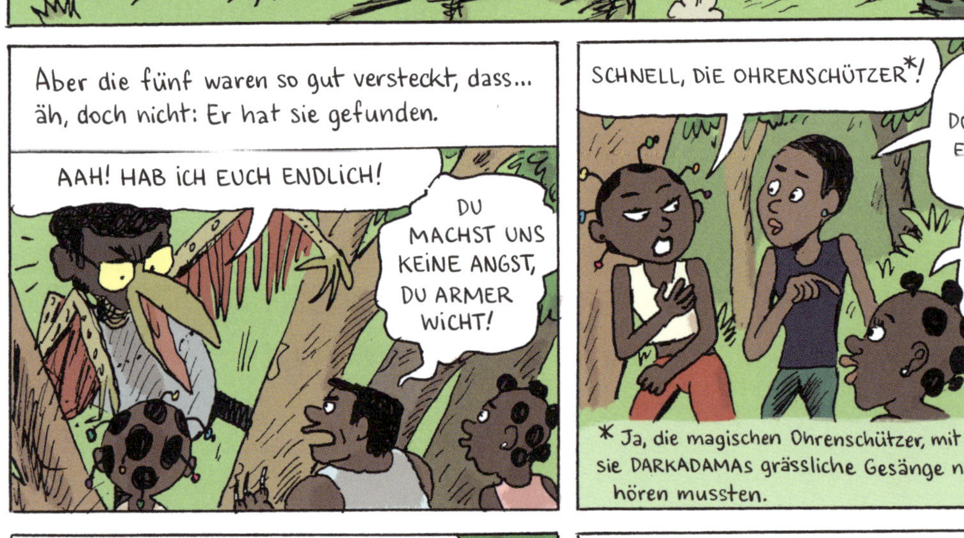
Aber die fünf waren so gut versteckt, dass... äh, doch nicht: Er hat sie gefunden.
AAH! HAB ICH EUCH ENDLICH!
DU MACHST UNS KEINE ANGST, DU ARMER WICHT!
SCHNELL, DIE OHRENSCHÜTZER*!
ÄH... DIE HAT DOCH PELAGYM EINGESTECKT ...
NEIN, NEIN, HEUTE WAR PAPOURAZ AN DER REIHE...
* Ja, die magischen Ohrenschützer, mit denen sie DARKADAMAS grässliche Gesänge nicht hören mussten.

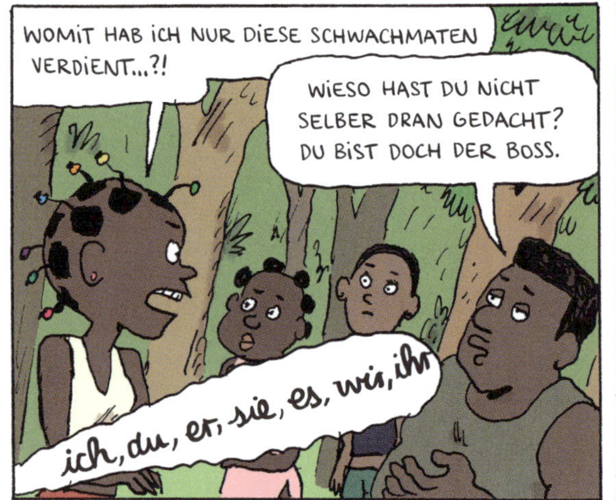
WOMIT HAB ICH NUR DIESE SCHWACHMATEN VERDIENT...?!
WIESO HAST DU NICHT SELBER DRAN GEDACHT? DU BIST DOCH DER BOSS.
ich, du, er, sie, es, wir, ihr

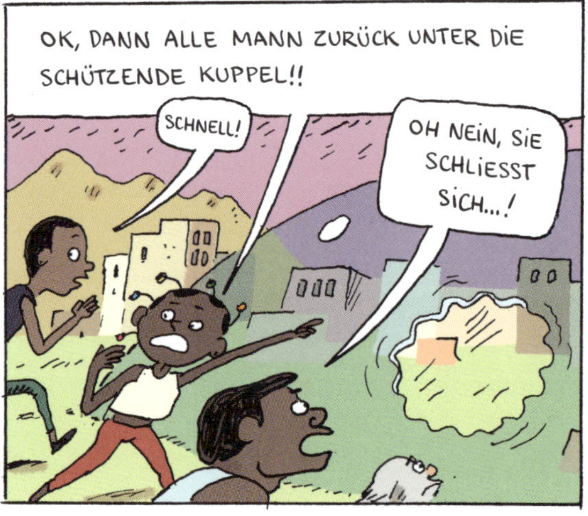
OK, DANN ALLE MANN ZURÜCK UNTER DIE SCHÜTZENDE KUPPEL!!
SCHNELL!
OH NEIN, SIE SCHLIESST SICH...!

AKISSINA wollte BUBU noch rasch durchs Loch werfen, doch leider...

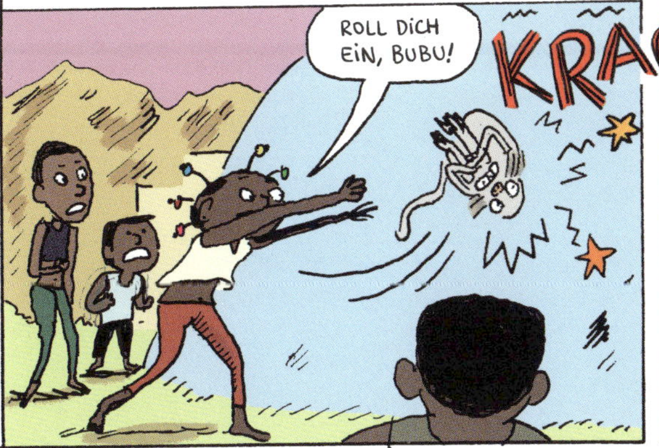

... zersprang dabei die Hülle. Die Menschen waren nun ohne jeden Schutz...

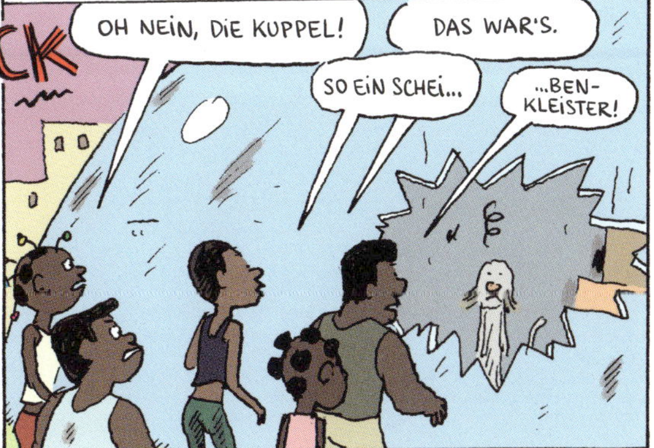

Sofort stimmte DARKADAMA sein grausiges Geleier an.

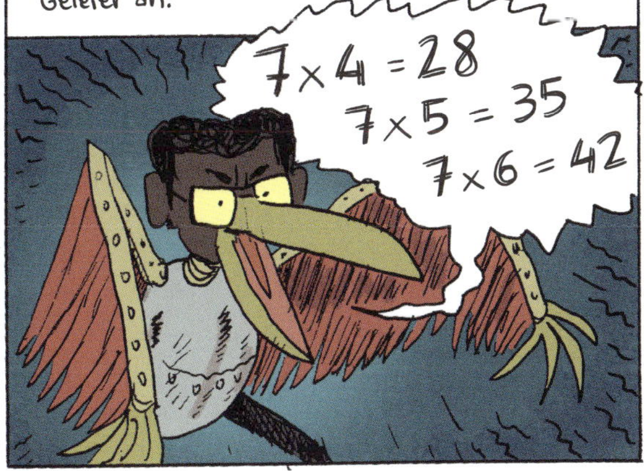

Und alle Bewohner von ALYCOS wurden wieder zu Kindern. Selbst die fünf kühnen Rächer.

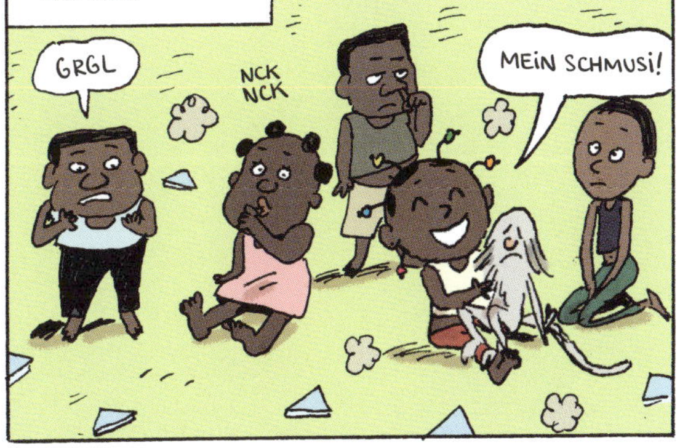

Ohne den Schutz der kühnen Rächer verlor das Land immer mehr Bewohner...

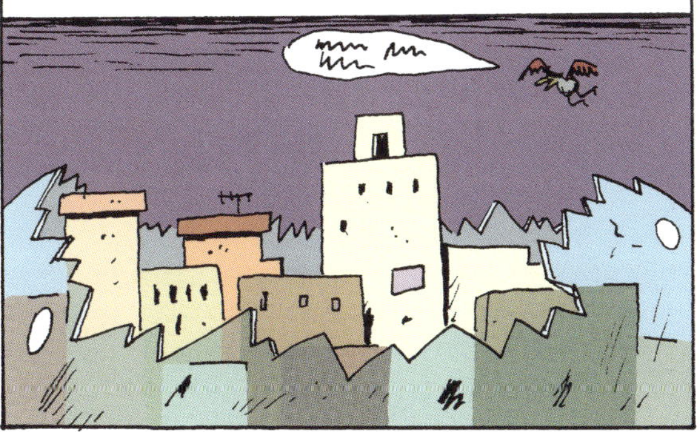

Die einen flohen in den Wald, die anderen ins Gebirge. Gegessen wurde nur noch nach Einbruch der Nacht.

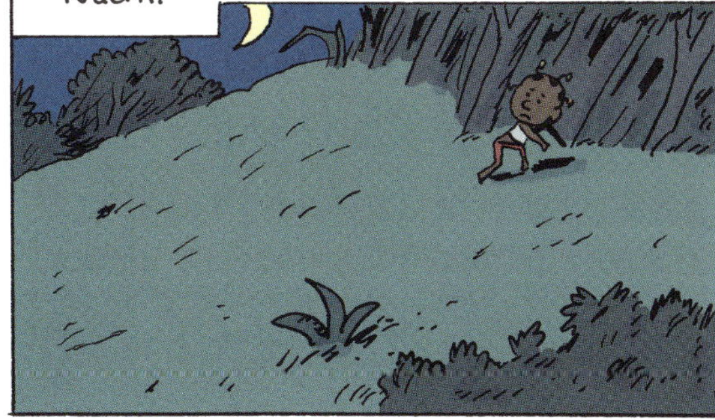

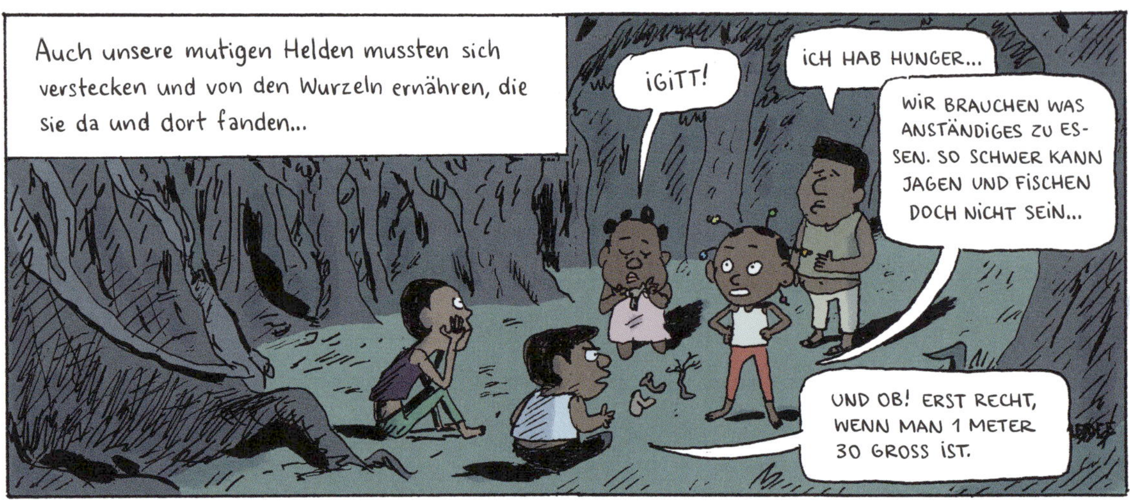
Auch unsere mutigen Helden mussten sich verstecken und von den Wurzeln ernähren, die sie da und dort fanden...
¡GITT!
ICH HAB HUNGER...
WIR BRAUCHEN WAS ANSTÄNDIGES ZU ES-SEN. SO SCHWER KANN JAGEN UND FISCHEN DOCH NICHT SEIN...
UND OB! ERST RECHT, WENN MAN 1 METER 30 GROSS IST.

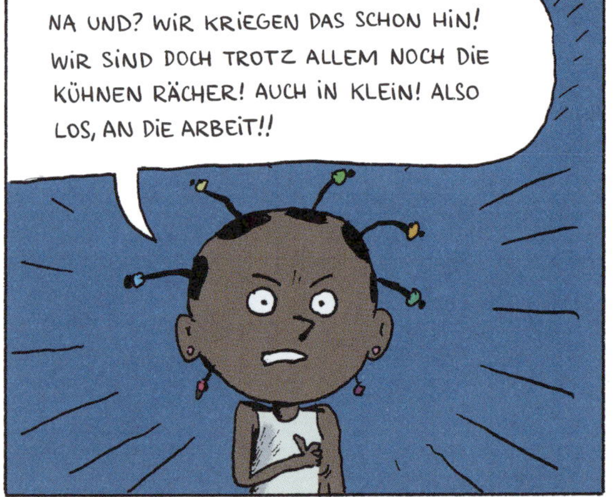
NA UND? WIR KRIEGEN DAS SCHON HIN! WIR SIND DOCH TROTZ ALLEM NOCH DIE KÜHNEN RÄCHER! AUCH IN KLEIN! ALSO LOS, AN DIE ARBEIT!!

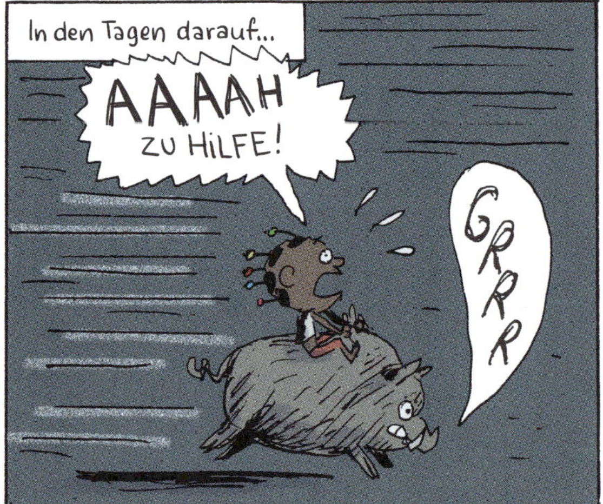
In den Tagen darauf...
AAAAH ZU HILFE!
GRRRR

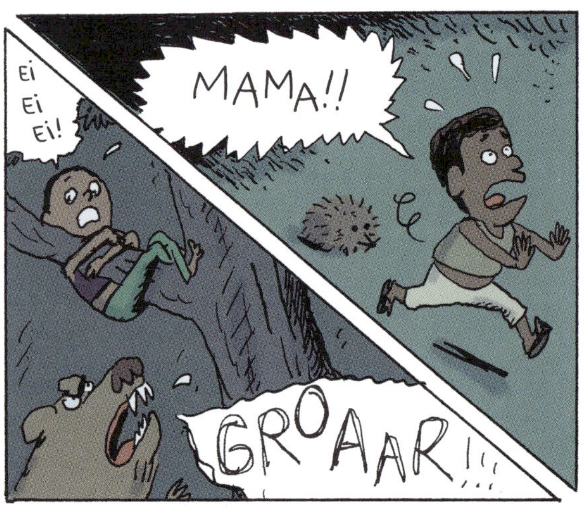
Ei Ei Ei!
MAMA!!
GROAAR!!!

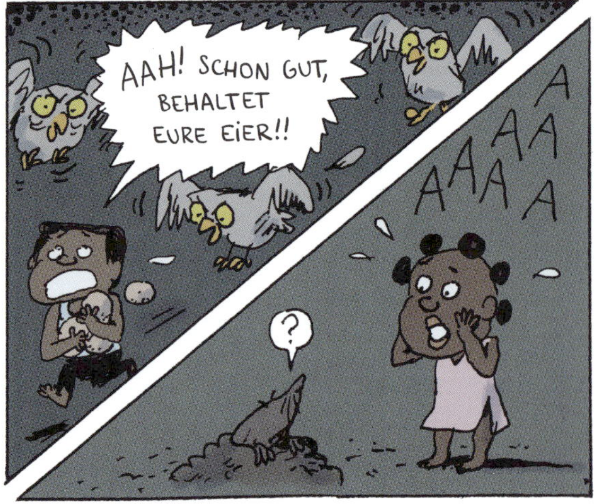
AAH! SCHON GUT, BEHALTET EURE EIER!!
AAAAAAA
?

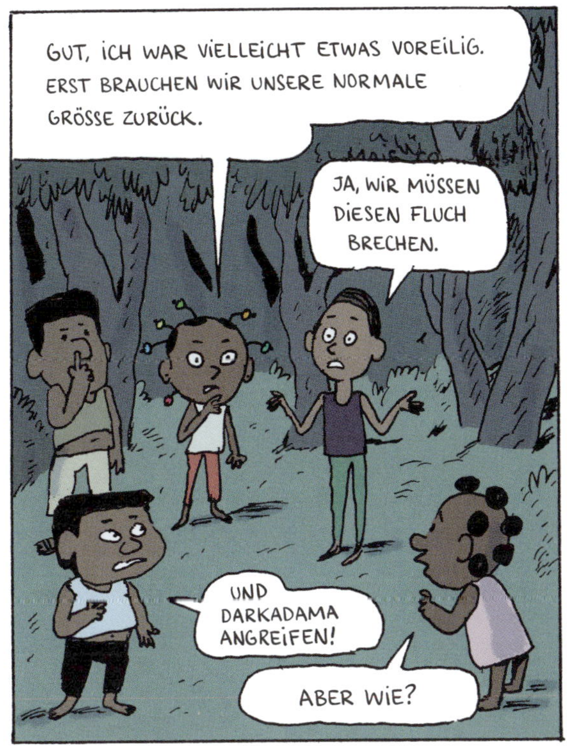
GUT, ICH WAR VIELLEICHT ETWAS VOREILIG. ERST BRAUCHEN WIR UNSERE NORMALE GRÖSSE ZURÜCK.
JA, WIR MÜSSEN DIESEN FLUCH BRECHEN.
UND DARKADAMA ANGREIFEN!
ABER WIE?

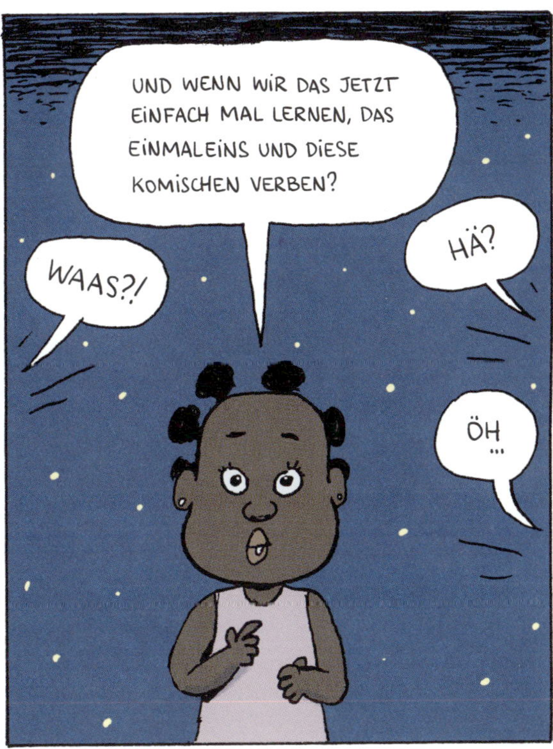
UND WENN WIR DAS JETZT EINFACH MAL LERNEN, DAS EINMALEINS UND DIESE KOMISCHEN VERBEN?
WAAS?!
HÄ?
ÖH ...

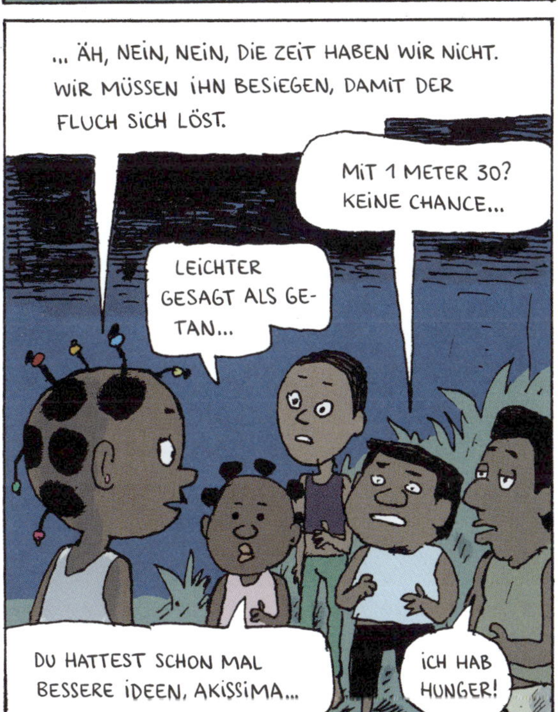
... ÄH, NEIN, NEIN, DIE ZEIT HABEN WIR NICHT. WIR MÜSSEN IHN BESIEGEN, DAMIT DER FLUCH SICH LÖST.
MIT 1 METER 30? KEINE CHANCE...
LEICHTER GESAGT ALS GE- TAN...
DU HATTEST SCHON MAL BESSERE IDEEN, AKISSIMA...
ICH HAB HUNGER!

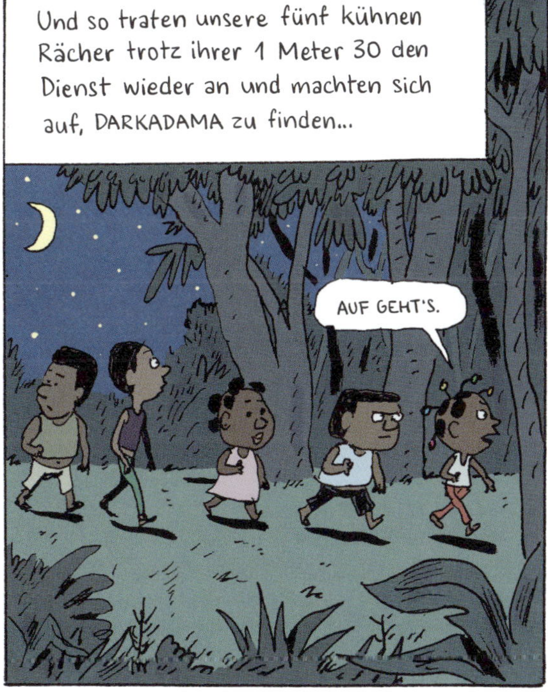
Und so traten unsere fünf kühnen Rächer trotz ihrer 1 Meter 30 den Dienst wieder an und machten sich auf, DARKADAMA zu finden...
AUF GEHT'S.

Doch das war gar nicht so einfach.

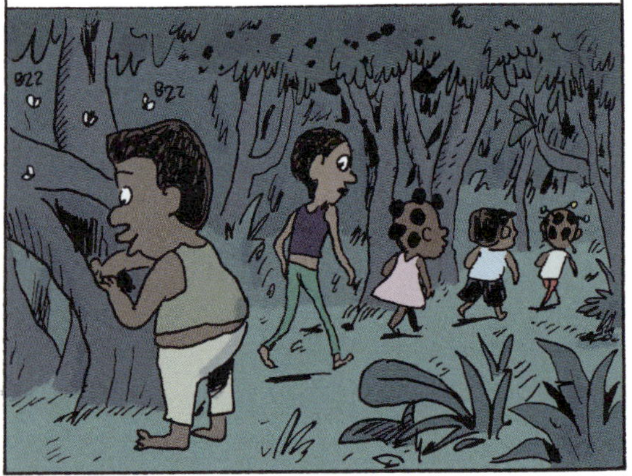

Schon bald wurden sie von einem Schwarm wütender Bienen verfolgt (denen PAPOURAZ ihren Honig stehlen wollte).

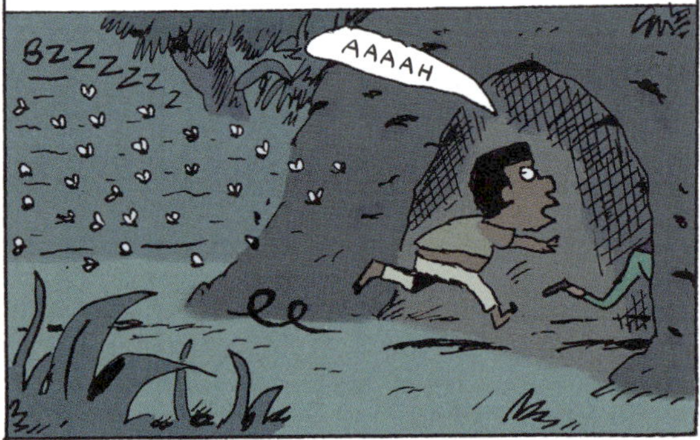

Ihre Flucht führte sie tief in eine Höhle...

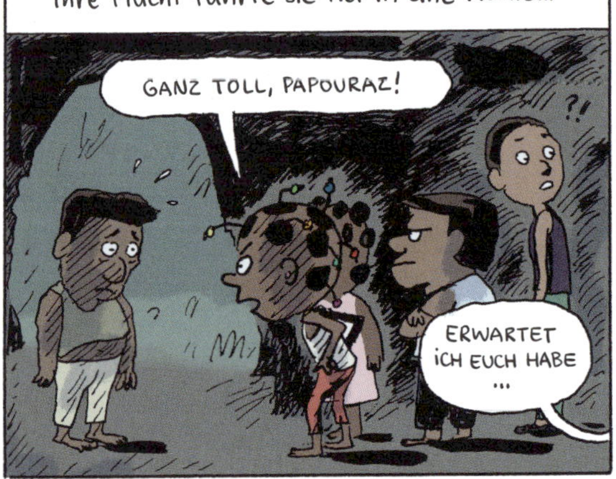

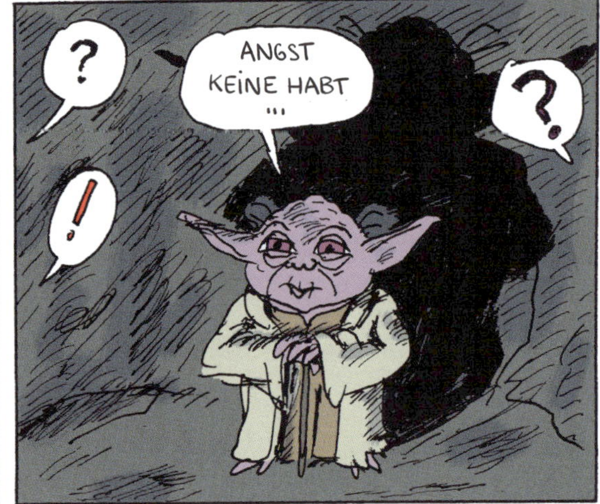

WER SIE SIND? ÄH... WER SIND SIE?

MEISTER DAYO ICH BIN...

HELFEN ICH EUCH KANN...

WIE DENN? SIE SIND JA NOCH KLEINER ALS WIR.

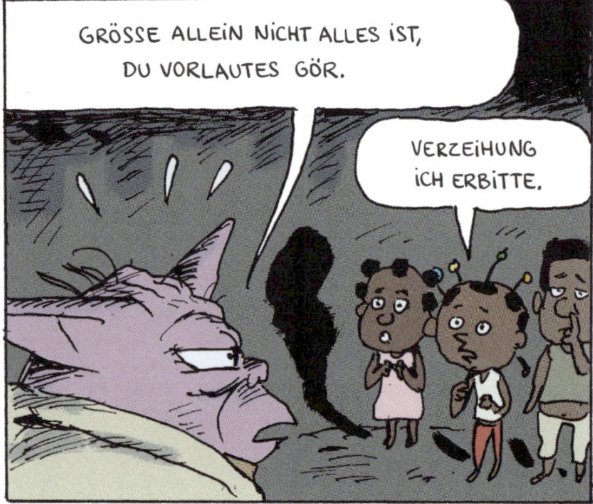

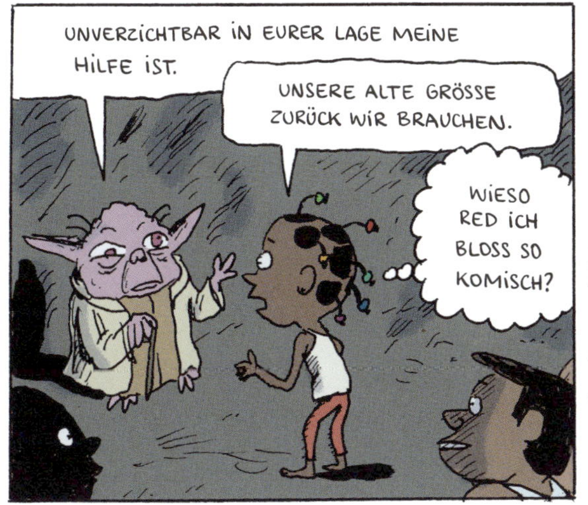
UNVERZICHTBAR IN EURER LAGE MEINE HILFE IST.
UNSERE ALTE GRÖSSE ZURÜCK WIR BRAUCHEN.
WIESO RED ICH BLOSS SO KOMISCH?

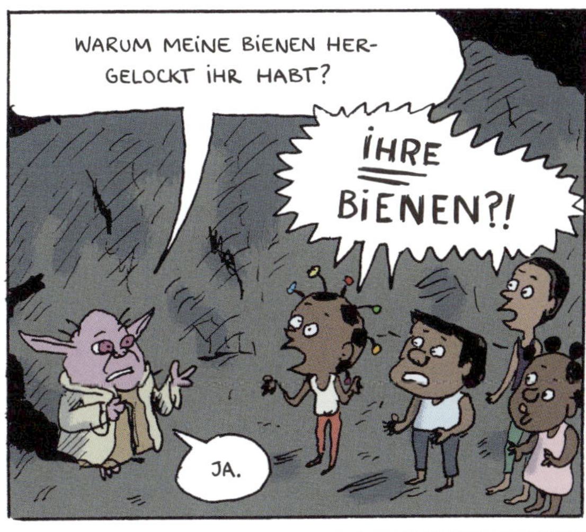
WARUM MEINE BIENEN HER-GELOCKT IHR HABT?
IHRE BIENEN?!
JA.

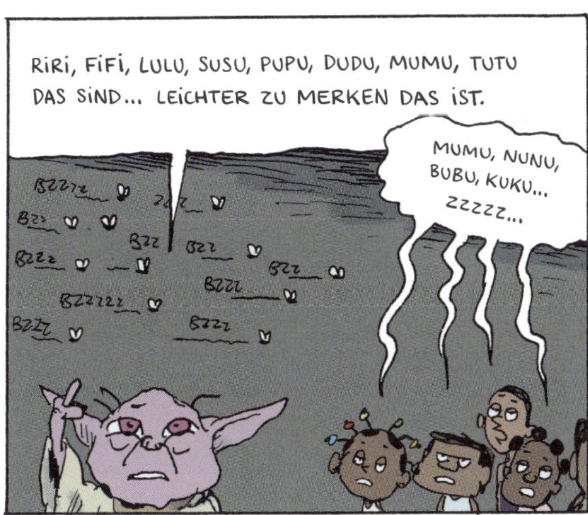
RIRI, FIFI, LULU, SUSU, PUPU, DUDU, MUMU, TUTU DAS SIND... LEICHTER ZU MERKEN DAS IST.
MUMU, NUNU, BUBU, KUKU... ZZZZZ...

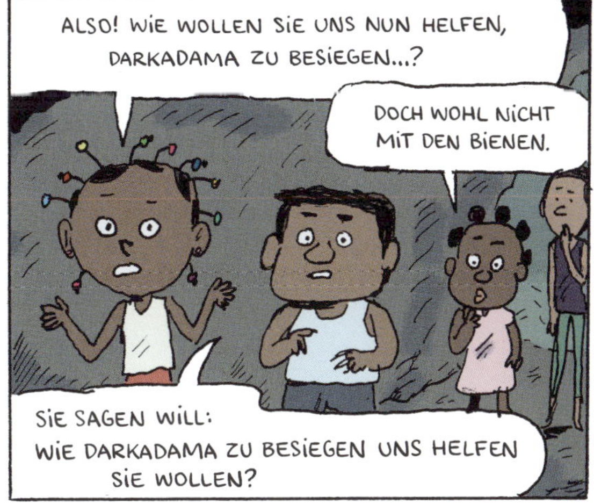
ALSO! WIE WOLLEN SIE UNS NUN HELFEN, DARKADAMA ZU BESIEGEN...?
DOCH WOHL NICHT MIT DEN BIENEN.
SIE SAGEN WILL: WIE DARKADAMA ZU BESIEGEN UNS HELFEN SIE WOLLEN?

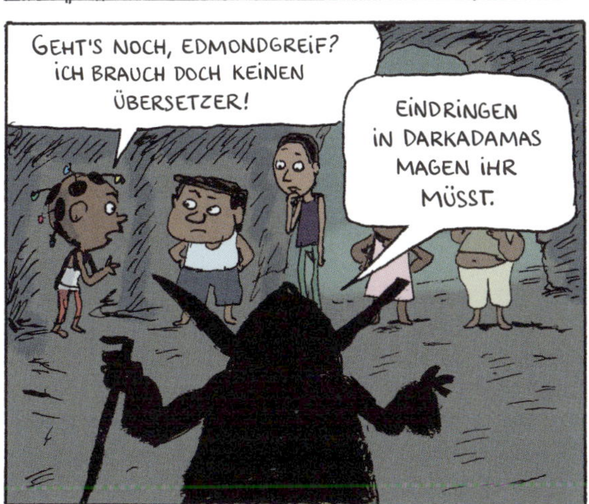
GEHT'S NOCH, EDMONDGREIF? ICH BRAUCH DOCH KEINEN ÜBERSETZER!
EINDRINGEN IN DARKADAMAS MAGEN IHR MÜSST.

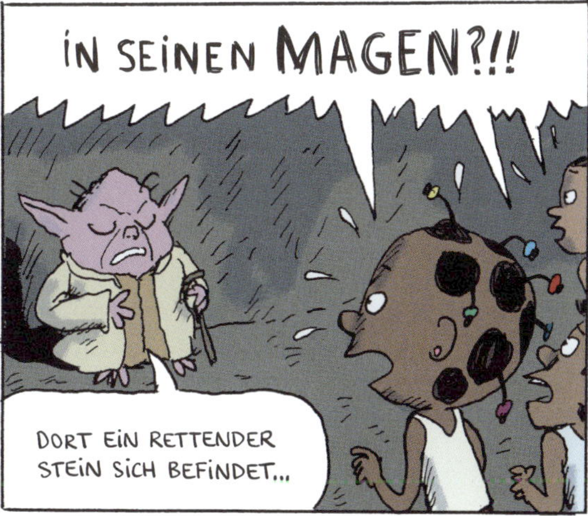
IN SEINEN MAGEN?!!
DORT EIN RETTENDER STEIN SICH BEFINDET...

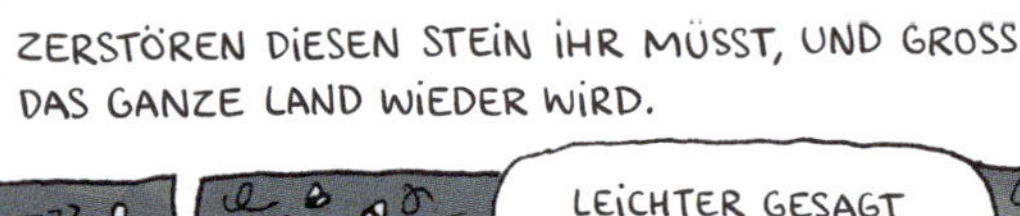
ZERSTÖREN DIESEN STEIN IHR MÜSST, UND GROSS DAS GANZE LAND WIEDER WIRD.

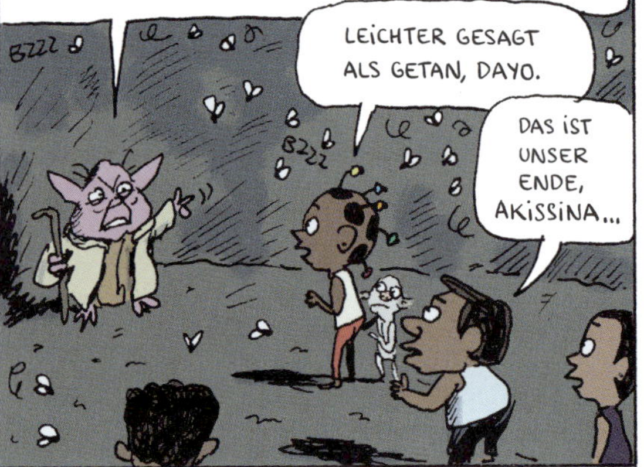
BZZZ
LEICHTER GESAGT ALS GETAN, DAYO.
BZZZ
DAS IST UNSER ENDE, AKISSINA...

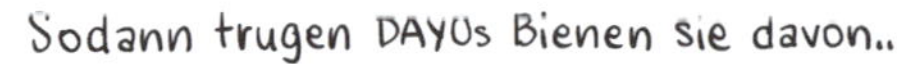
Sodann trugen DAYOs Bienen sie davon...

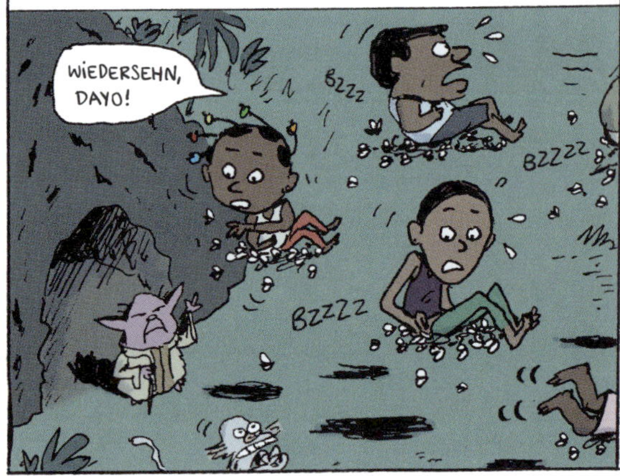
WIEDERSEHN, DAYO!
BZZZ
BZZZZ
BZZZZ

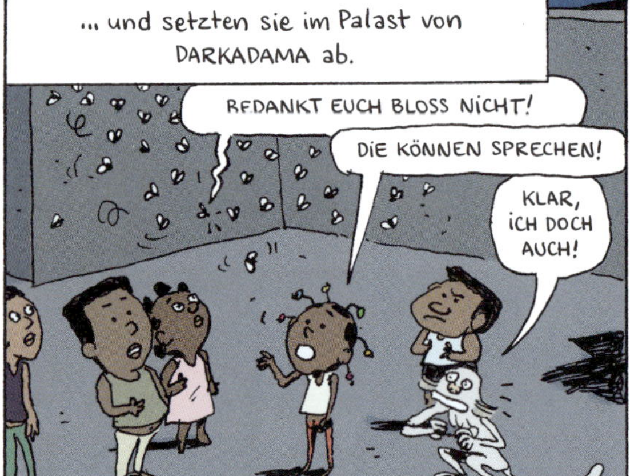
... und setzten sie im Palast von DARKADAMA ab.
BEDANKT EUCH BLOSS NICHT!
DIE KÖNNEN SPRECHEN!
KLAR, ICH DOCH AUCH!

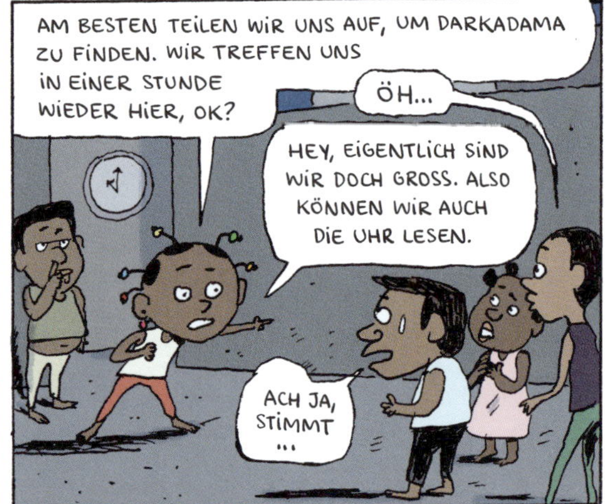
AM BESTEN TEILEN WIR UNS AUF, UM DARKADAMA ZU FINDEN. WIR TREFFEN UNS IN EINER STUNDE WIEDER HIER, OK?
ÖH...
HEY, EIGENTLICH SIND WIR DOCH GROSS. ALSO KÖNNEN WIR AUCH DIE UHR LESEN.
ACH JA, STIMMT ...

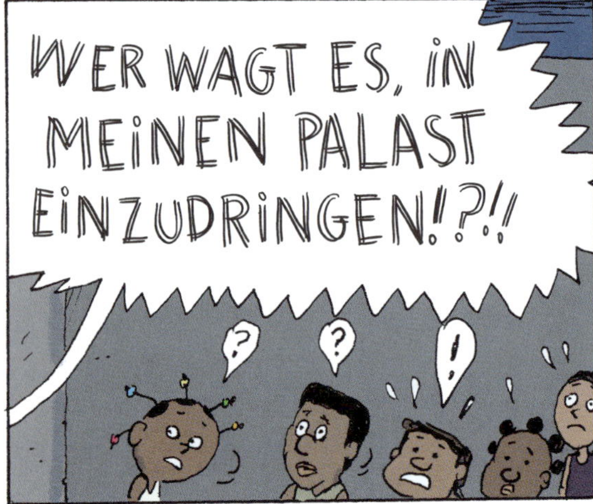
WER WAGT ES, IN MEINEN PALAST EINZUDRINGEN!?!!
?
?
!

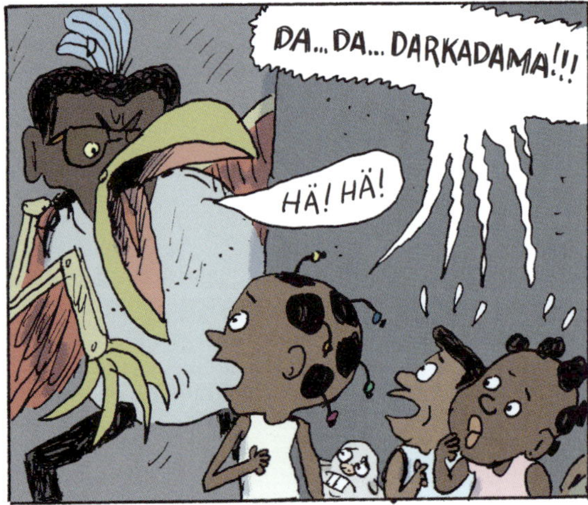
DA... DA... DARKADAMA!!!
HÄ! HÄ!

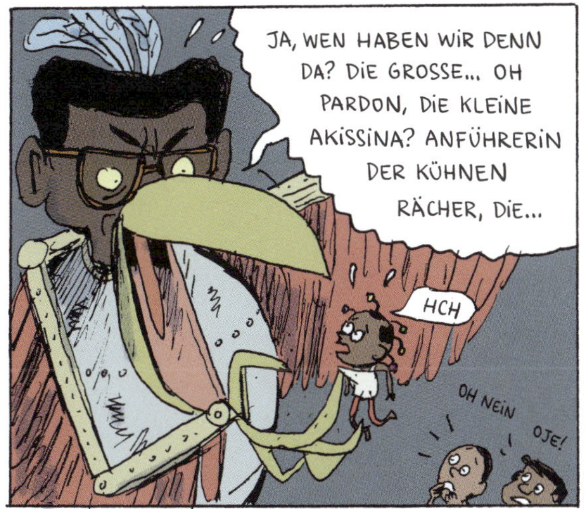

Und da, HOPP!, stürzte sich AKISSINA kopfüber in den Schnabel des Monsters, das vor Überraschung fast an ihr erstickte.

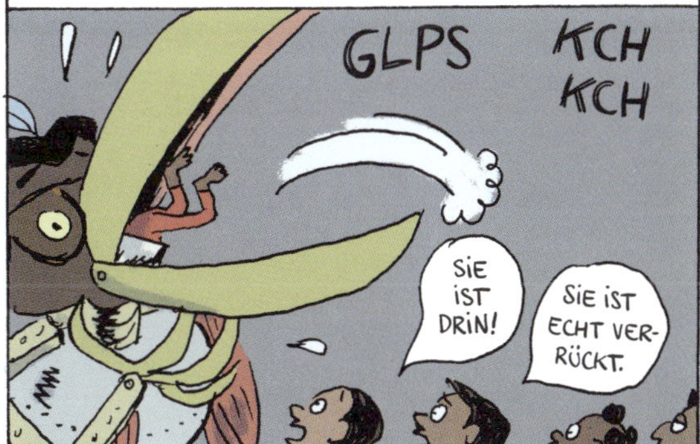

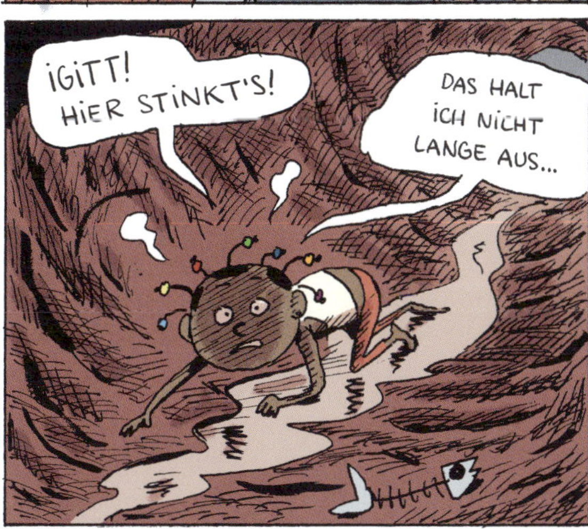

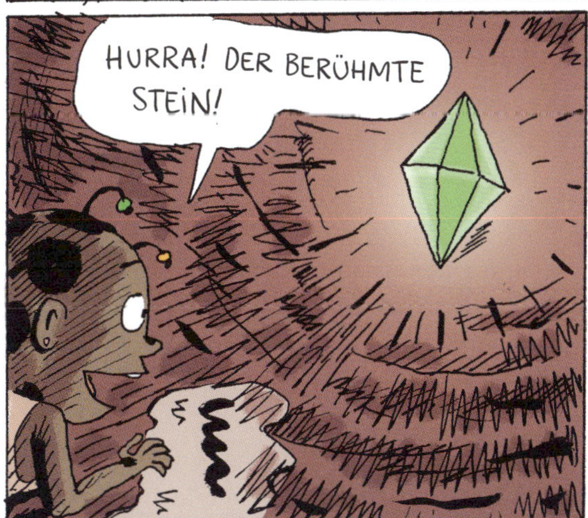

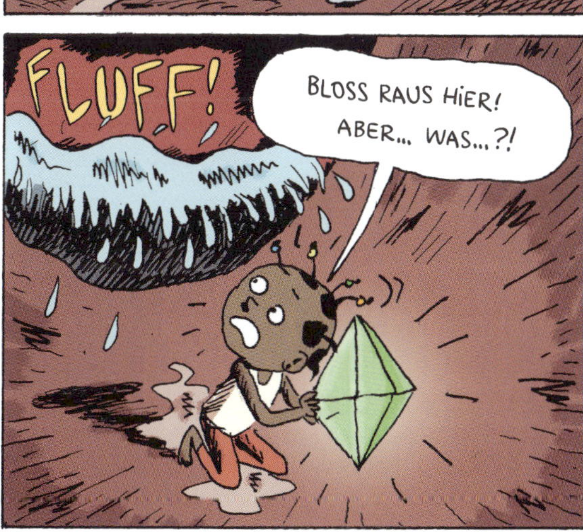

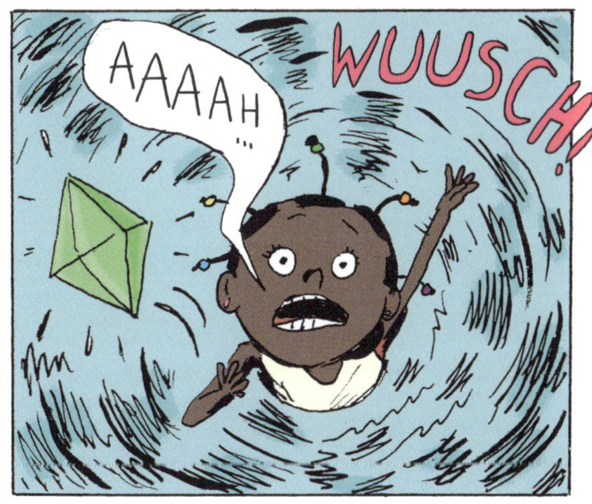

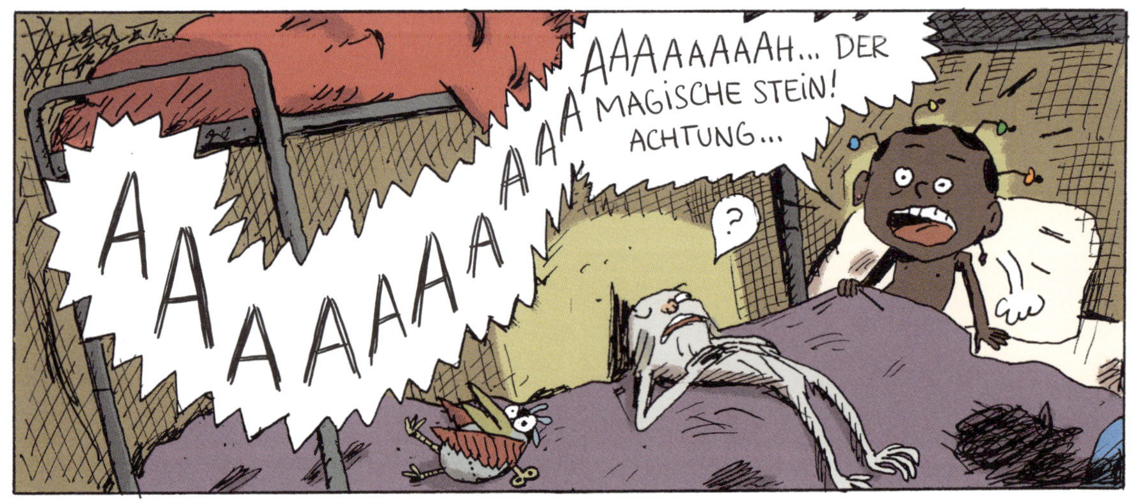
AAAAAAAAAAAAAAAAAAAH... DER MAGISCHE STEIN! ACHTUNG...
?

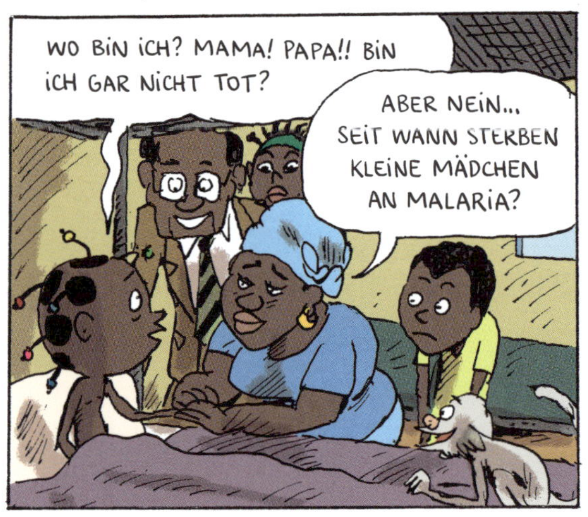
WO BIN ICH? MAMA! PAPA!! BIN ICH GAR NICHT TOT?
ABER NEIN... SEIT WANN STERBEN KLEINE MÄDCHEN AN MALARIA?

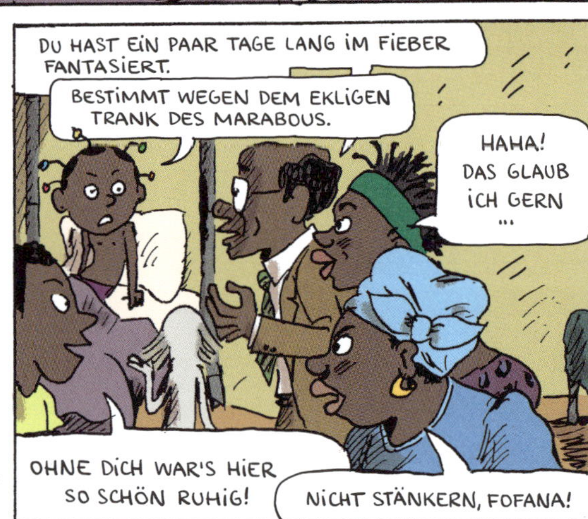
DU HAST EIN PAAR TAGE LANG IM FIEBER FANTASIERT.
BESTIMMT WEGEN DEM EKLIGEN TRANK DES MARABOUS.
HAHA! DAS GLAUB ICH GERN ...
OHNE DICH WAR'S HIER SO SCHÖN RUHIG!
NICHT STÄNKERN, FOFANA!

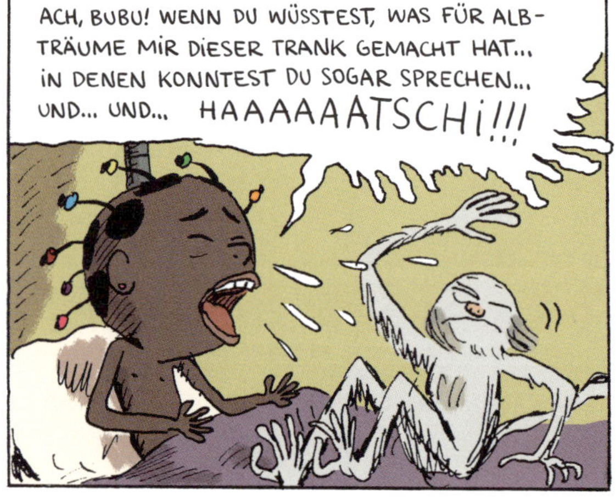
ACH, BUBU! WENN DU WÜSSTEST, WAS FÜR ALB-TRÄUME MIR DIESER TRANK GEMACHT HAT... IN DENEN KONNTEST DU SOGAR SPRECHEN... UND... UND... HAAAAAATSCHI!!!

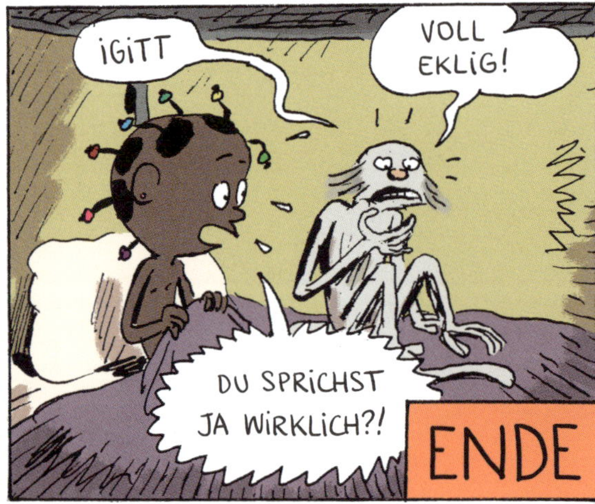
IGITT
VOLL EKLIG!
DU SPRICHST JA WIRKLICH?!
ENDE

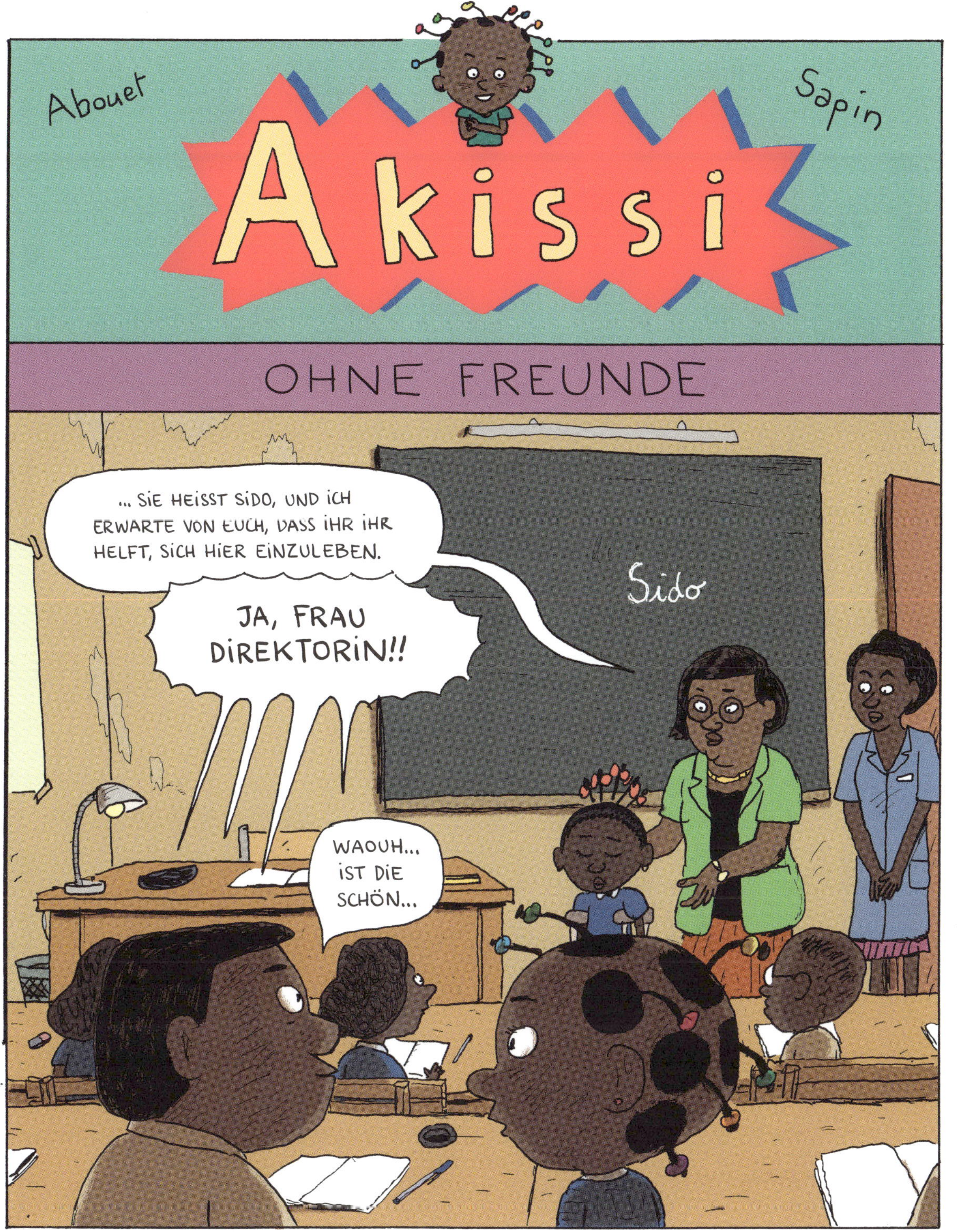
Abouet
Sapin
Akissi
OHNE FREUNDE
... SIE HEISST SIDO, UND ICH ERWARTE VON EUCH, DASS IHR IHR HELFT, SICH HIER EINZULEBEN.
Sido
JA, FRAU DIREKTORIN!!
WAOUH... IST DIE SCHÖN...

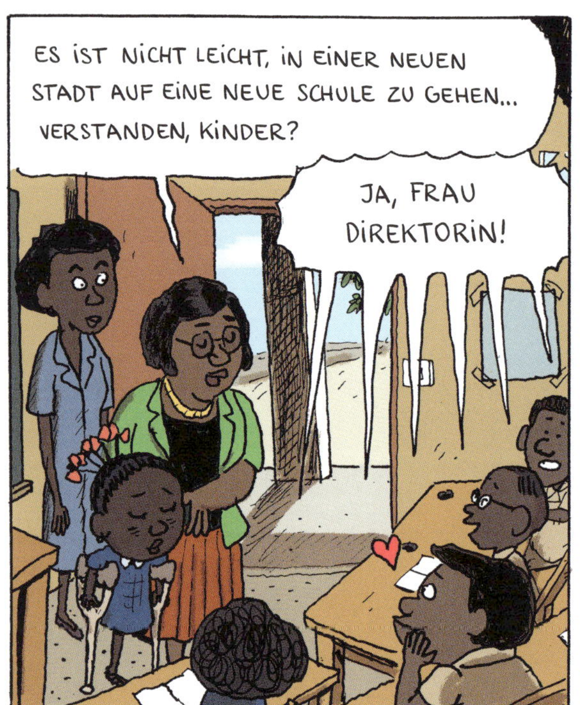
ES IST NICHT LEICHT, IN EINER NEUEN STADT AUF EINE NEUE SCHULE ZU GEHEN... VERSTANDEN, KINDER?
JA, FRAU DIREKTORIN!

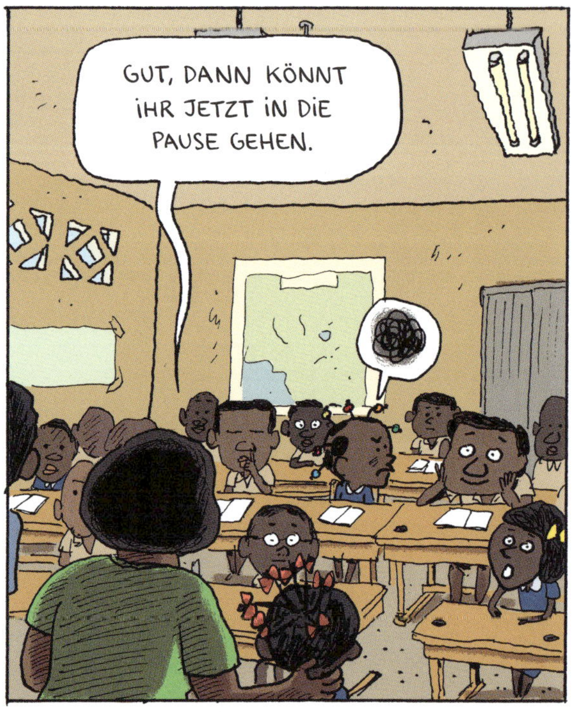
GUT, DANN KÖNNT IHR JETZT IN DIE PAUSE GEHEN.

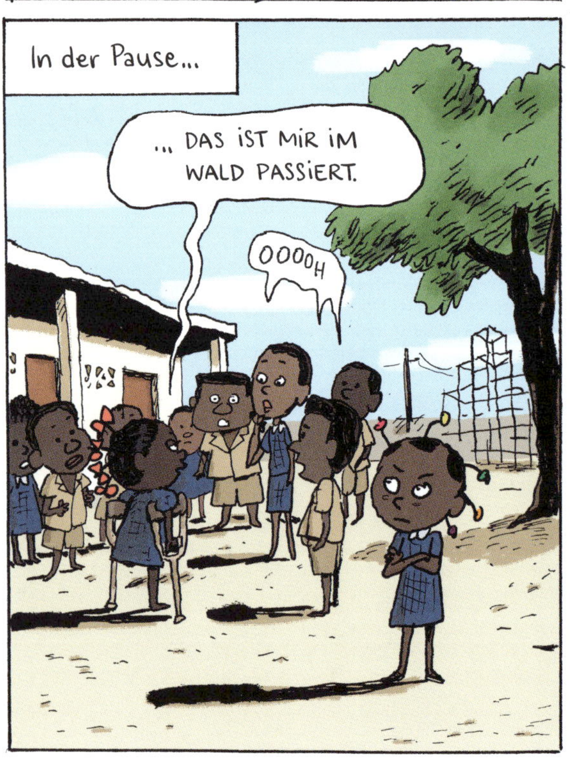
In der Pause...
... DAS IST MIR IM WALD PASSIERT.
OOOOH

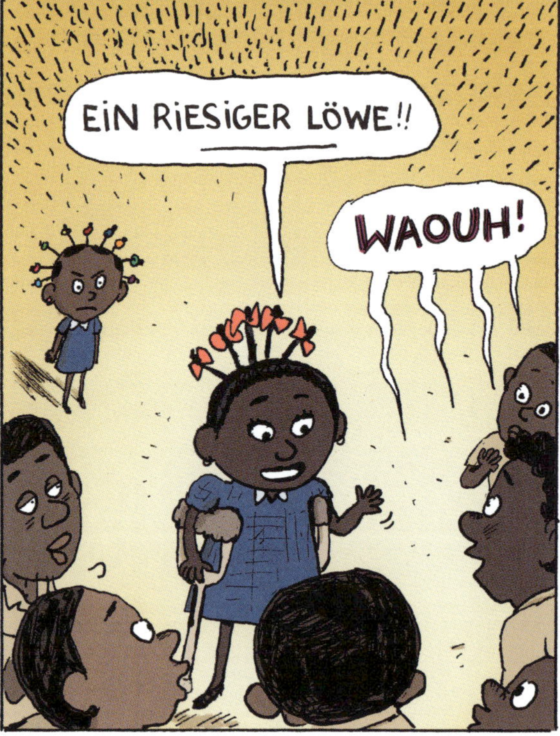
EIN RIESIGER LÖWE!!
WAOUH!

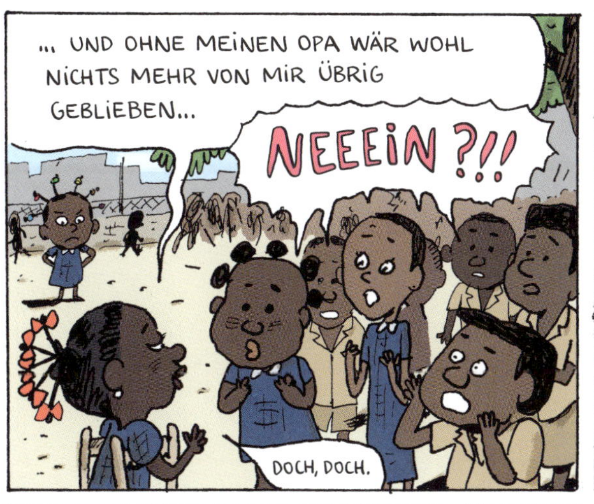

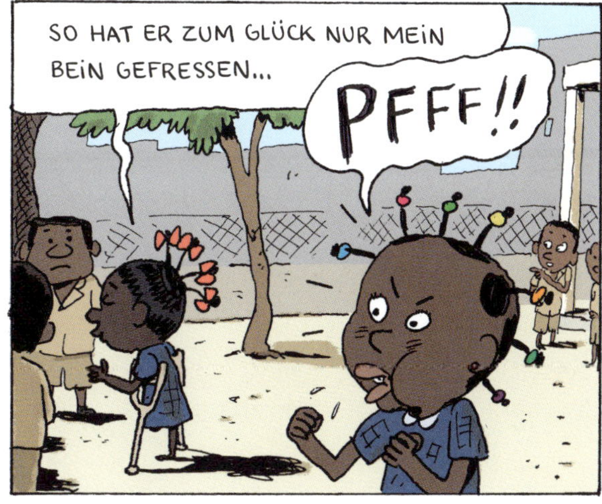

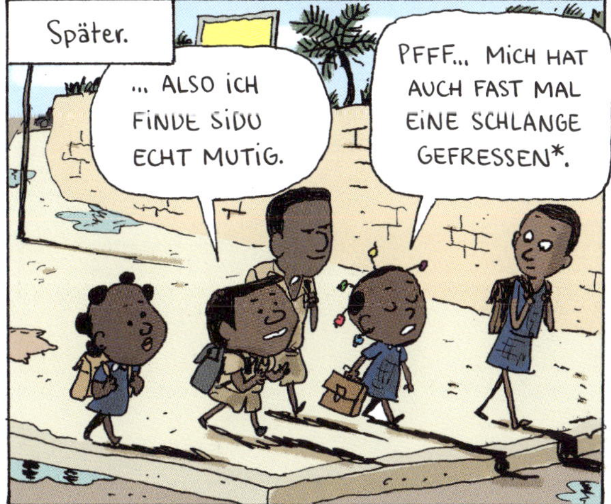

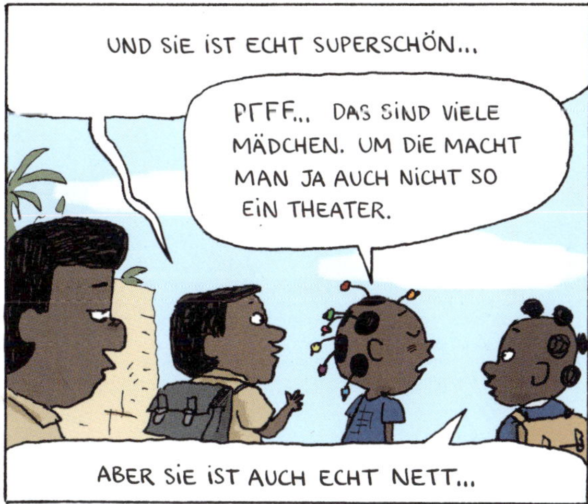

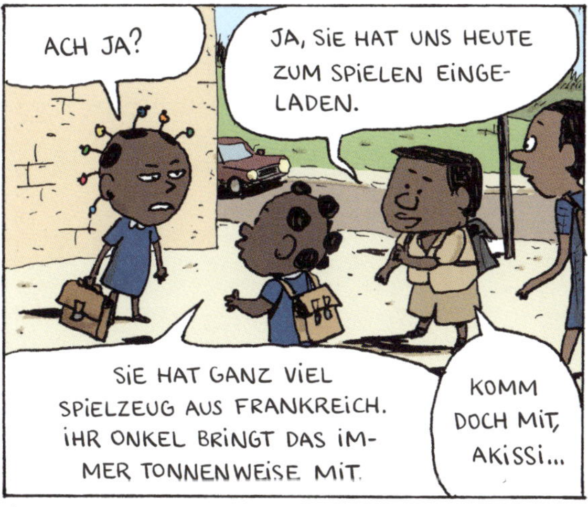

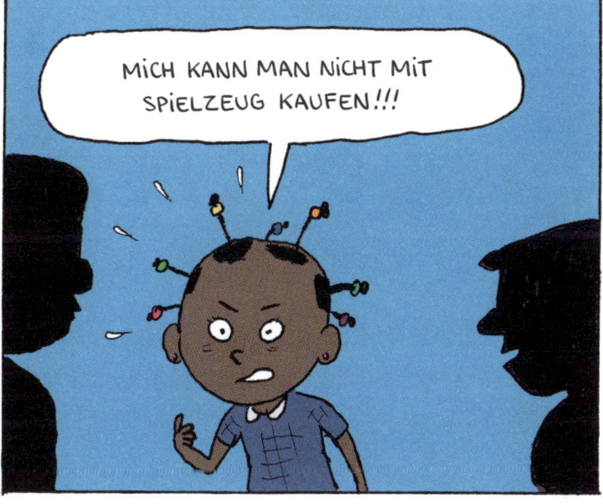

* In: Akissi Bd. 2, Maniok-Panik

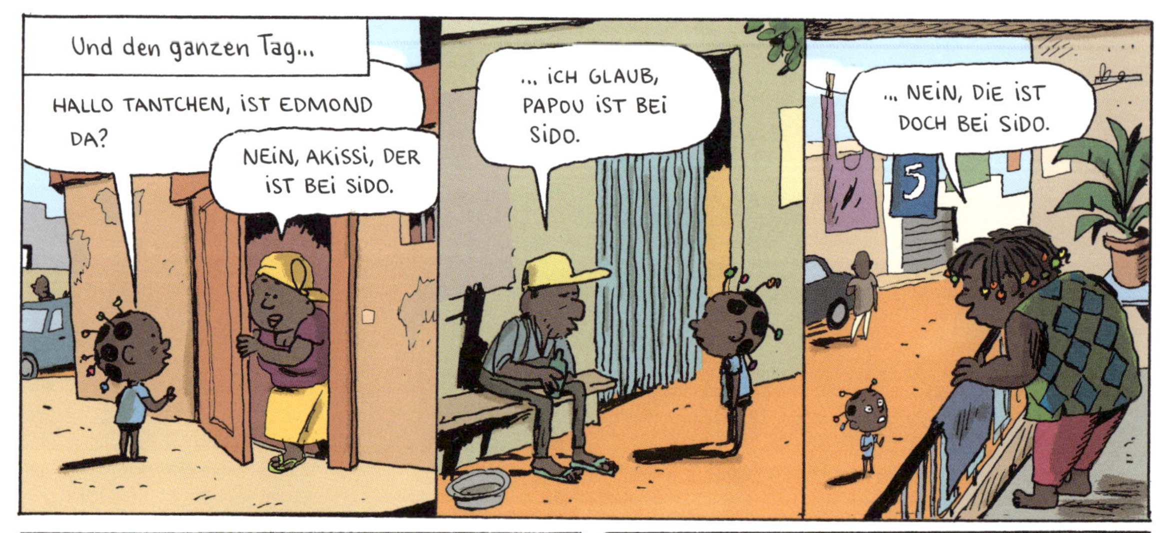

Und den ganzen Tag...
HALLO TANTCHEN, IST EDMOND DA?
NEIN, AKISSI, DER IST BEI SIDO.
... ICH GLAUB, PAPOU IST BEI SIDO.
... NEIN, DIE IST DOCH BEI SIDO.
5

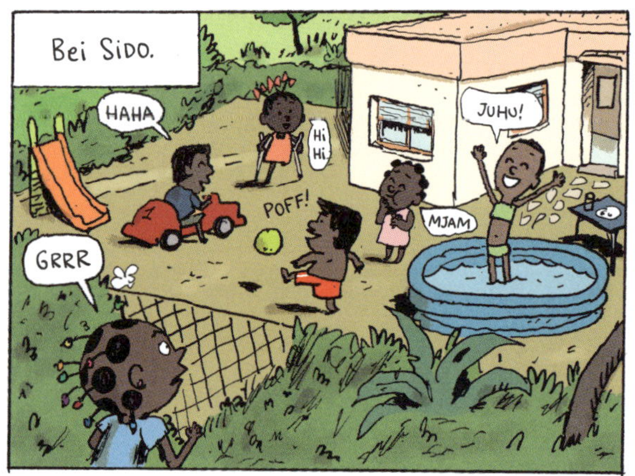

Bei Sido.
HAHA
Hi Hi
JUHU!
POFF!
MJAM
GRRR

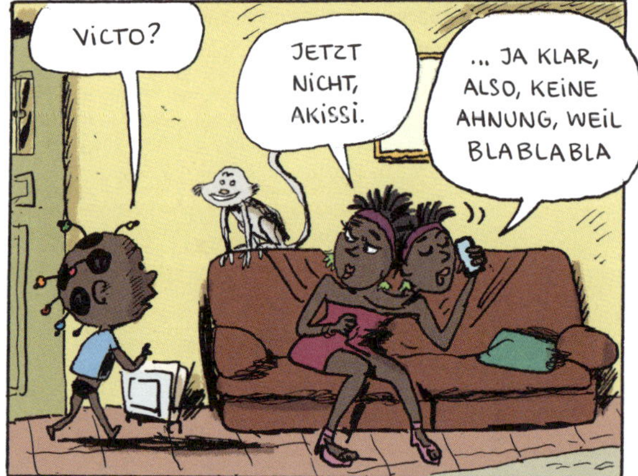

VICTO?
JETZT NICHT, AKISSI.
... JA KLAR, ALSO, KEINE AHNUNG, WEIL BLABLABLA

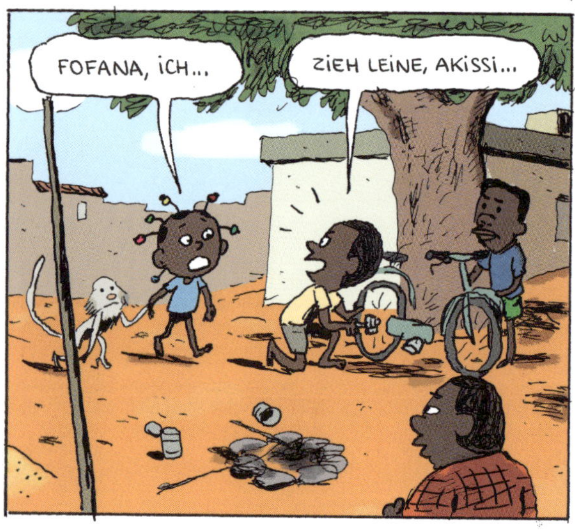

FOFANA, ICH...
ZIEH LEINE, AKISSI...

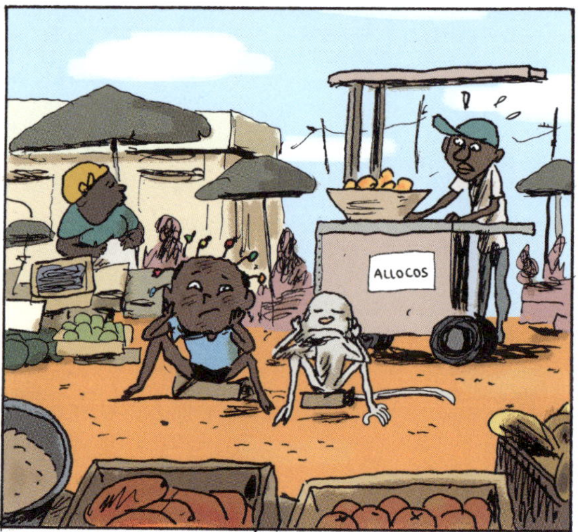

ALLOCOS

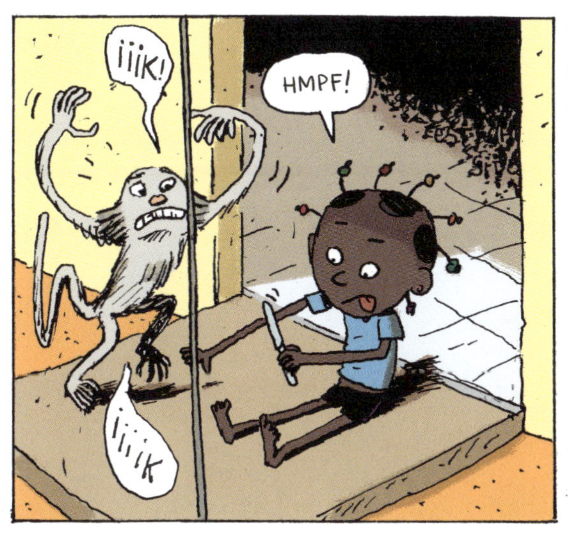
iiik!
HMPF!
iiiik

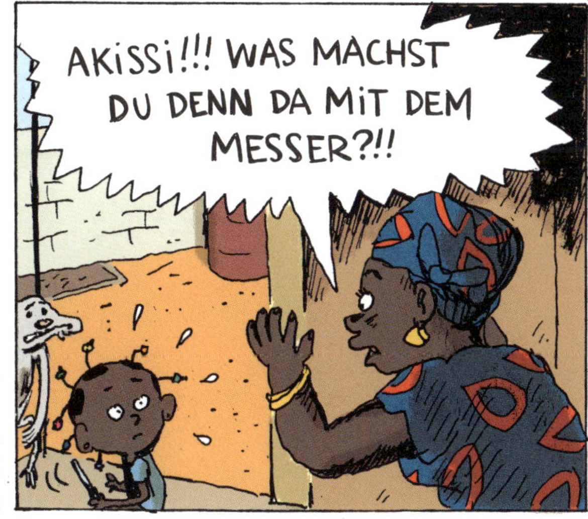
AKISSI!!! WAS MACHST DU DENN DA MIT DEM MESSER?!!

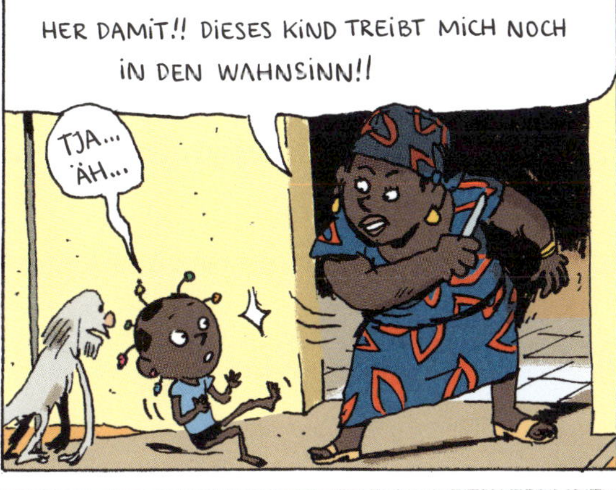
HER DAMIT!! DIESES KIND TREIBT MICH NOCH IN DEN WAHNSINN!!
TJA... ÄH...

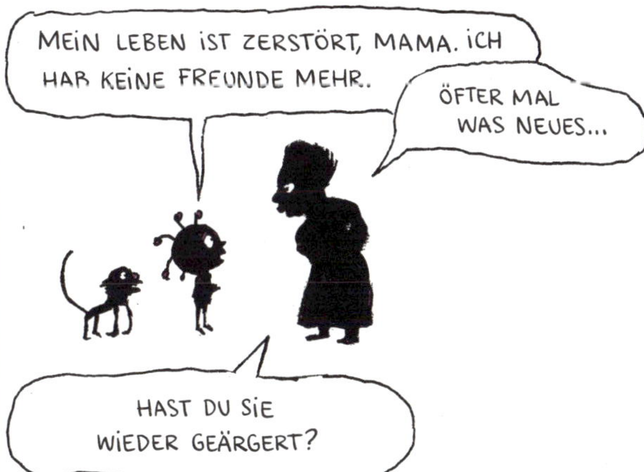
MEIN LEBEN IST ZERSTÖRT, MAMA. ICH HAB KEINE FREUNDE MEHR.
ÖFTER MAL WAS NEUES...
HAST DU SIE WIEDER GEÄRGERT?

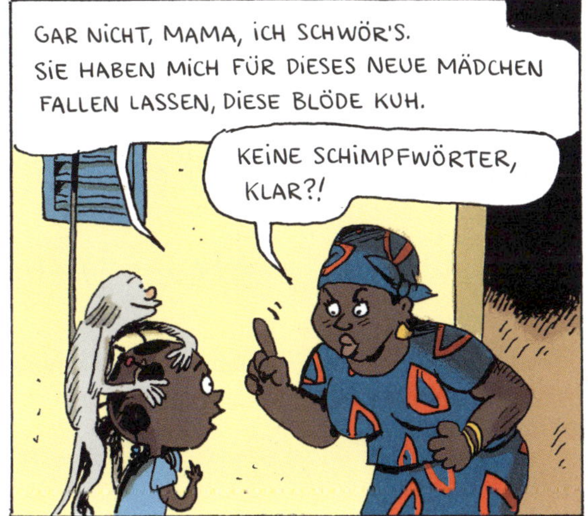
GAR NICHT, MAMA, ICH SCHWÖR'S. SIE HABEN MICH FÜR DIESES NEUE MÄDCHEN FALLEN LASSEN, DIESE BLÖDE KUH.
KEINE SCHIMPFWÖRTER, KLAR?!

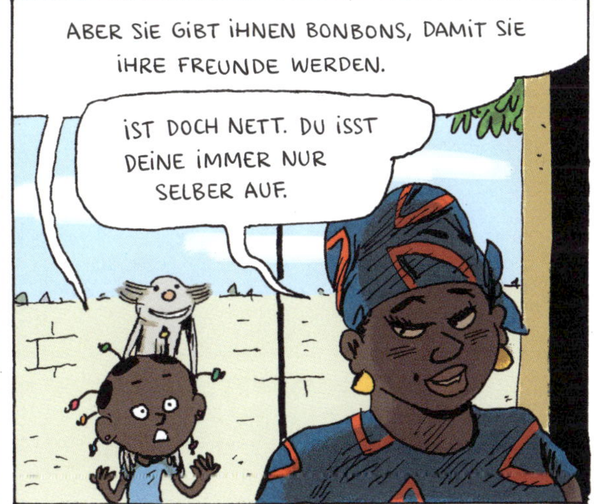
ABER SIE GIBT IHNEN BONBONS, DAMIT SIE IHRE FREUNDE WERDEN.
IST DOCH NETT. DU ISST DEINE IMMER NUR SELBER AUF.

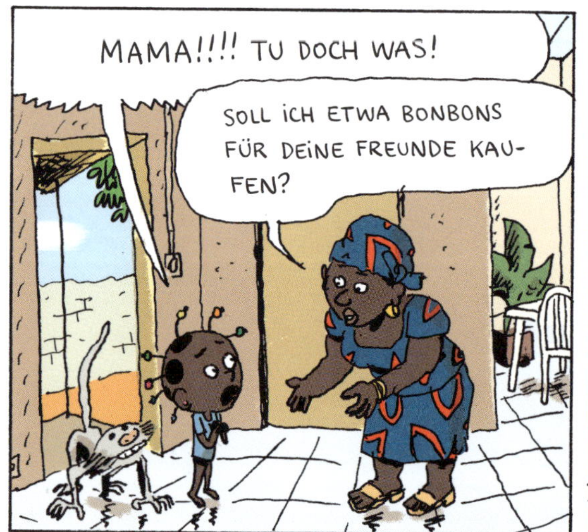
MAMA!!!! TU DOCH WAS!
SOLL ICH ETWA BONBONS FÜR DEINE FREUNDE KAUFEN?

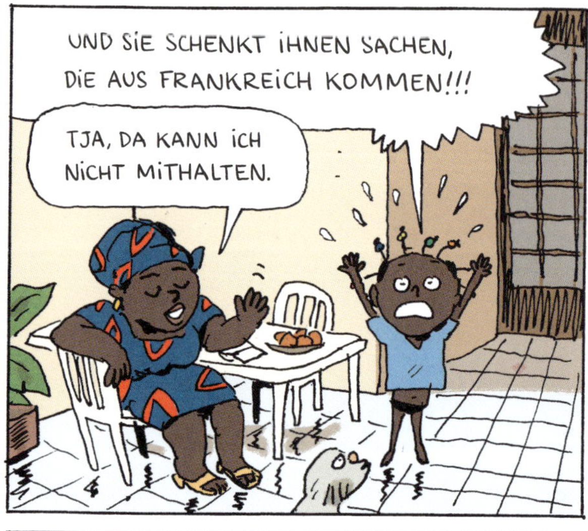
UND SIE SCHENKT IHNEN SACHEN, DIE AUS FRANKREICH KOMMEN!!!
TJA, DA KANN ICH NICHT MITHALTEN.

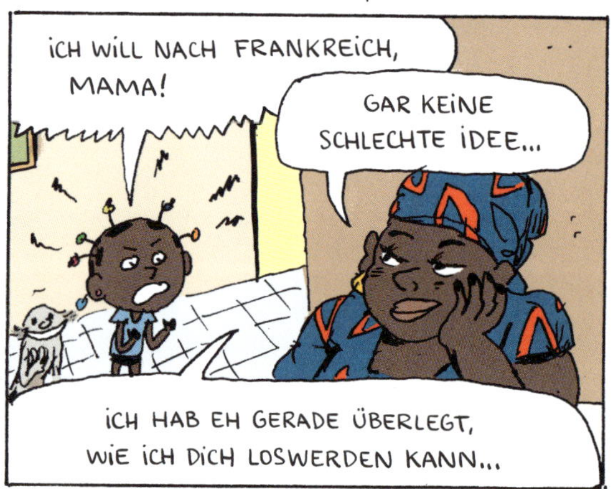
ICH WILL NACH FRANKREICH, MAMA!
GAR KEINE SCHLECHTE IDEE...
ICH HAB EH GERADE ÜBERLEGT, WIE ICH DICH LOSWERDEN KANN...

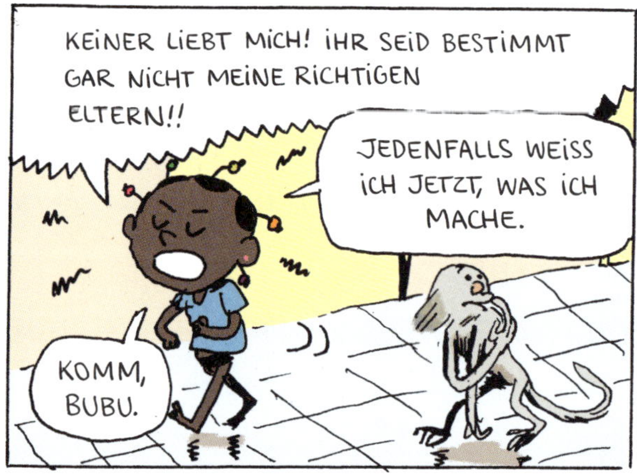
KEINER LIEBT MICH! IHR SEID BESTIMMT GAR NICHT MEINE RICHTIGEN ELTERN!!
JEDENFALLS WEISS ICH JETZT, WAS ICH MACHE.
KOMM, BUBU.

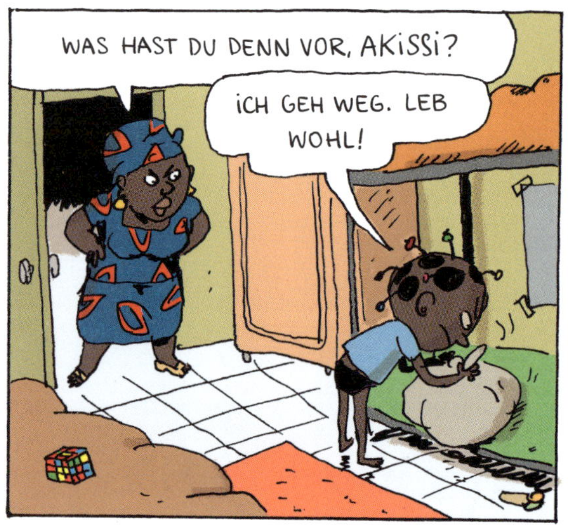
WAS HAST DU DENN VOR, AKISSI?
ICH GEH WEG. LEB WOHL!

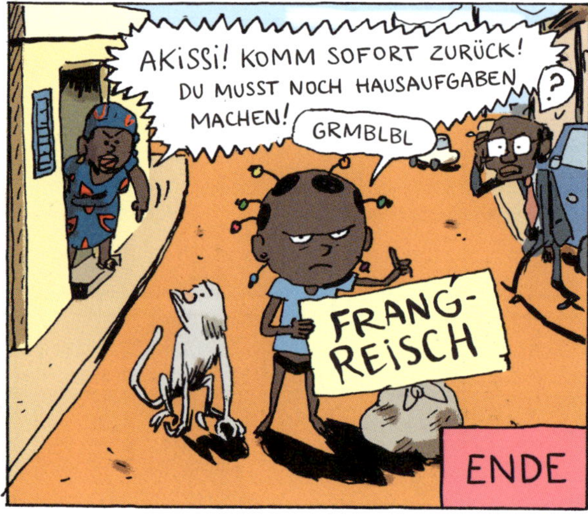
AKISSI! KOMM SOFORT ZURÜCK! DU MUSST NOCH HAUSAUFGABEN MACHEN!
GRMBLBL
?
FRANG-REISCH
ENDE

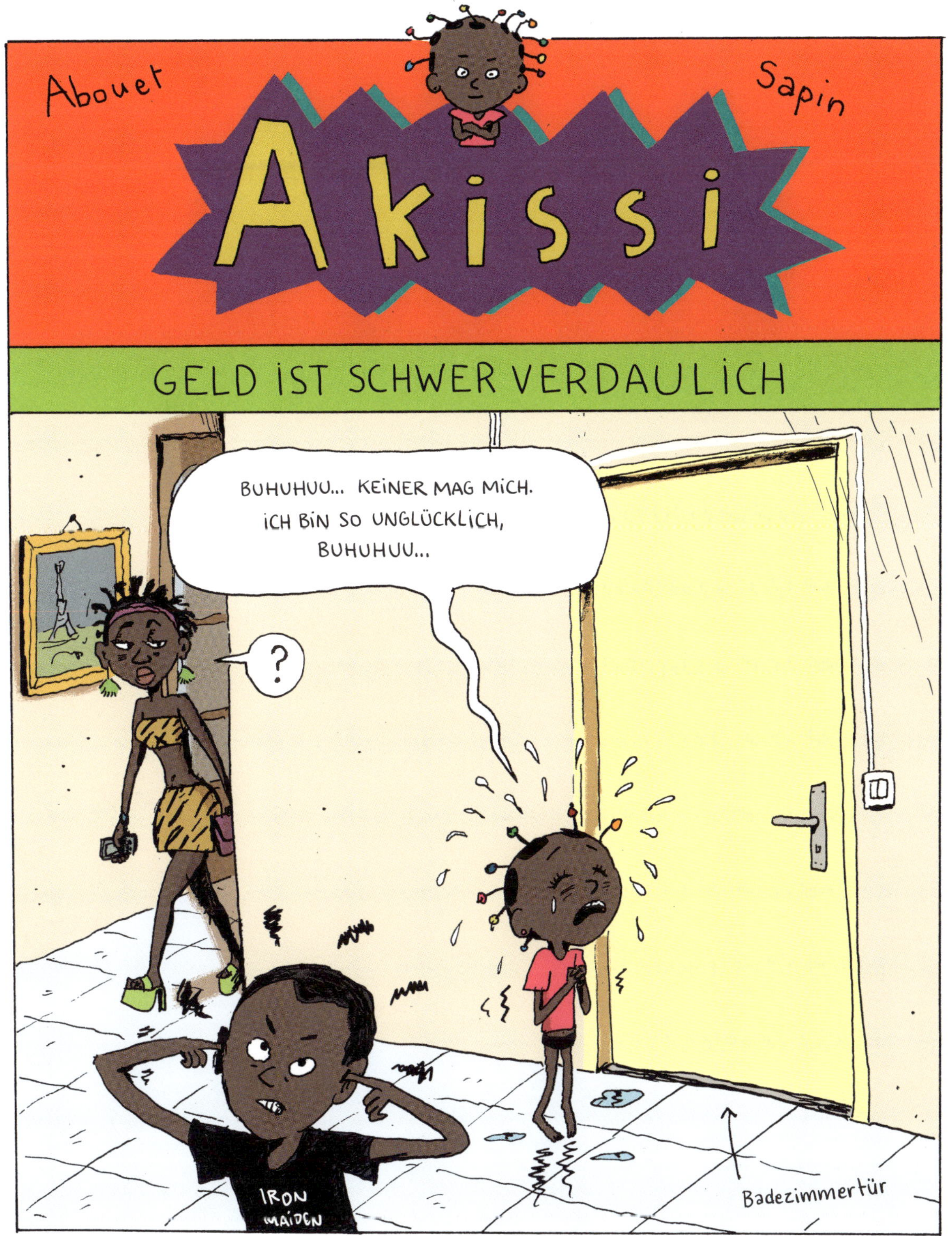
Abouet
Sapin
Akissi
GELD IST SCHWER VERDAULICH
BUHUHUU... KEINER MAG MICH. ICH BIN SO UNGLÜCKLICH, BUHUHUU...
?
IRON MAIDEN
Badezimmertür

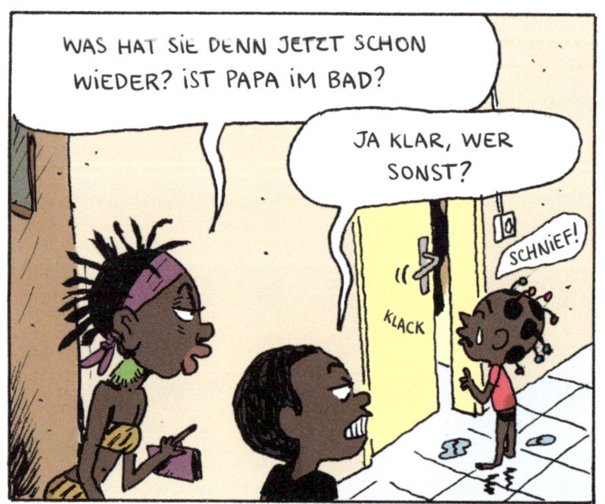
WAS HAT SIE DENN JETZT SCHON WIEDER? IST PAPA IM BAD?
JA KLAR, WER SONST?
KLACK
SCHNIEF!

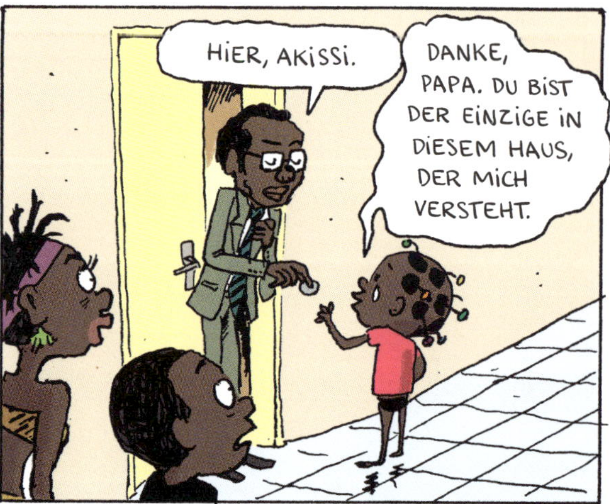
HIER, AKISSI.
DANKE, PAPA. DU BIST DER EINZIGE IN DIESEM HAUS, DER MICH VERSTEHT.

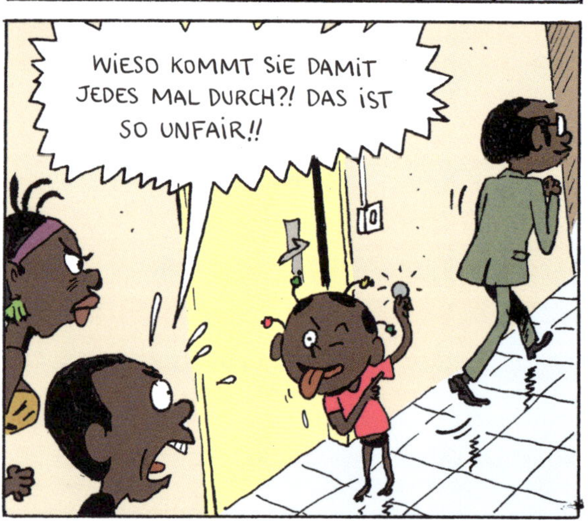
WIESO KOMMT SIE DAMIT JEDES MAL DURCH?! DAS IST SO UNFAIR!!

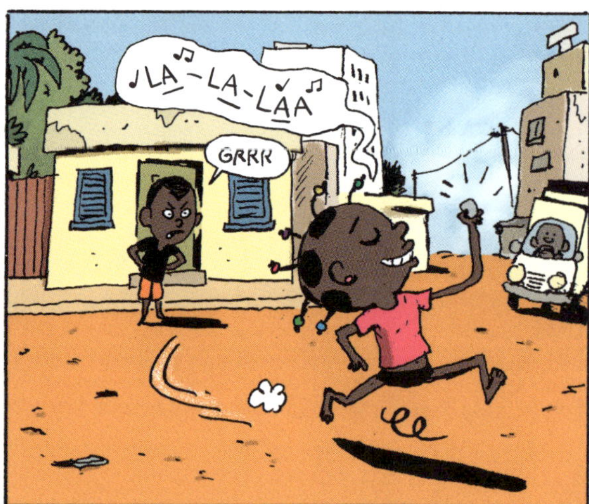
LA-LA-LAA
GRRR

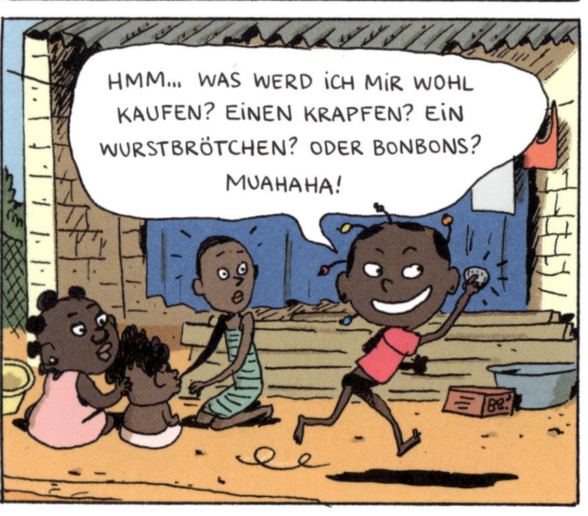
HMM... WAS WERD ICH MIR WOHL KAUFEN? EINEN KRAPFEN? EIN WURSTBRÖTCHEN? ODER BONBONS? MUAHAHA!

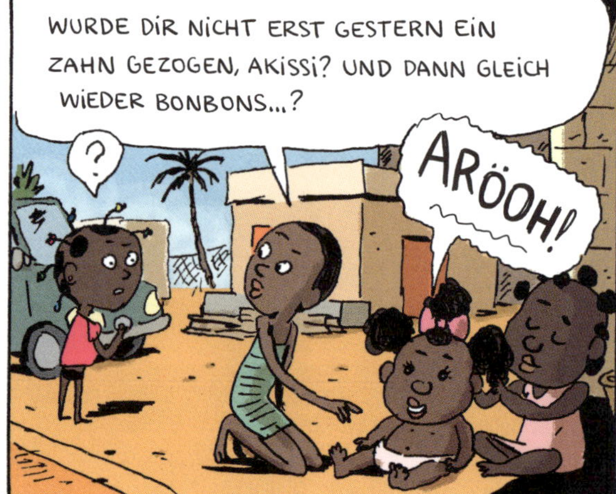
WURDE DIR NICHT ERST GESTERN EIN ZAHN GEZOGEN, AKISSI? UND DANN GLEICH WIEDER BONBONS...?
?
ARÖÖH!

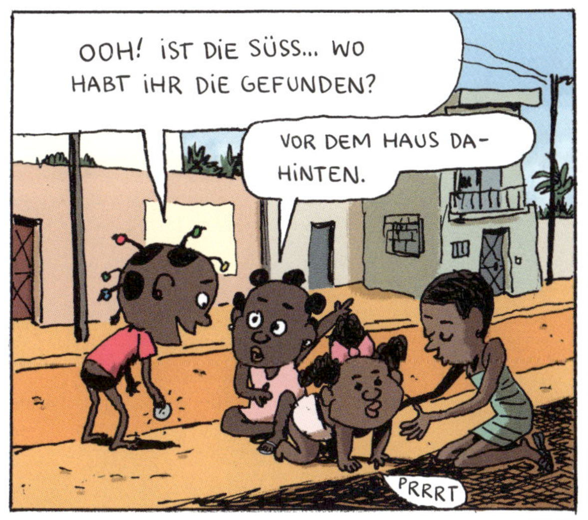
OOH! IST DIE SÜSS... WO HABT IHR DIE GEFUNDEN?
VOR DEM HAUS DAHINTEN.
PRRRT

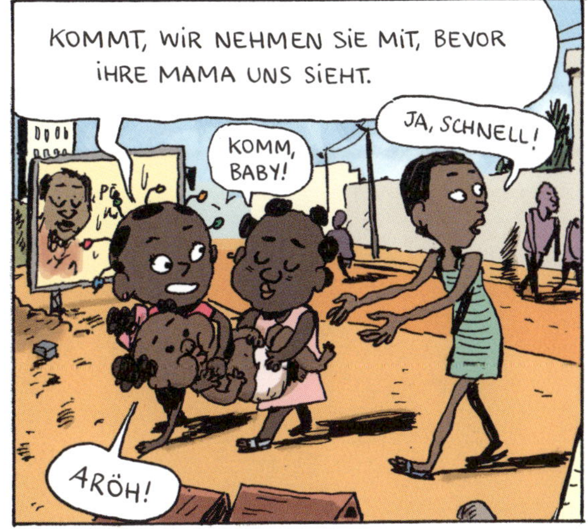
KOMMT, WIR NEHMEN SIE MIT, BEVOR IHRE MAMA UNS SIEHT.
KOMM, BABY!
JA, SCHNELL!
ARÖH!

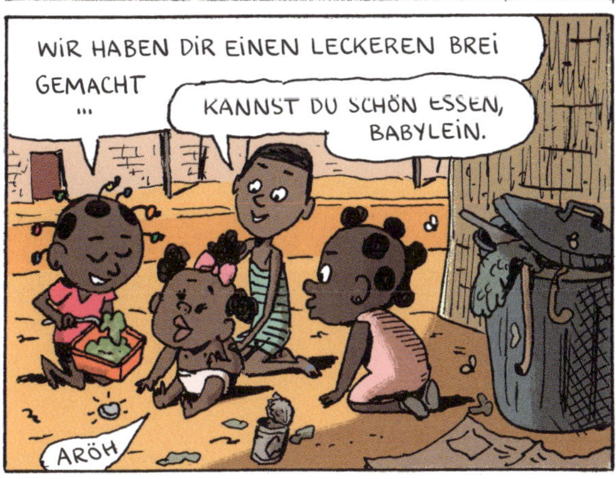
WIR HABEN DIR EINEN LECKEREN BREI GEMACHT ...
KANNST DU SCHÖN ESSEN, BABYLEIN.
ARÖH

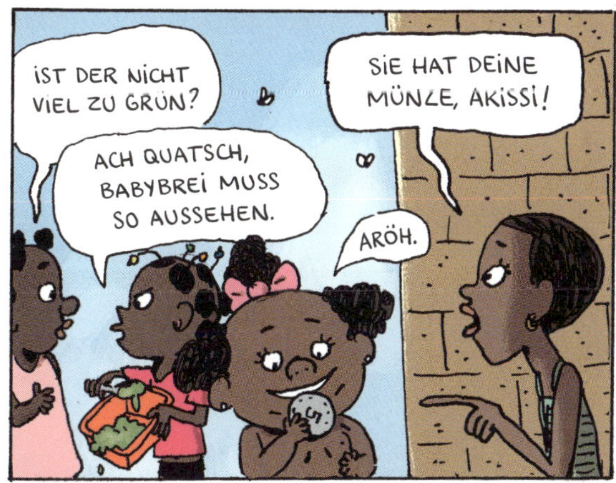
IST DER NICHT VIEL ZU GRÜN?
ACH QUATSCH, BABYBREI MUSS SO AUSSEHEN.
SIE HAT DEINE MÜNZE, AKISSI!
ARÖH.

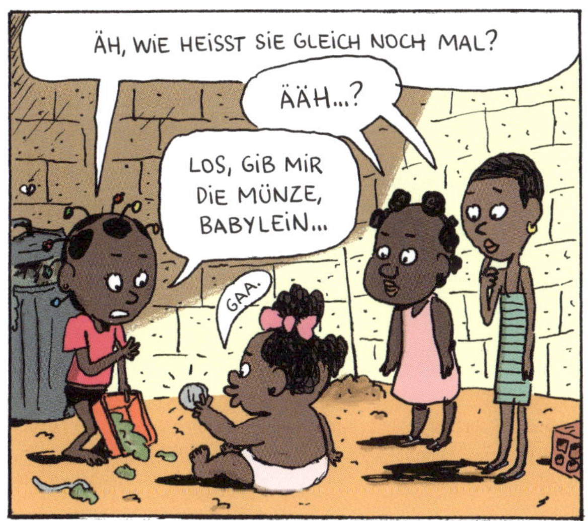
ÄH, WIE HEISST SIE GLEICH NOCH MAL?
ÄÄH...?
LOS, GIB MIR DIE MÜNZE, BABYLEIN...
GAA.

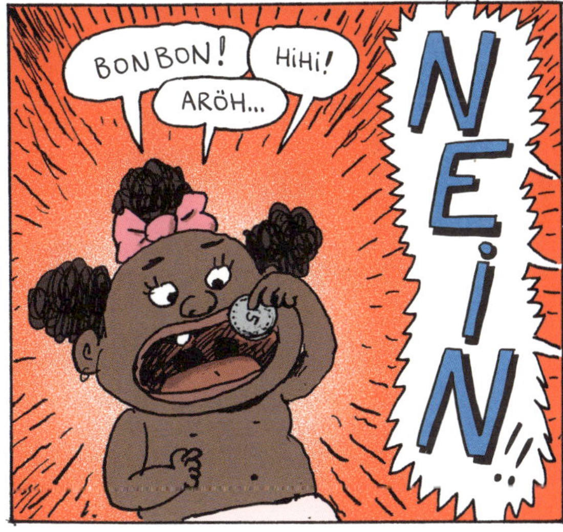
BONBON!
HIHI!
ARÖH...
NEIN..

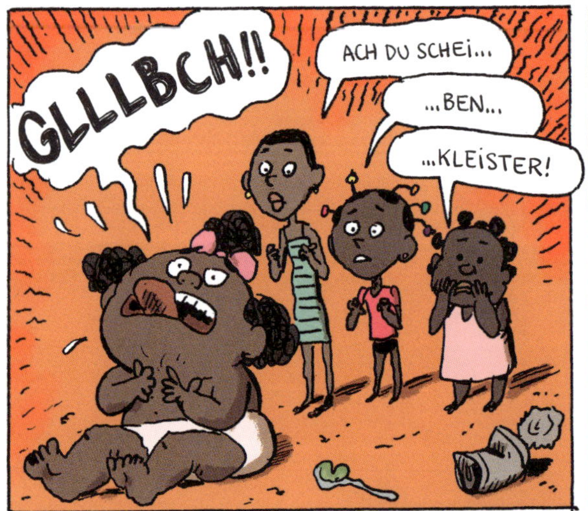
GLLLBCH!!
ACH DU SCHEI...
...BEN...
...KLEISTER!

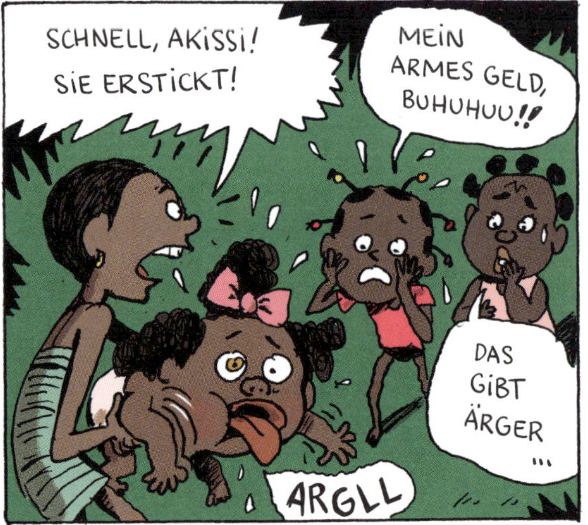
SCHNELL, AKISSI! SIE ERSTICKT!
MEIN ARMES GELD, BUHUHUU!!
DAS GIBT ÄRGER ...
ARGLL

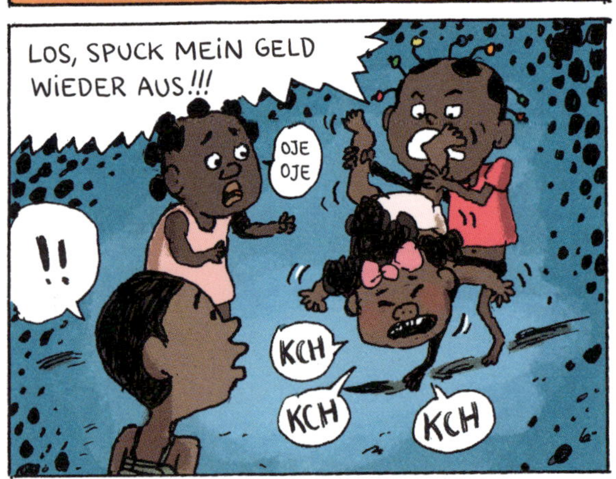
LOS, SPUCK MEIN GELD WIEDER AUS!!!
OJE OJE
!!
KCH
KCH
KCH

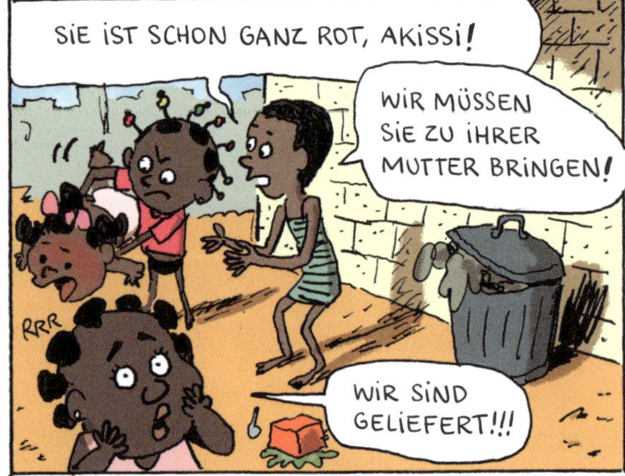
SIE IST SCHON GANZ ROT, AKISSI!
WIR MÜSSEN SIE ZU IHRER MUTTER BRINGEN!
RRR
WIR SIND GELIEFERT!!!

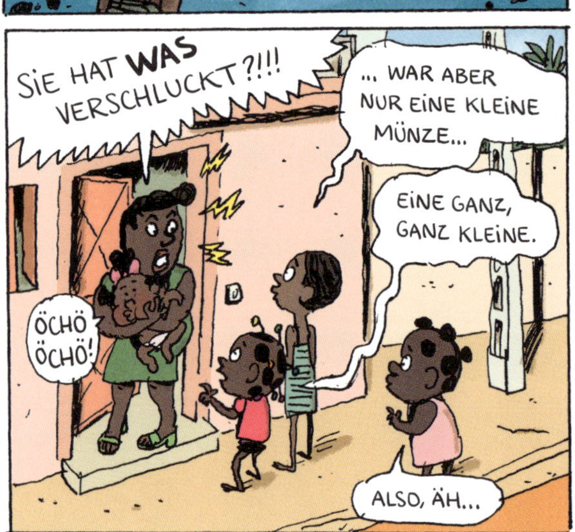
SIE HAT **WAS** VERSCHLUCKT?!!!
... WAR ABER NUR EINE KLEINE MÜNZE...
EINE GANZ, GANZ KLEINE.
ÖCHÖ ÖCHÖ!
ALSO, ÄH...

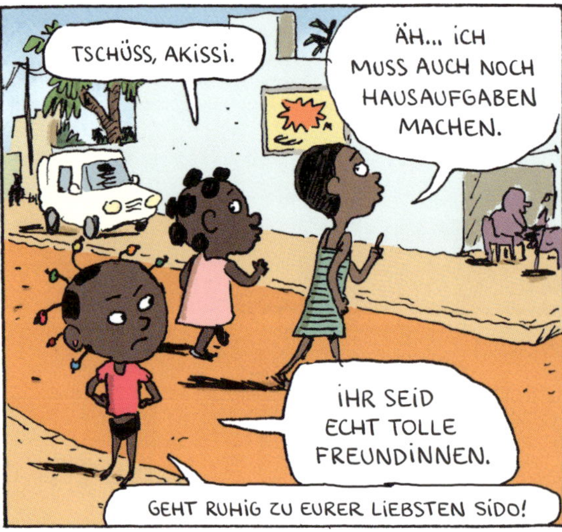
TSCHÜSS, AKISSI.
ÄH... ICH MUSS AUCH NOCH HAUSAUFGABEN MACHEN.
IHR SEID ECHT TOLLE FREUNDINNEN.
GEHT RUHIG ZU EURER LIEBSTEN SIDO!

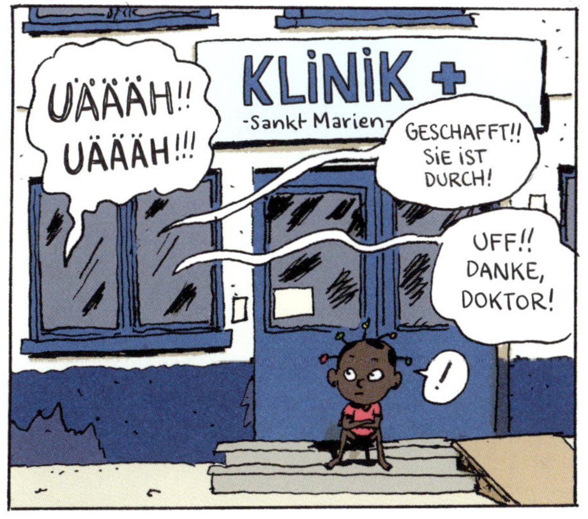
KLINIK
-Sankt Marien-
UÄÄÄH!! UÄÄÄH!!!
GESCHAFFT!! SIE IST DURCH!
UFF!! DANKE, DOKTOR!
!

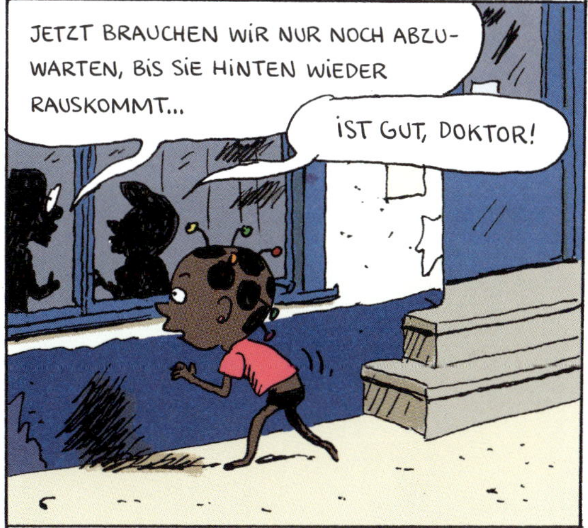
JETZT BRAUCHEN WIR NUR NOCH ABZUWARTEN, BIS SIE HINTEN WIEDER RAUSKOMMT...
IST GUT, DOKTOR!

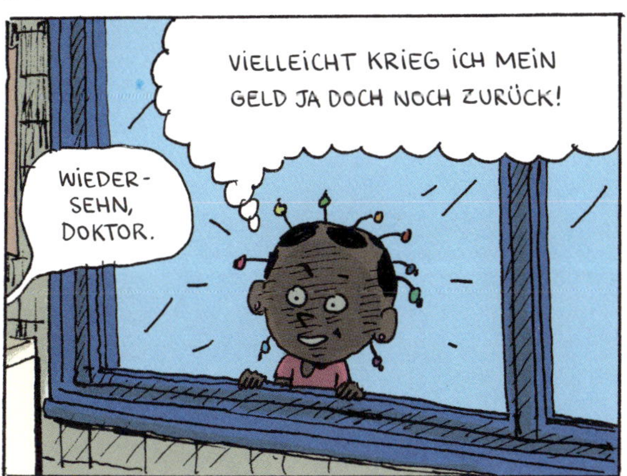
WIEDERSEHN, DOKTOR.
VIELLEICHT KRIEG ICH MEIN GELD JA DOCH NOCH ZURÜCK!

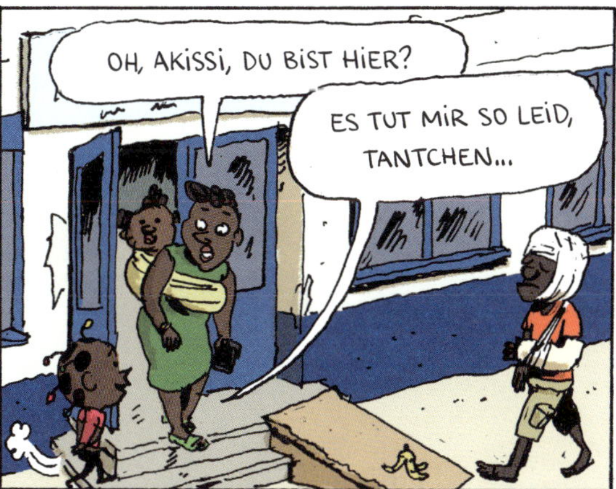
OH, AKISSI, DU BIST HIER?
ES TUT MIR SO LEID, TANTCHEN...

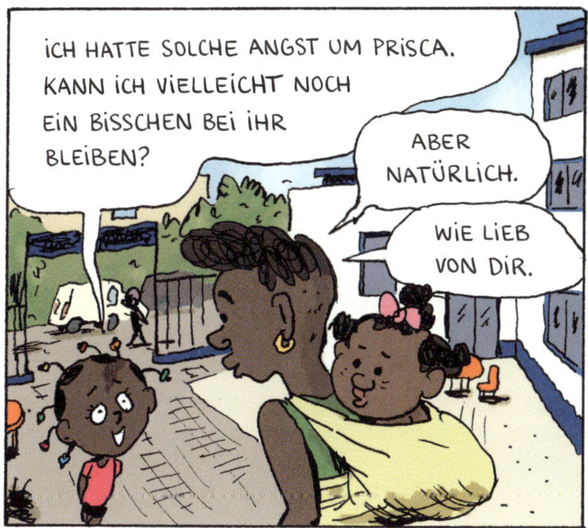
ICH HATTE SOLCHE ANGST UM PRISCA. KANN ICH VIELLEICHT NOCH EIN BISSCHEN BEI IHR BLEIBEN?
ABER NATÜRLICH.
WIE LIEB VON DIR.

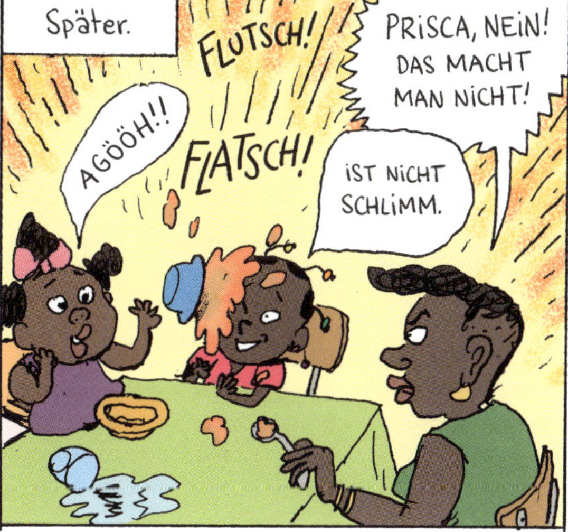
Später.
FLUTSCH!
FLATSCH!
AGÖÖH!!
PRISCA, NEIN! DAS MACHT MAN NICHT!
IST NICHT SCHLIMM.

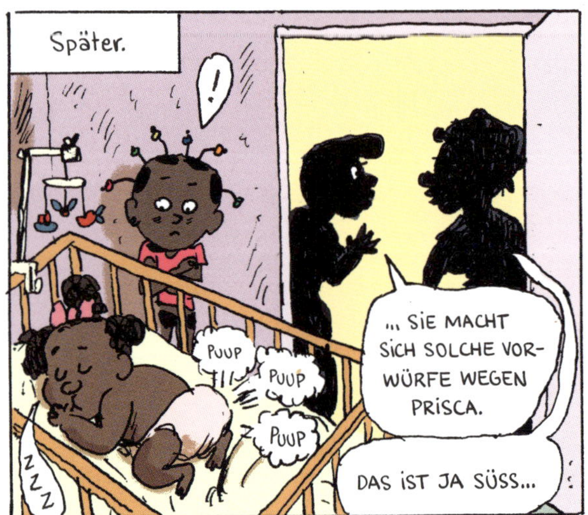
Später.
!
PUUP
PUUP
PUUP
ZZZ
... SIE MACHT SICH SOLCHE VORWÜRFE WEGEN PRISCA.
DAS IST JA SÜSS...

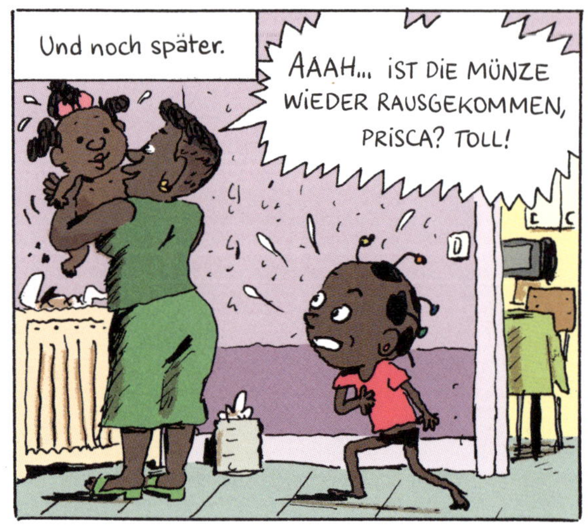
Und noch später.
AAAH... IST DIE MÜNZE WIEDER RAUSGEKOMMEN, PRISCA? TOLL!

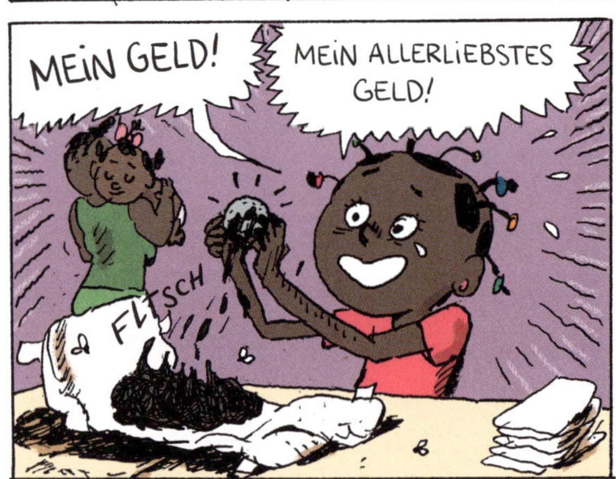
MEIN GELD!
MEIN ALLERLIEBSTES GELD!
FLATSCH

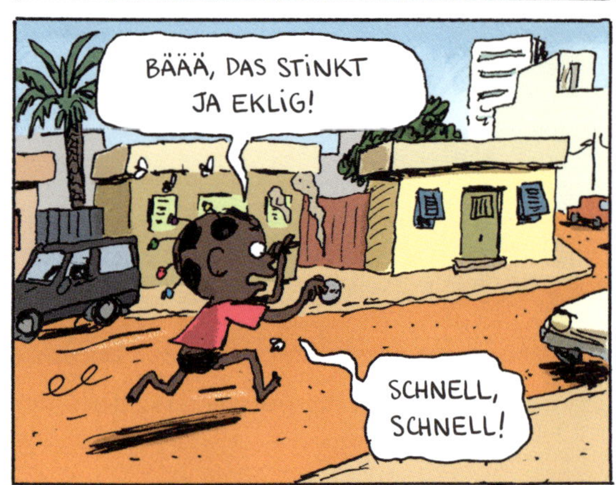
BÄÄÄ, DAS STINKT JA EKLIG!
SCHNELL, SCHNELL!

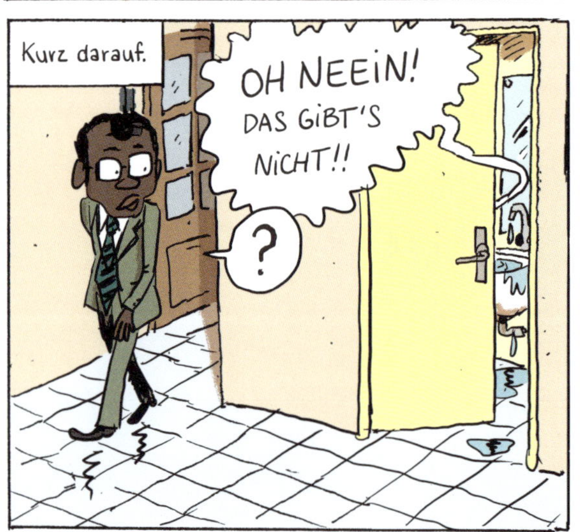
Kurz darauf.
OH NEEIN! DAS GIBT'S NICHT!!
?

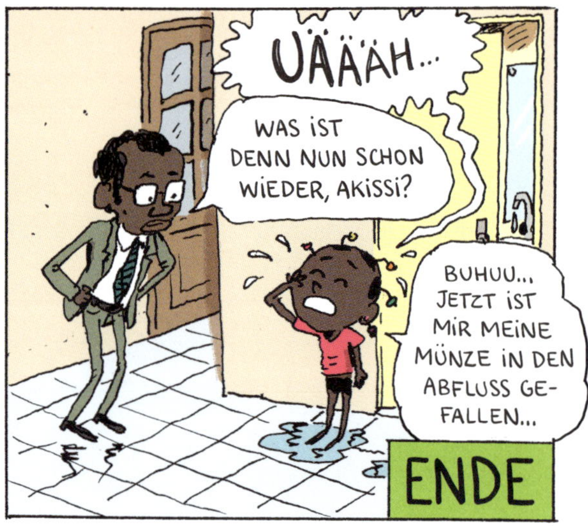
UÄÄÄH...
WAS IST DENN NUN SCHON WIEDER, AKISSI?
BUHUU... JETZT IST MIR MEINE MÜNZE IN DEN ABFLUSS GEFALLEN...
ENDE

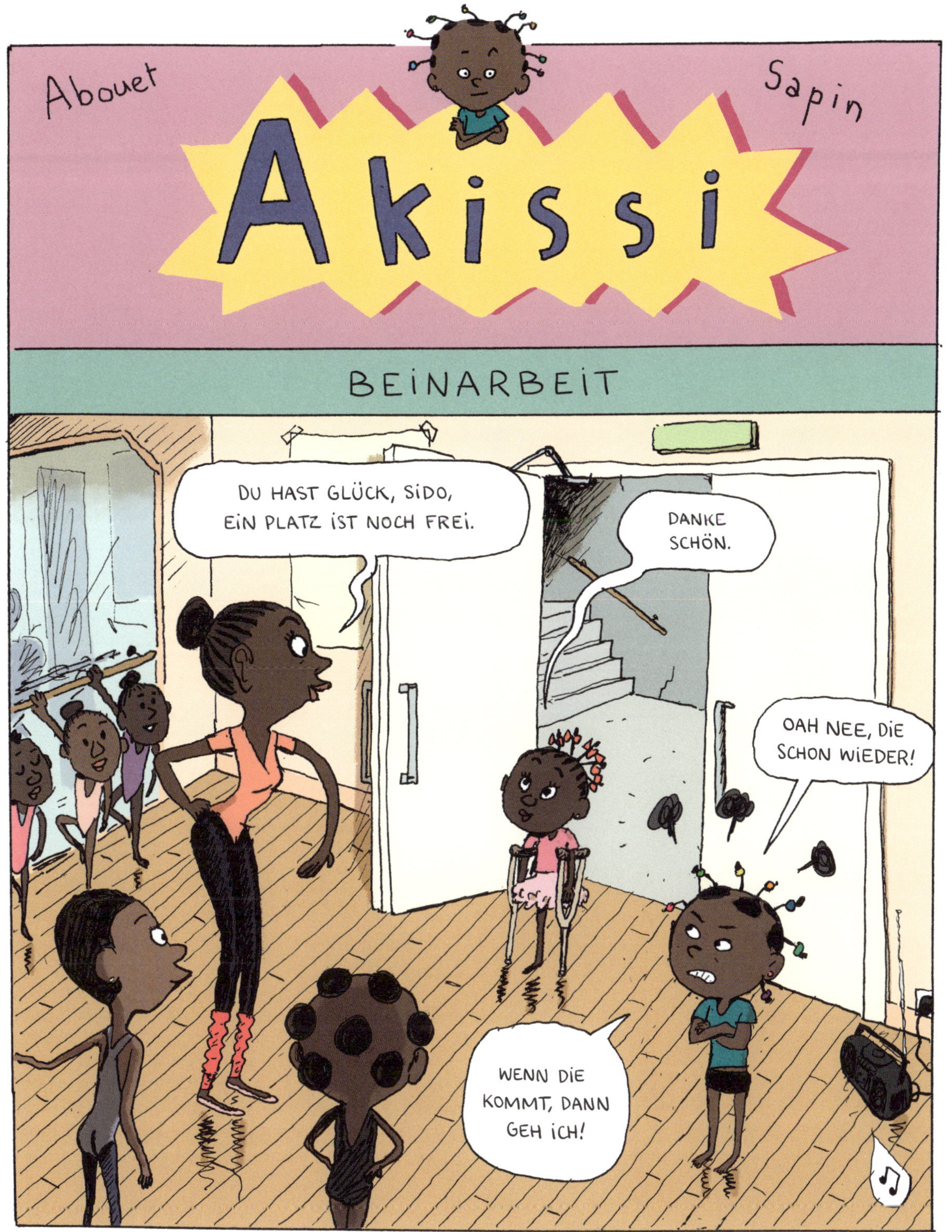
Abouet
Akissi
Sapin
BEINARBEIT
DU HAST GLÜCK, SIDO, EIN PLATZ IST NOCH FREI.
DANKE SCHÖN.
OAH NEE, DIE SCHON WIEDER!
WENN DIE KOMMT, DANN GEH ICH!

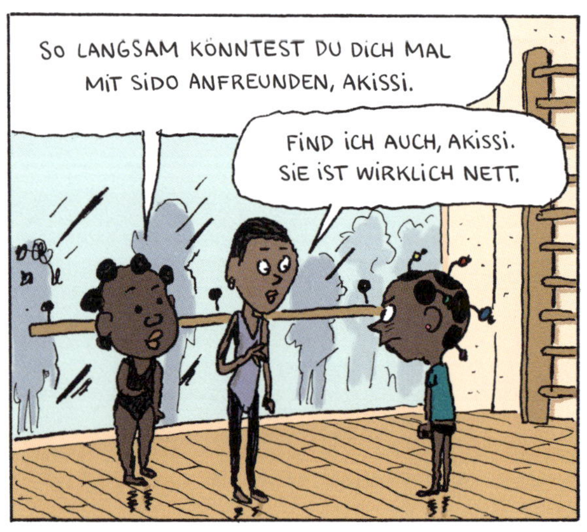
SO LANGSAM KÖNNTEST DU DICH MAL MIT SIDO ANFREUNDEN, AKISSI.
FIND ICH AUCH, AKISSI. SIE IST WIRKLICH NETT.

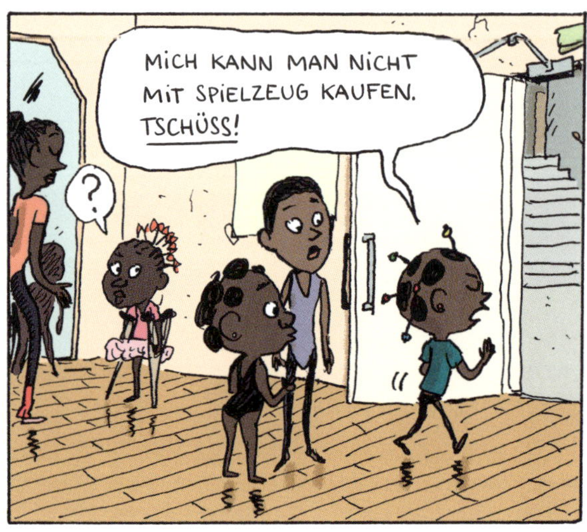
MICH KANN MAN NICHT MIT SPIELZEUG KAUFEN. TSCHÜSS!
?

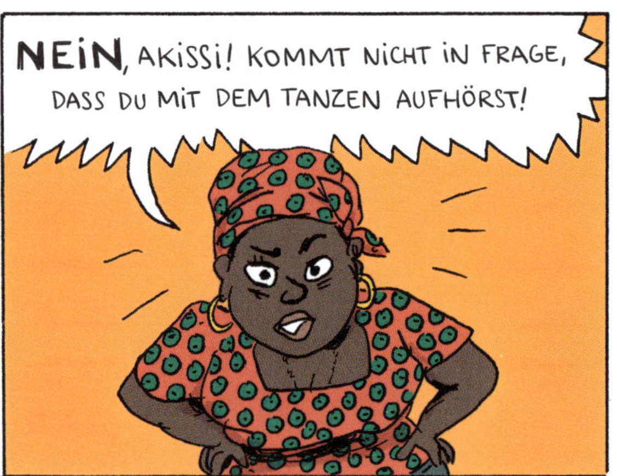
NEIN, AKISSI! KOMMT NICHT IN FRAGE, DASS DU MIT DEM TANZEN AUFHÖRST!

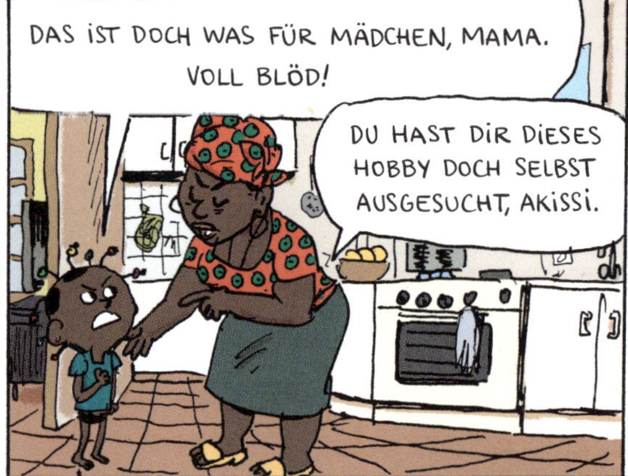
DAS IST DOCH WAS FÜR MÄDCHEN, MAMA. VOLL BLÖD!
DU HAST DIR DIESES HOBBY DOCH SELBST AUSGESUCHT, AKISSI.

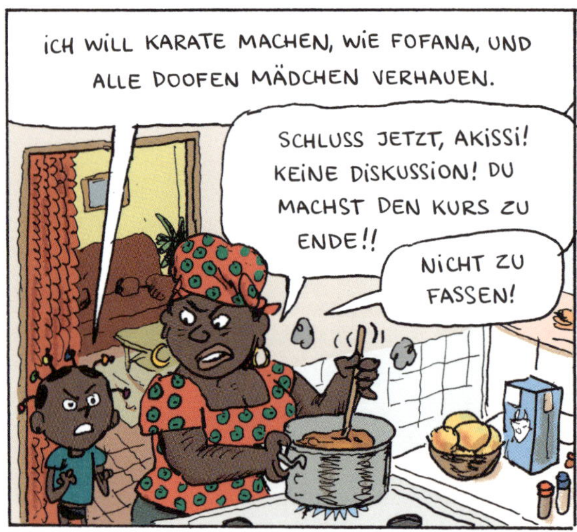
ICH WILL KARATE MACHEN, WIE FOFANA, UND ALLE DOOFEN MÄDCHEN VERHAUEN.
SCHLUSS JETZT, AKISSI! KEINE DISKUSSION! DU MACHST DEN KURS ZU ENDE!!
NICHT ZU FASSEN!

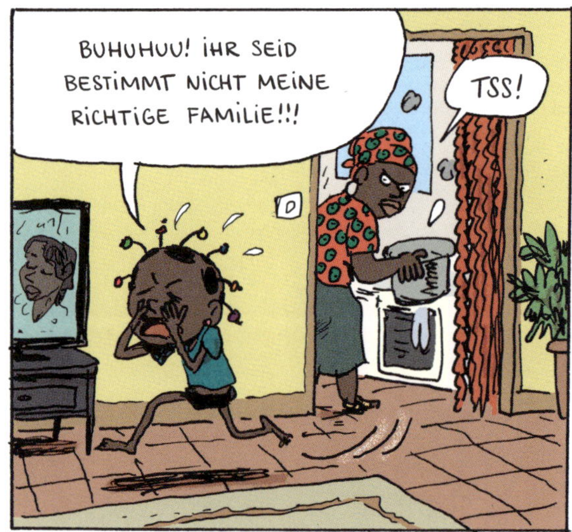
BUHUHUU! IHR SEID BESTIMMT NICHT MEINE RICHTIGE FAMILIE!!!
TSS!

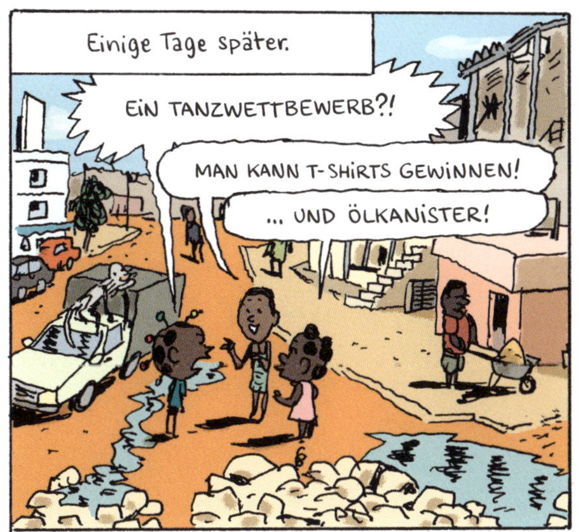
Einige Tage später.
EIN TANZWETTBEWERB?!
MAN KANN T-SHIRTS GEWINNEN!
... UND ÖLKANISTER!

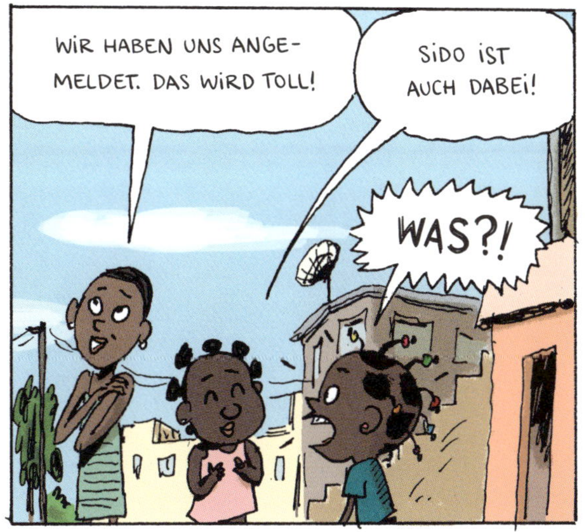
WIR HABEN UNS ANGE-
MELDET. DAS WIRD TOLL!
SIDO IST
AUCH DABEI!
WAS?!

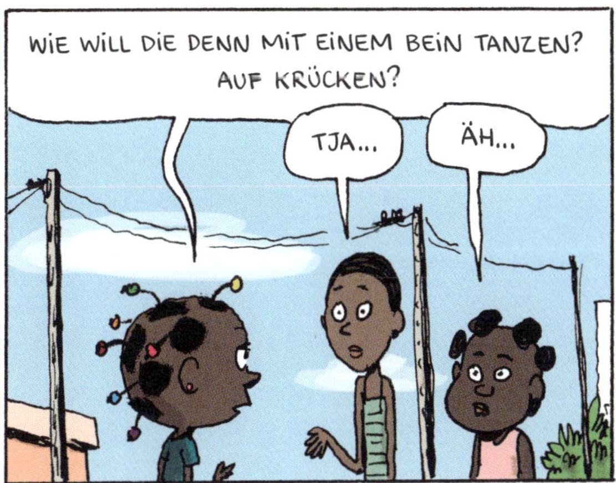
WIE WILL DIE DENN MIT EINEM BEIN TANZEN?
AUF KRÜCKEN?
TJA...
ÄH...

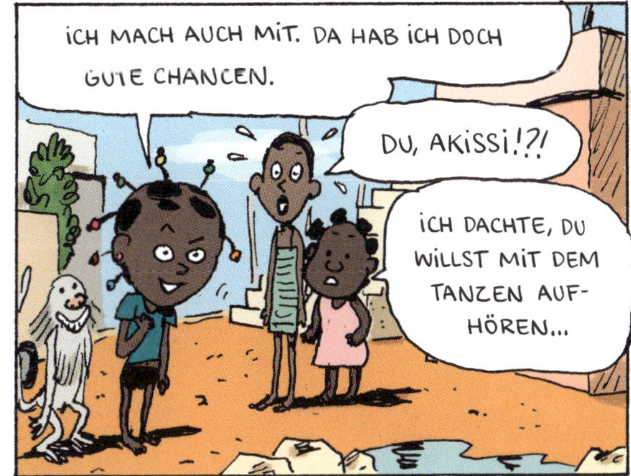
ICH MACH AUCH MIT. DA HAB ICH DOCH
GUTE CHANCEN.
DU, AKISSI!?!
ICH DACHTE, DU
WILLST MIT DEM
TANZEN AUF-
HÖREN...

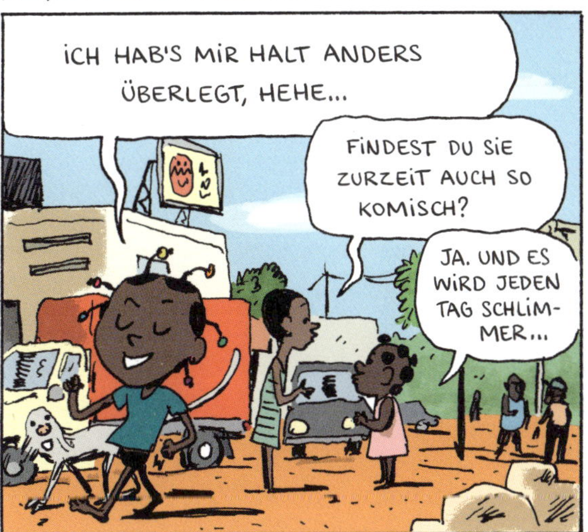
ICH HAB'S MIR HALT ANDERS
ÜBERLEGT, HEHE...
FINDEST DU SIE
ZURZEIT AUCH SO
KOMISCH?
JA. UND ES
WIRD JEDEN
TAG SCHLIM-
MER...

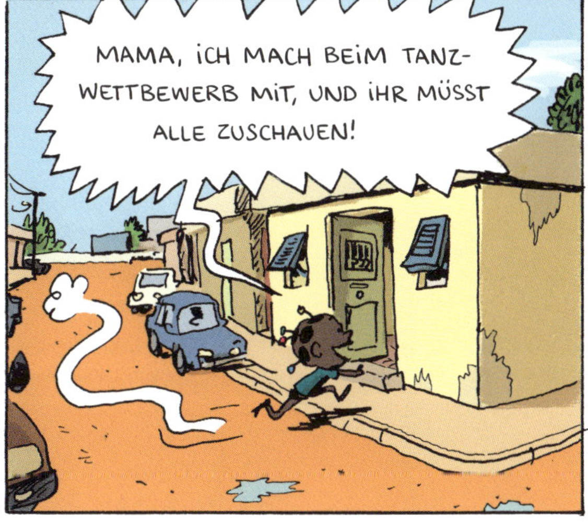
MAMA, ICH MACH BEIM TANZ-
WETTBEWERB MIT, UND IHR MÜSST
ALLE ZUSCHAUEN!

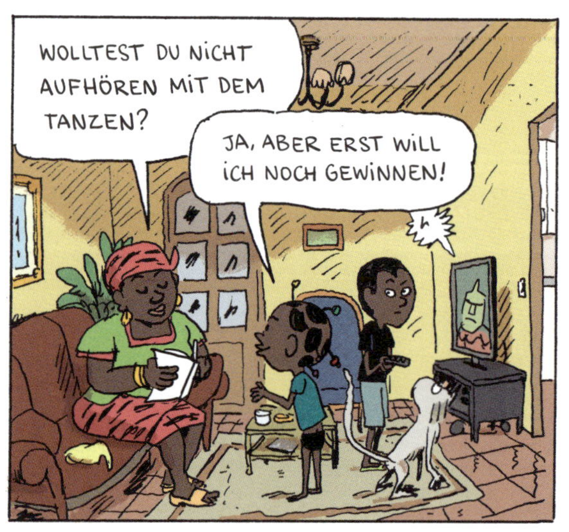
WOLLTEST DU NICHT AUFHÖREN MIT DEM TANZEN?
JA, ABER ERST WILL ICH NOCH GEWINNEN!

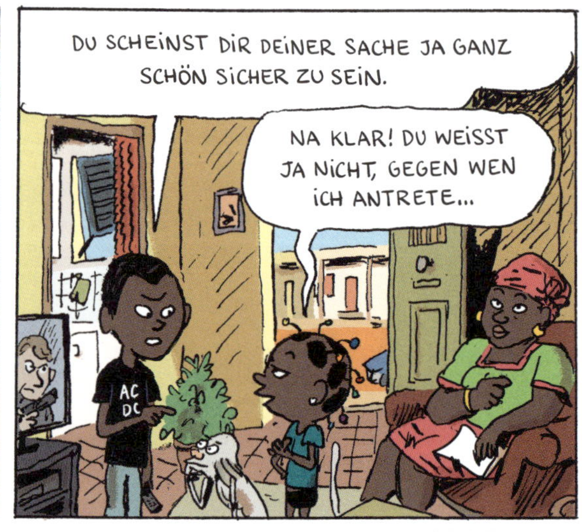
DU SCHEINST DIR DEINER SACHE JA GANZ SCHÖN SICHER ZU SEIN.
NA KLAR! DU WEISST JA NICHT, GEGEN WEN ICH ANTRETE...
AC DC

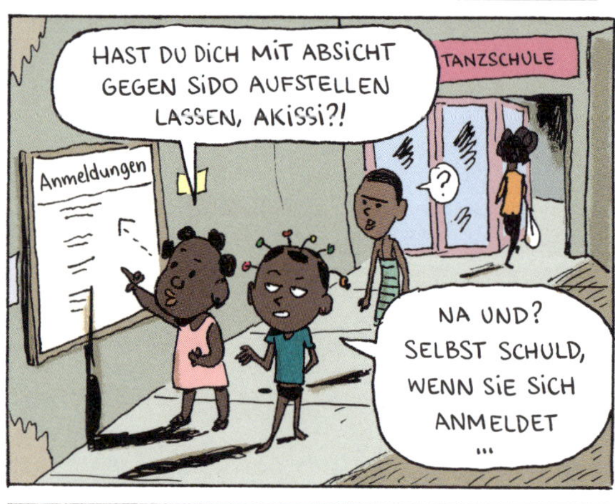
TANZSCHULE
Anmeldungen
HAST DU DICH MIT ABSICHT GEGEN SIDO AUFSTELLEN LASSEN, AKISSI?!
NA UND? SELBST SCHULD, WENN SIE SICH ANMELDET ...

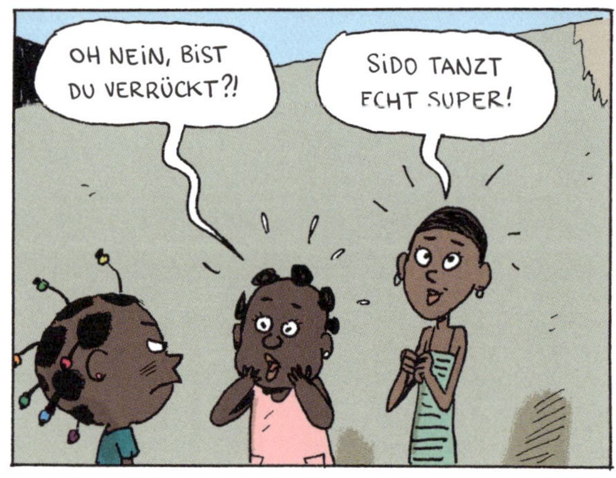
OH NEIN, BIST DU VERRÜCKT?!
SIDO TANZT ECHT SUPER!

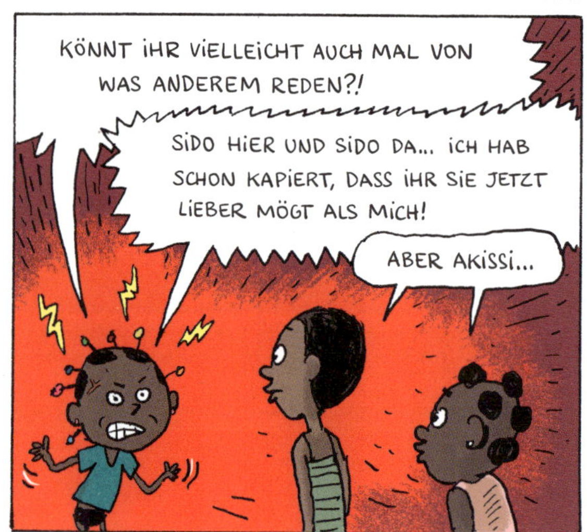
KÖNNT IHR VIELLEICHT AUCH MAL VON WAS ANDEREM REDEN?!
SIDO HIER UND SIDO DA... ICH HAB SCHON KAPIERT, DASS IHR SIE JETZT LIEBER MÖGT ALS MICH!
ABER AKISSI...

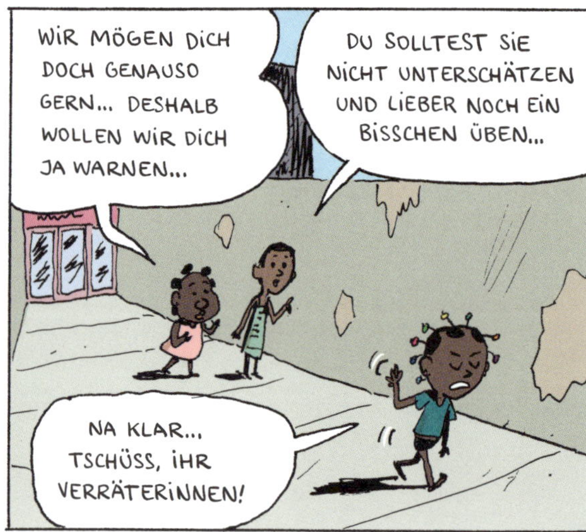
WIR MÖGEN DICH DOCH GENAUSO GERN... DESHALB WOLLEN WIR DICH JA WARNEN...
DU SOLLTEST SIE NICHT UNTERSCHÄTZEN UND LIEBER NOCH EIN BISSCHEN ÜBEN...
NA KLAR... TSCHÜSS, IHR VERRÄTERINNEN!

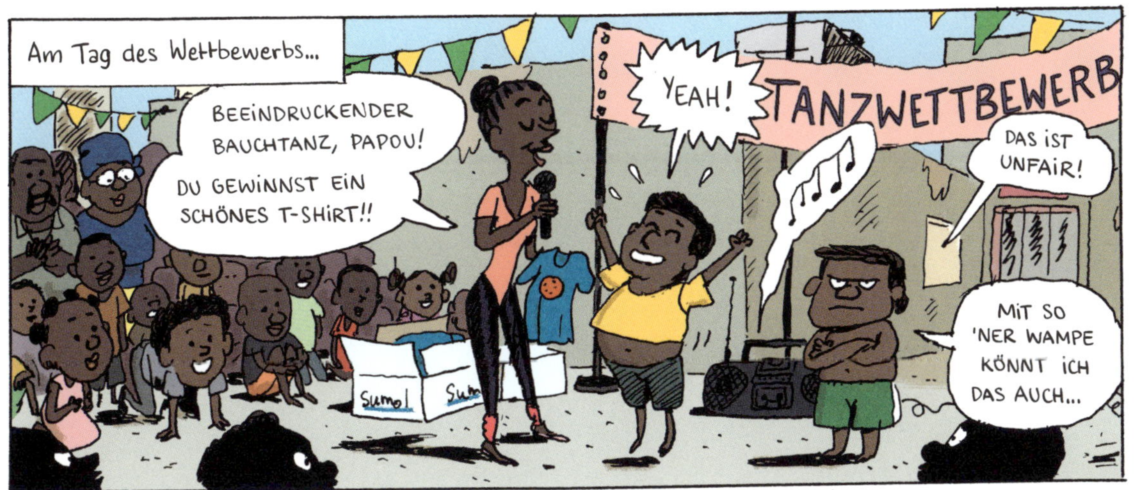
Am Tag des Wettbewerbs...
TANZWETTBEWERB
BEEINDRUCKENDER BAUCHTANZ, PAPOU!
DU GEWINNST EIN SCHÖNES T-SHIRT!!
YEAH!
DAS IST UNFAIR!
MIT SO 'NER WAMPE KÖNNT ICH DAS AUCH...
Sumol

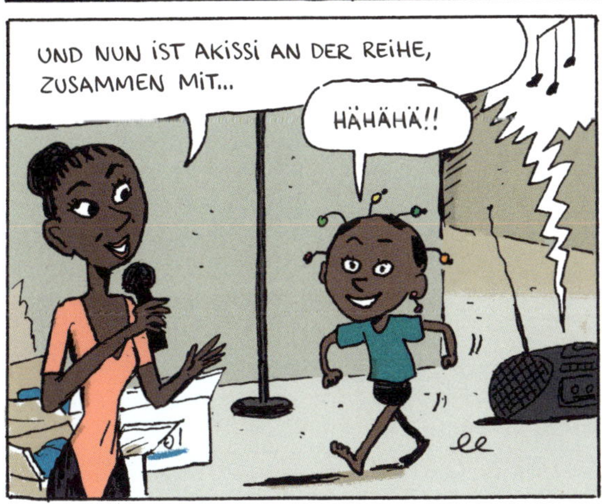
UND NUN IST AKISSI AN DER REIHE, ZUSAMMEN MIT...
HÄHÄHÄ!!

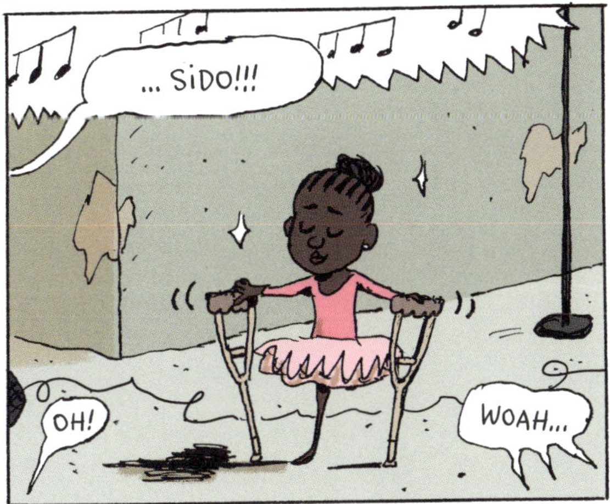
... SIDO!!!
OH!
WOAH...

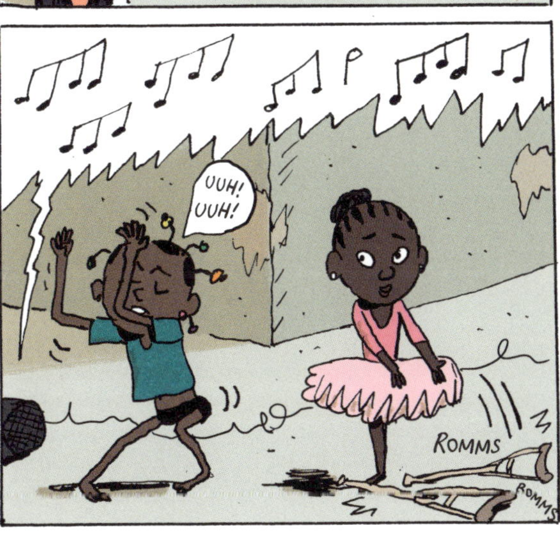
UUH! UUH!
ROMMS
ROMMS

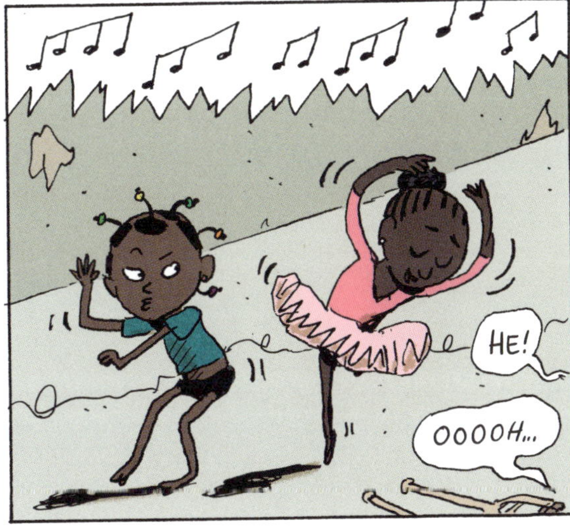
HE!
OOOOH...

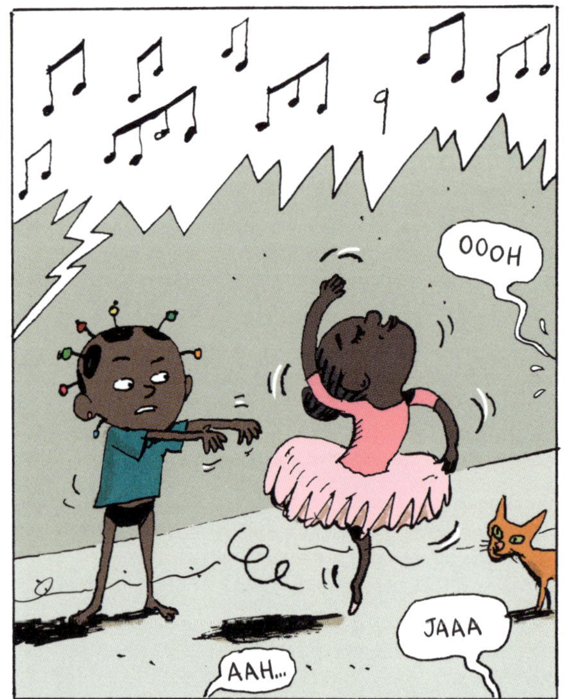
OOOH
JAAA
AAH...

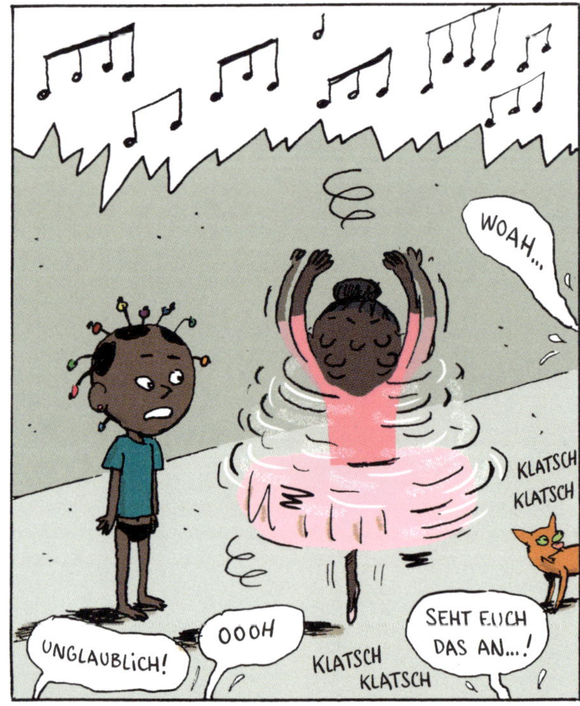
WOAH...
KLATSCH
KLATSCH
UNGLAUBLICH!
OOOH
KLATSCH
KLATSCH
SEHT EUCH DAS AN...!

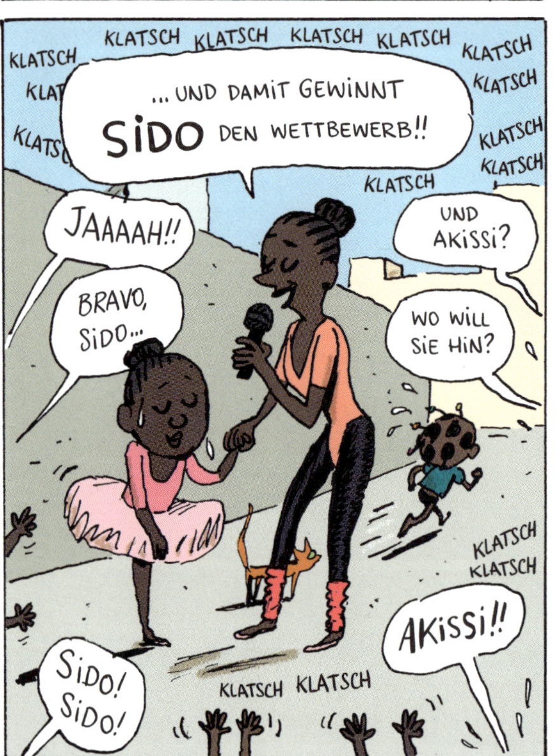
KLATSCH KLATSCH KLATSCH KLATSCH KLATSCH
KLATSCH
...UND DAMIT GEWINNT SIDO DEN WETTBEWERB!!
KLATSCH
JAAAAH!!
UND AKISSI?
BRAVO, SIDO...
WO WILL SIE HIN?
KLATSCH
KLATSCH
AKISSI!!
SIDO! SIDO!
KLATSCH KLATSCH

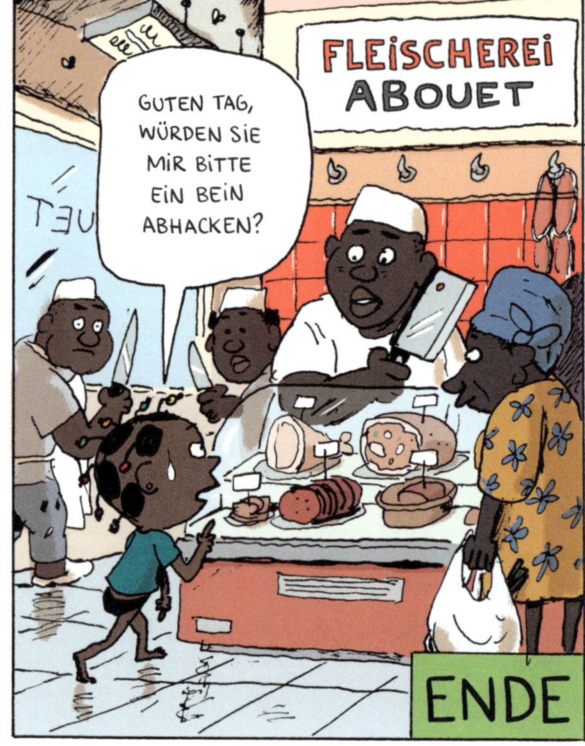
FLEISCHEREI ABOUET
GUTEN TAG, WÜRDEN SIE MIR BITTE EIN BEIN ABHACKEN?
ENDE

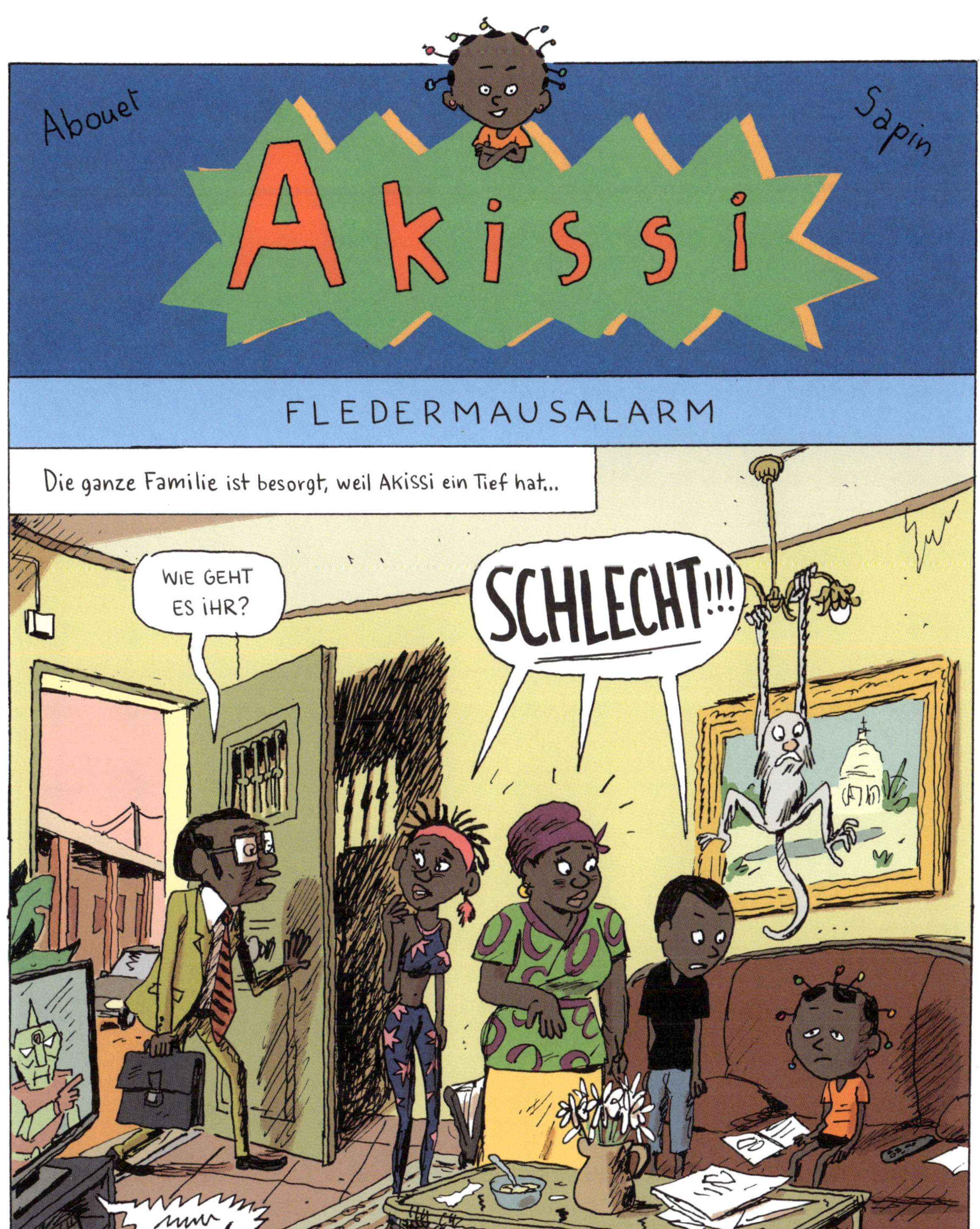
Abouet
Sapin
Akissi
FLEDERMAUSALARM
Die ganze Familie ist besorgt, weil AKISSI ein Tief hat...
WIE GEHT ES IHR?
SCHLECHT!!!

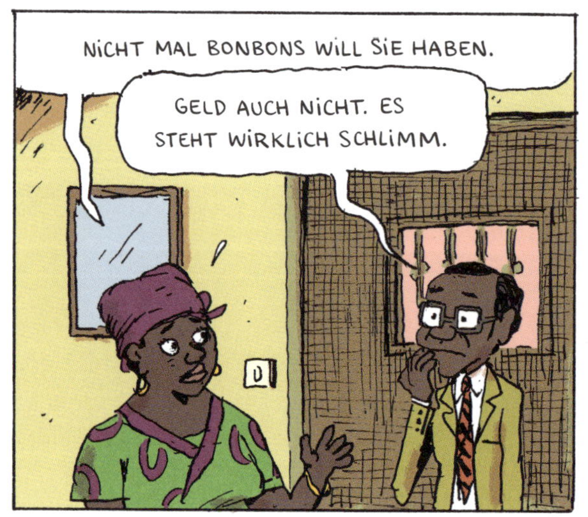
NICHT MAL BONBONS WILL SIE HABEN.
GELD AUCH NICHT. ES STEHT WIRKLICH SCHLIMM.

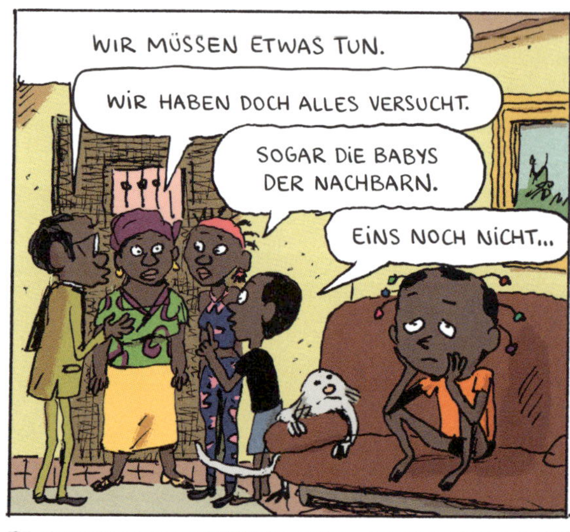
WIR MÜSSEN ETWAS TUN.
WIR HABEN DOCH ALLES VERSUCHT.
SOGAR DIE BABYS DER NACHBARN.
EINS NOCH NICHT...

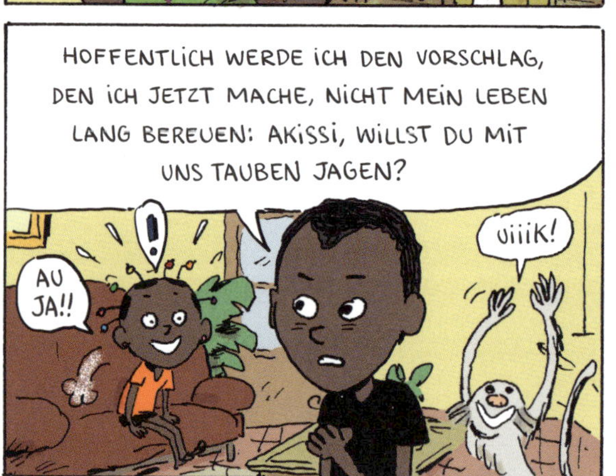
HOFFENTLICH WERDE ICH DEN VORSCHLAG, DEN ICH JETZT MACHE, NICHT MEIN LEBEN LANG BEREUEN: AKISSI, WILLST DU MIT UNS TAUBEN JAGEN?
AU JA!!
UIIIK!

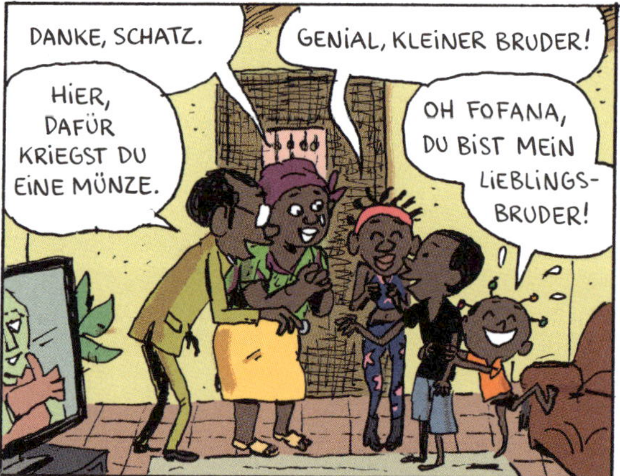
DANKE, SCHATZ.
GENIAL, KLEINER BRUDER!
HIER, DAFÜR KRIEGST DU EINE MÜNZE.
OH FOFANA, DU BIST MEIN LIEBLINGS-BRUDER!

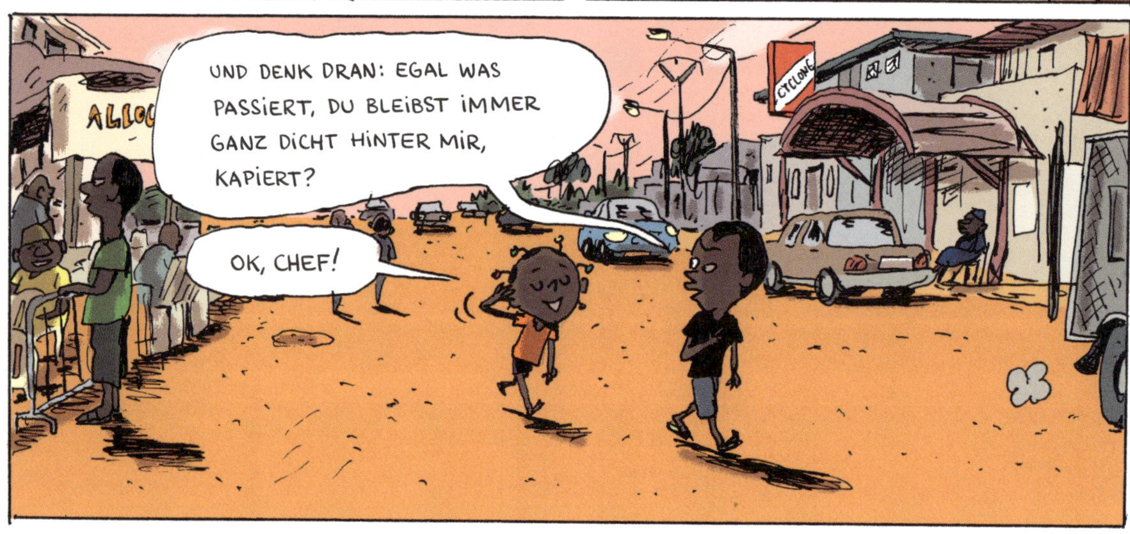
UND DENK DRAN: EGAL WAS PASSIERT, DU BLEIBST IMMER GANZ DICHT HINTER MIR, KAPIERT?
OK, CHEF!

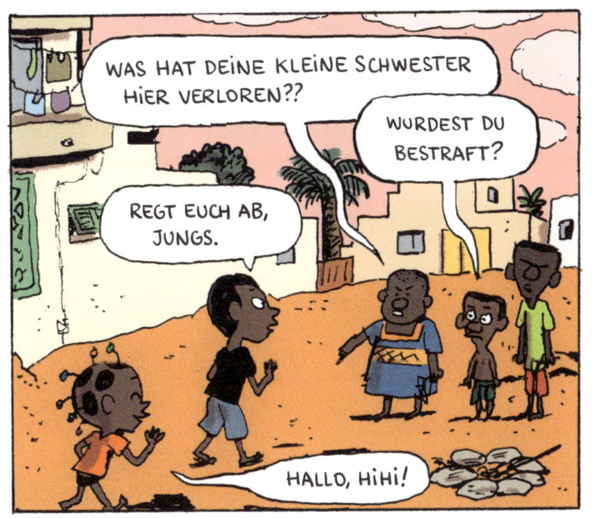
WAS HAT DEINE KLEINE SCHWESTER HIER VERLOREN??
WURDEST DU BESTRAFT?
REGT EUCH AB, JUNGS.
HALLO, HIHI!

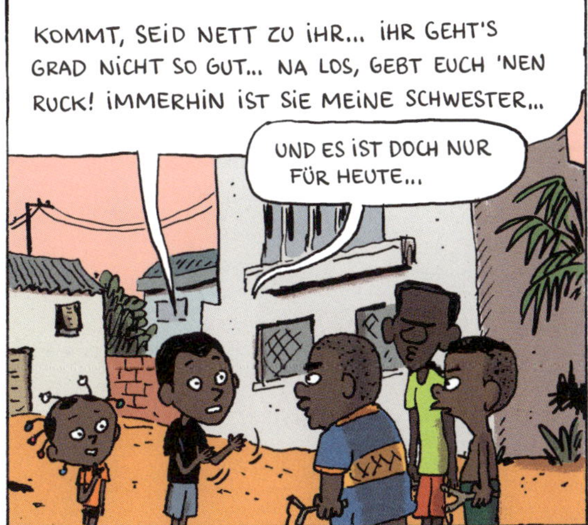
KOMMT, SEID NETT ZU IHR... IHR GEHT'S GRAD NICHT SO GUT... NA LOS, GEBT EUCH 'NEN RUCK! IMMERHIN IST SIE MEINE SCHWESTER...
UND ES IST DOCH NUR FÜR HEUTE...

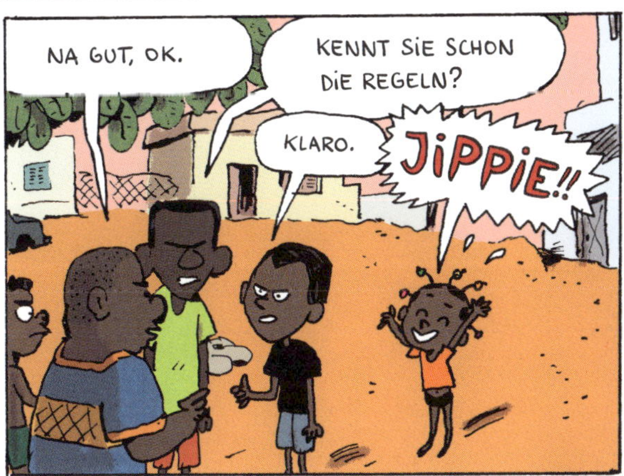
NA GUT, OK.
KENNT SIE SCHON DIE REGELN?
KLARO.
JIPPIE!!

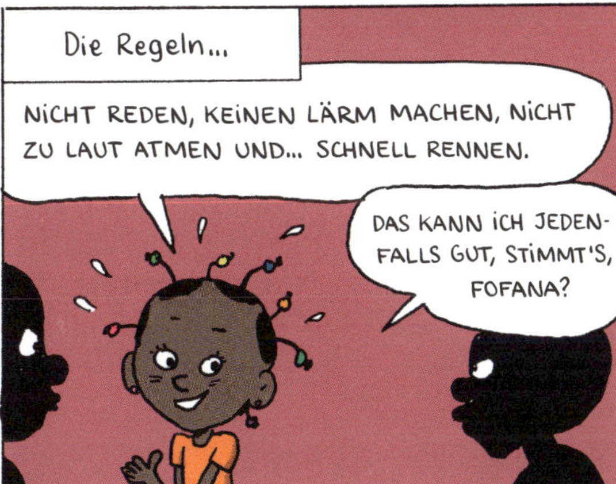
Die Regeln...
NICHT REDEN, KEINEN LÄRM MACHEN, NICHT ZU LAUT ATMEN UND... SCHNELL RENNEN.
DAS KANN ICH JEDENFALLS GUT, STIMMT'S, FOFANA?

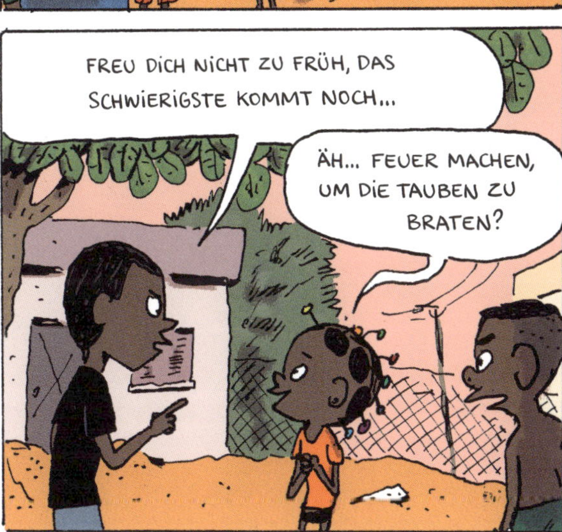
FREU DICH NICHT ZU FRÜH, DAS SCHWIERIGSTE KOMMT NOCH...
ÄH... FEUER MACHEN, UM DIE TAUBEN ZU BRATEN?

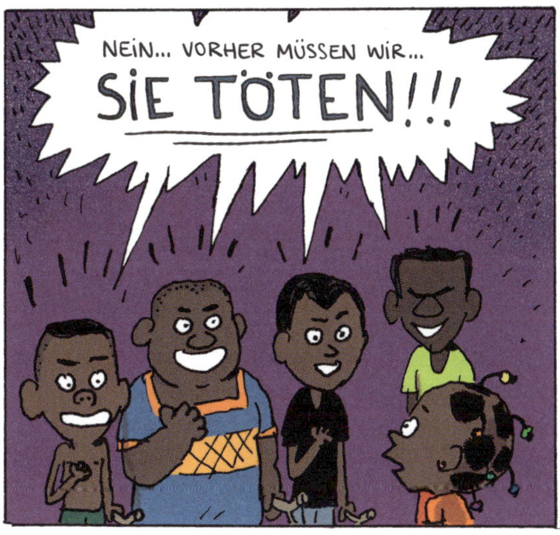
NEIN... VORHER MÜSSEN WIR...
SIE TÖTEN!!!

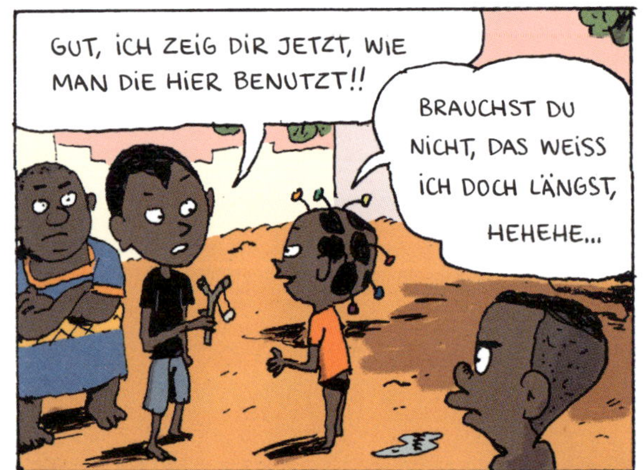
GUT, ICH ZEIG DIR JETZT, WIE MAN DIE HIER BENUTZT!!
BRAUCHST DU NICHT, DAS WEISS ICH DOCH LÄNGST, HEHEHE...

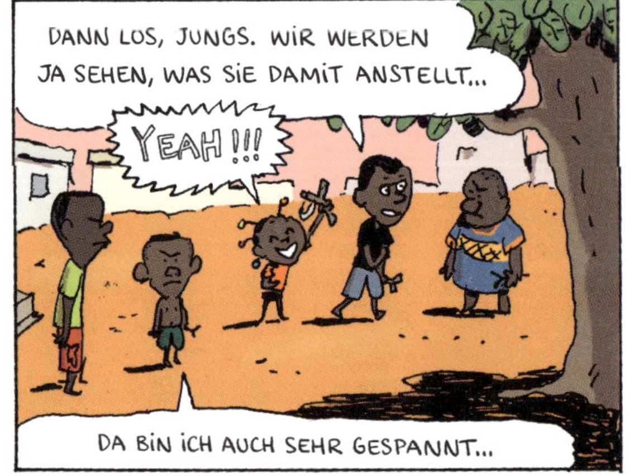
DANN LOS, JUNGS. WIR WERDEN JA SEHEN, WAS SIE DAMIT ANSTELLT...
YEAH!!!
DA BIN ICH AUCH SEHR GESPANNT...

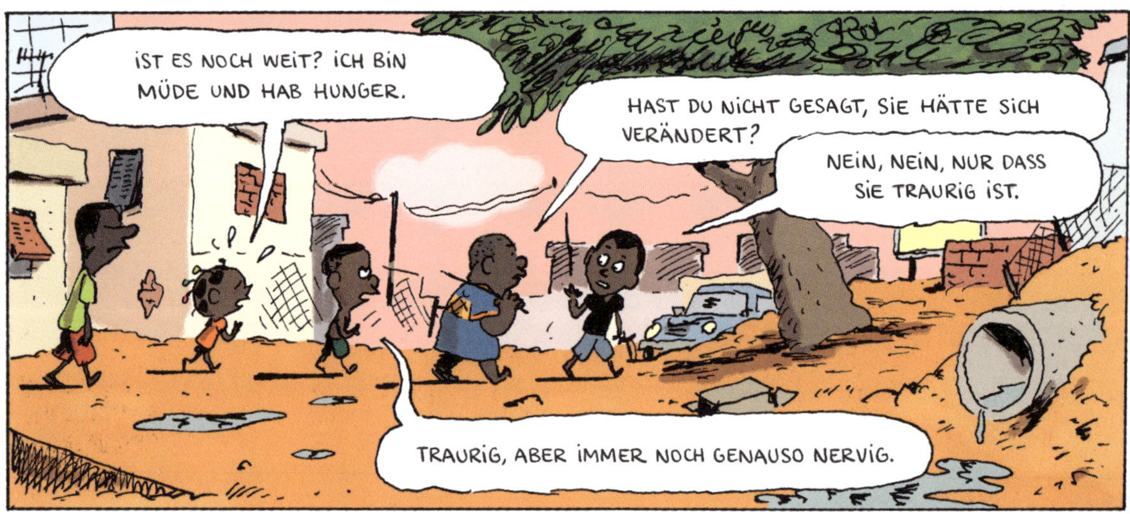
IST ES NOCH WEIT? ICH BIN MÜDE UND HAB HUNGER.
HAST DU NICHT GESAGT, SIE HÄTTE SICH VERÄNDERT?
NEIN, NEIN, NUR DASS SIE TRAURIG IST.
TRAURIG, ABER IMMER NOCH GENAUSO NERVIG.

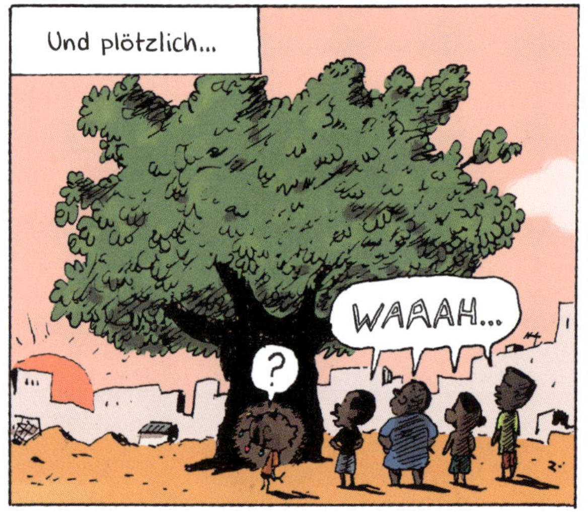
Und plötzlich...
WAAAH...
?

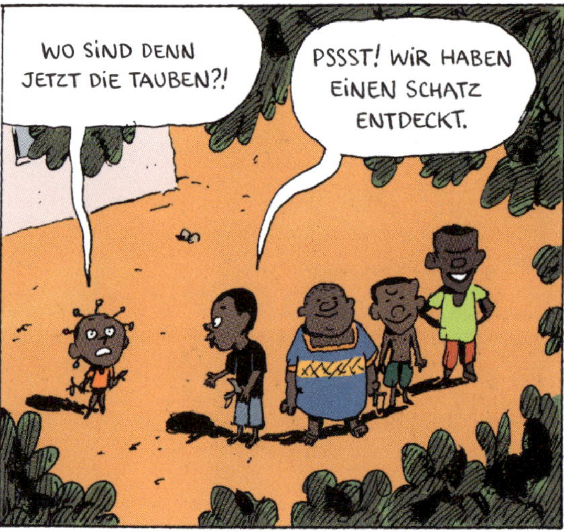
WO SIND DENN JETZT DIE TAUBEN?!
PSSST! WIR HABEN EINEN SCHATZ ENTDECKT.

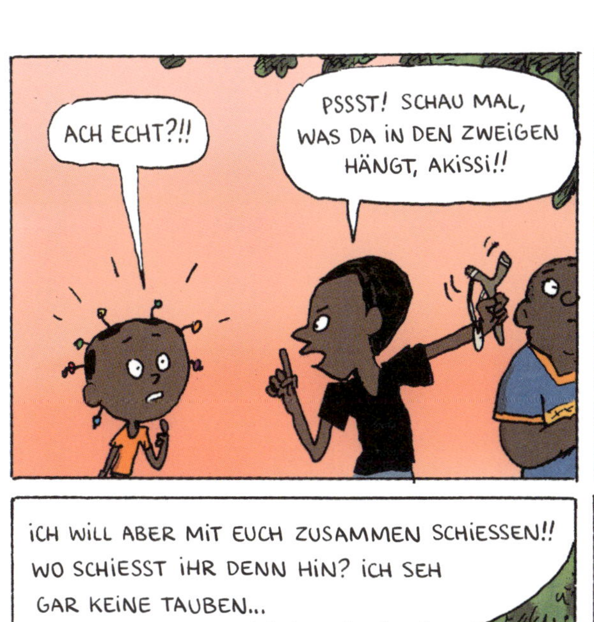
ACH ECHT?!!
PSSST! SCHAU MAL, WAS DA IN DEN ZWEIGEN HÄNGT, AKISSI!!

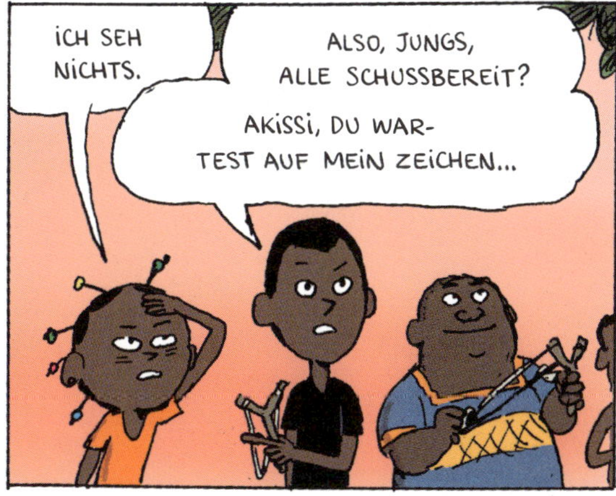
ICH SEH NICHTS.
ALSO, JUNGS, ALLE SCHUSSBEREIT?
AKISSI, DU WARTEST AUF MEIN ZEICHEN…

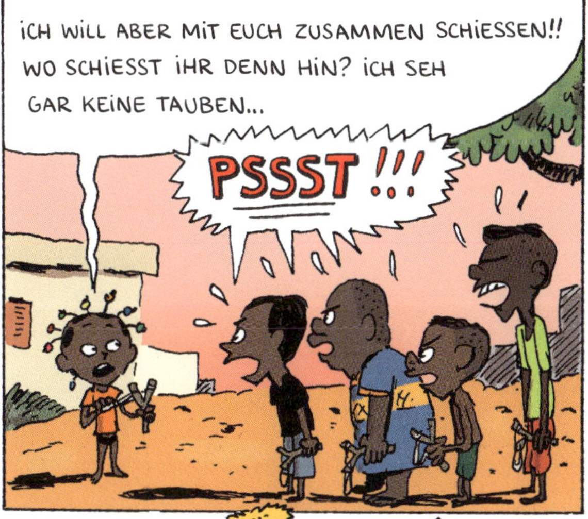
ICH WILL ABER MIT EUCH ZUSAMMEN SCHIESSEN!! WO SCHIESST IHR DENN HIN? ICH SEH GAR KEINE TAUBEN…
PSSST!!!

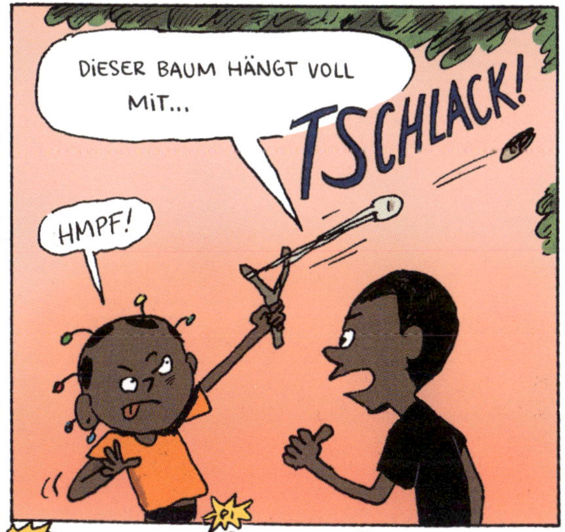
DIESER BAUM HÄNGT VOLL MIT…
TSCHLACK!
HMPF!

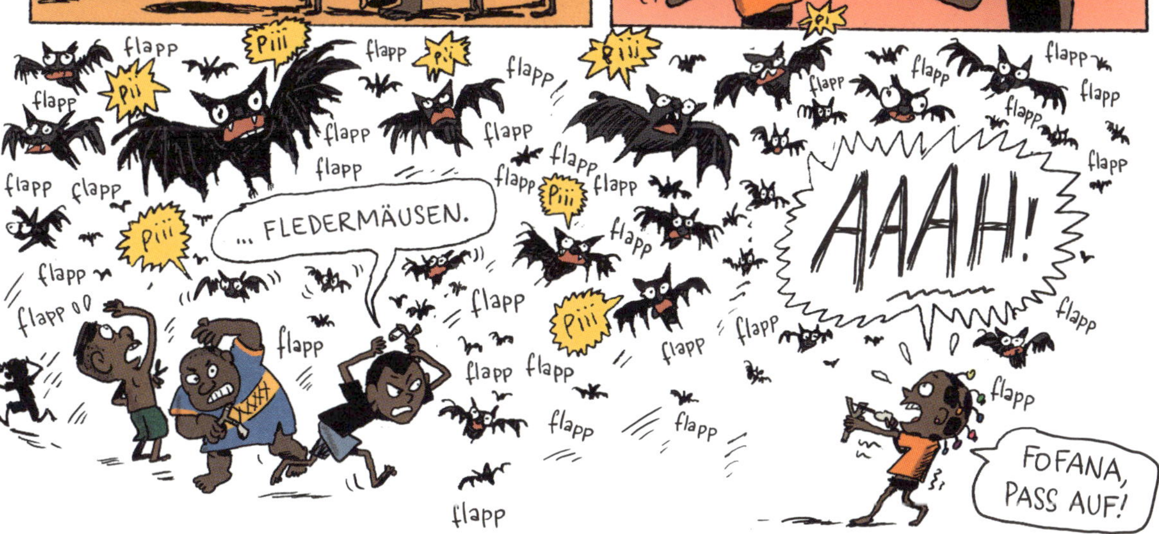
flapp
Piii
Pii
flapp
… FLEDERMÄUSEN.
AAAH!
FOFANA, PASS AUF!

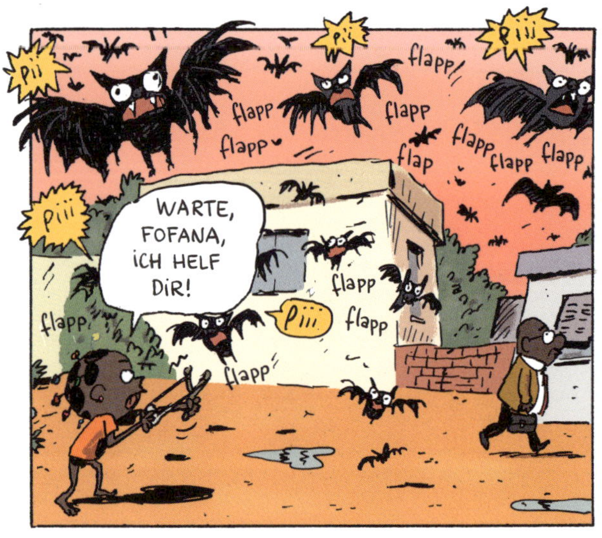
Piii
Piii
Piii
flapp!
flapp
flapp
flapp
flapp
flapp
flapp
flap
Piii
WARTE, FOFANA, ICH HELF DIR!
flapp
Piii
flapp
flapp
flapp

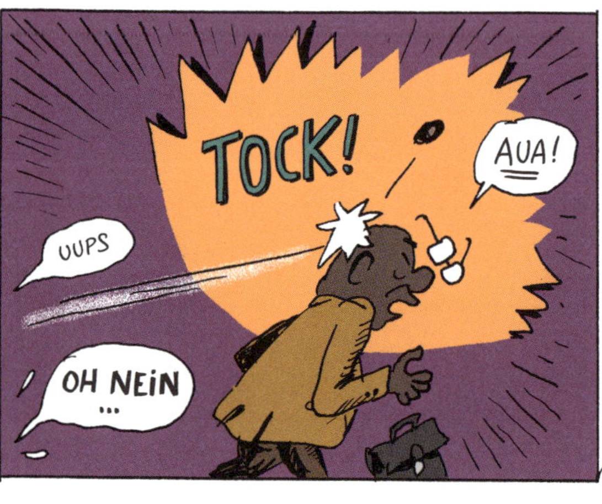
TOCK!
AUA!
UUPS
OH NEIN ...

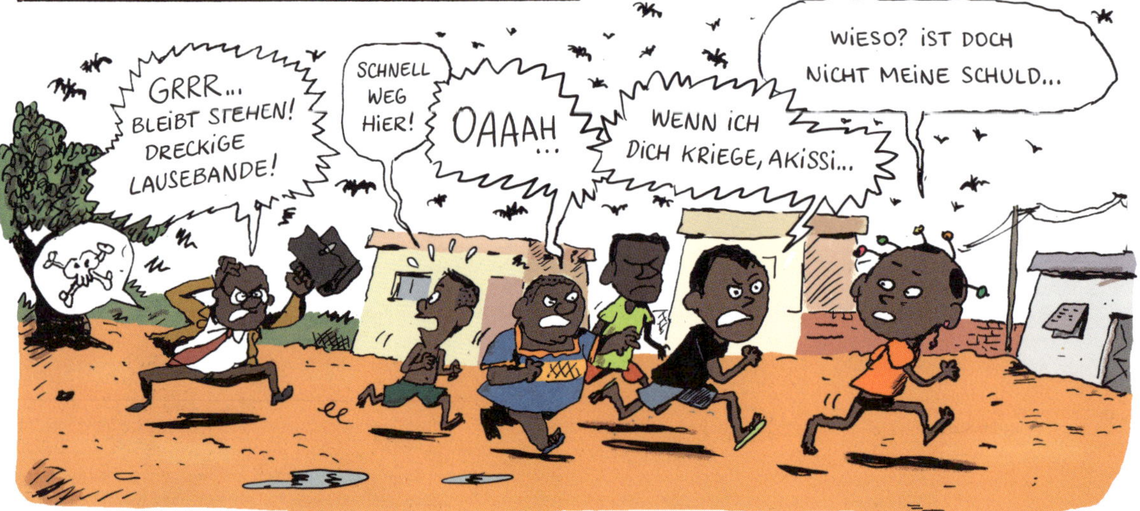
GRRR... BLEIBT STEHEN! DRECKIGE LAUSEBANDE!
SCHNELL WEG HIER!
OAAAH ...
WENN ICH DICH KRIEGE, AKISSI...
WIESO? IST DOCH NICHT MEINE SCHULD...

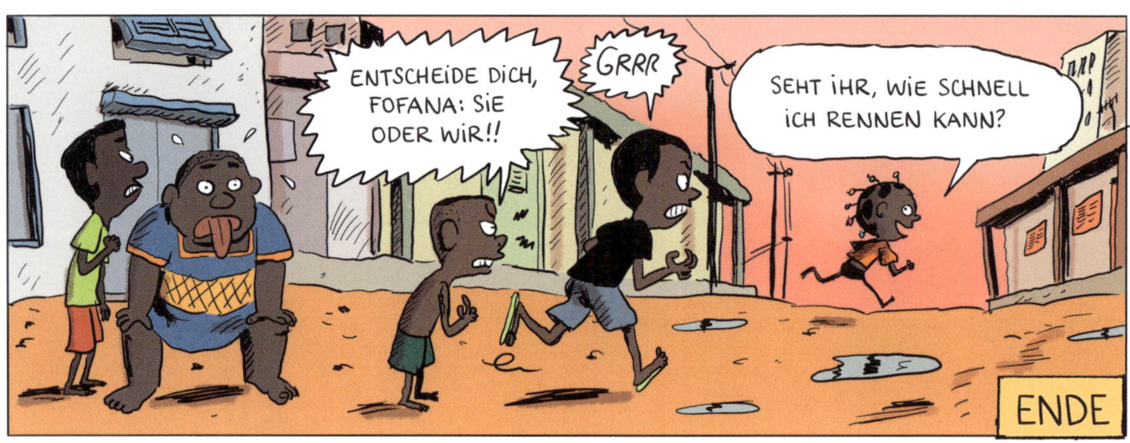
ENTSCHEIDE DICH, FOFANA: SIE ODER WIR!!
GRRR
SEHT IHR, WIE SCHNELL ICH RENNEN KANN?
ENDE

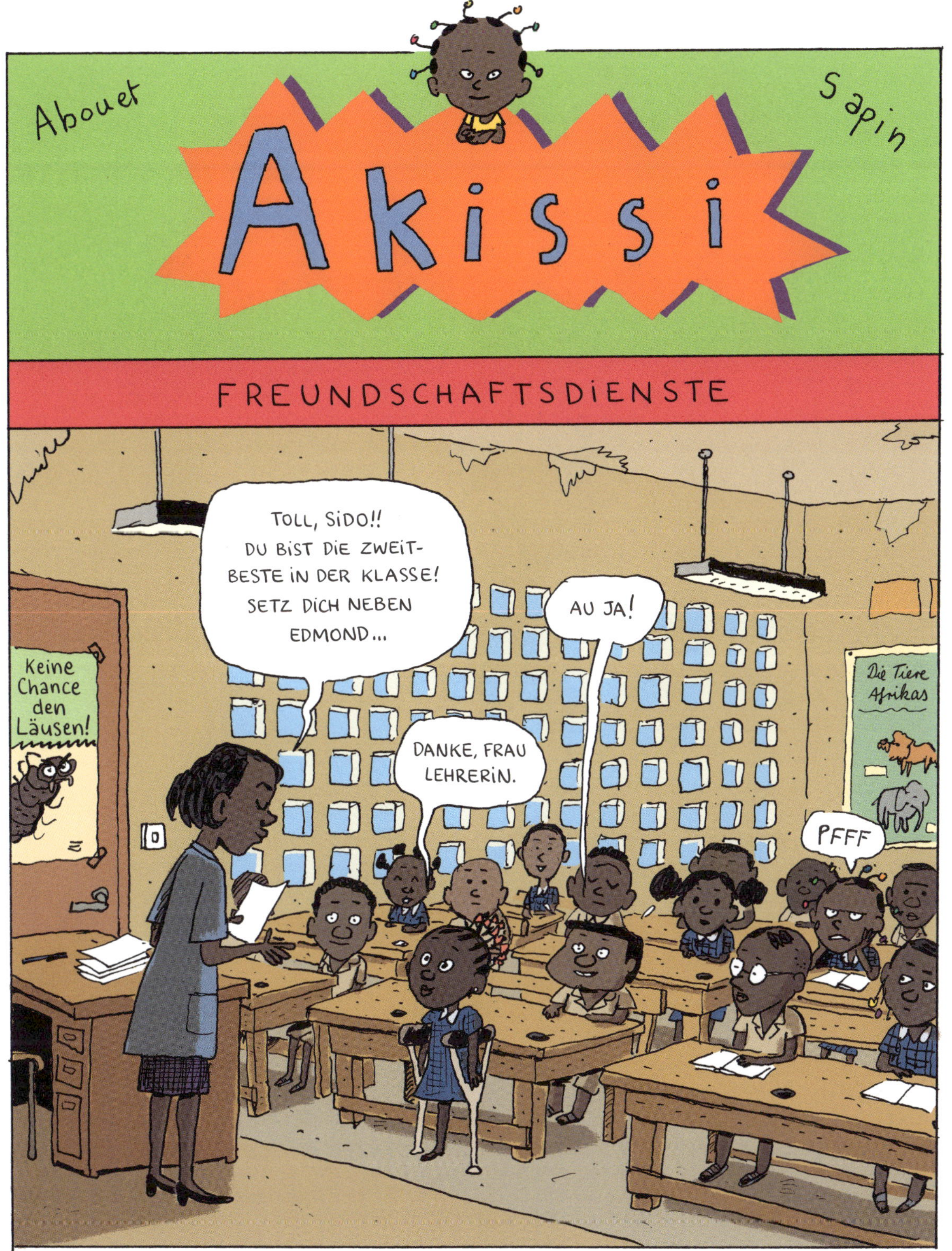
Abouet
Sapin
Akissi
FREUNDSCHAFTSDIENSTE
Keine Chance den Läusen!
Die Tiere Afrikas
TOLL, SIDO!! DU BIST DIE ZWEIT-BESTE IN DER KLASSE! SETZ DICH NEBEN EDMOND...
DANKE, FRAU LEHRERIN.
AU JA!
PFFF

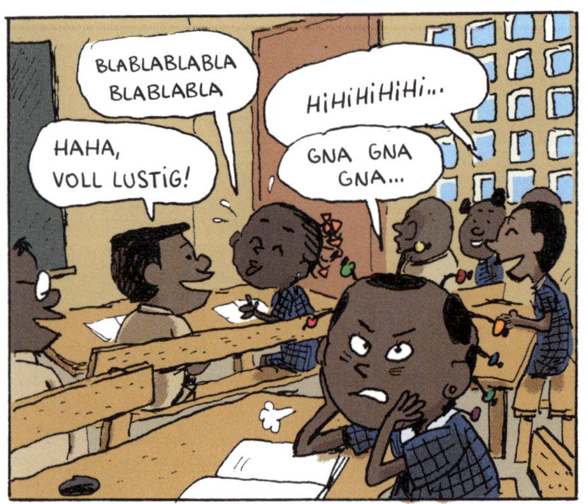
BLABLABLABLA
BLABLABLA
HAHA,
VOLL LUSTIG!
HiHiHiHiHi...
GNA GNA
GNA...

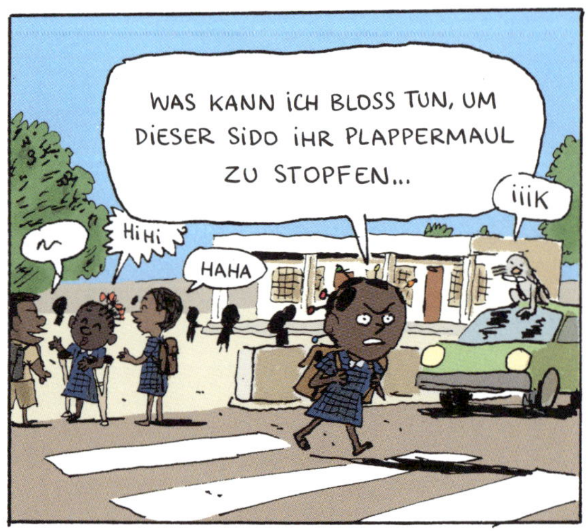
WAS KANN ICH BLOSS TUN, UM
DIESER SIDO IHR PLAPPERMAUL
ZU STOPFEN...
HiHi
HAHA
iiiK

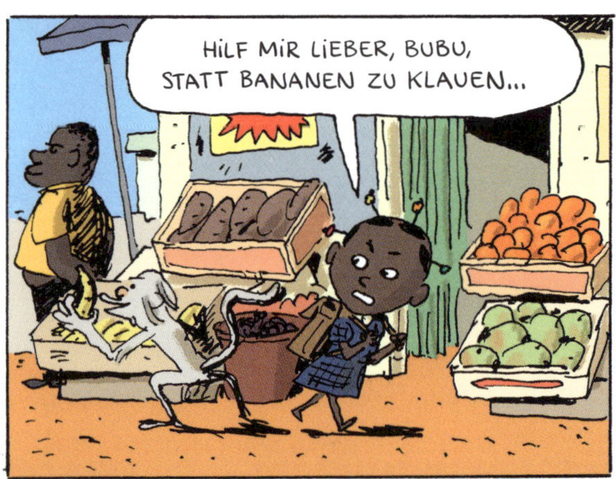
HILF MIR LIEBER, BUBU,
STATT BANANEN ZU KLAUEN...

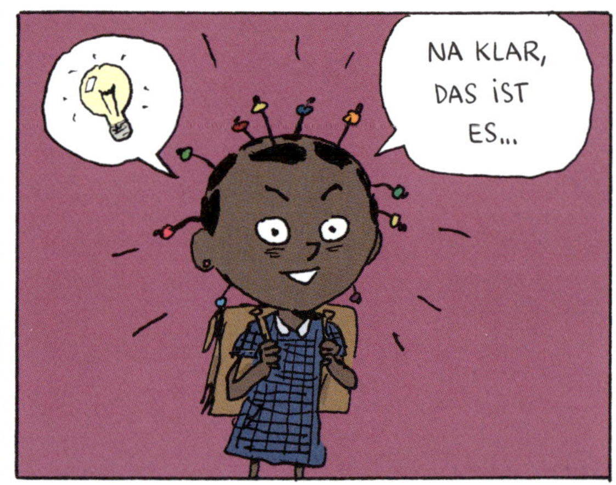
NA KLAR,
DAS IST
ES...

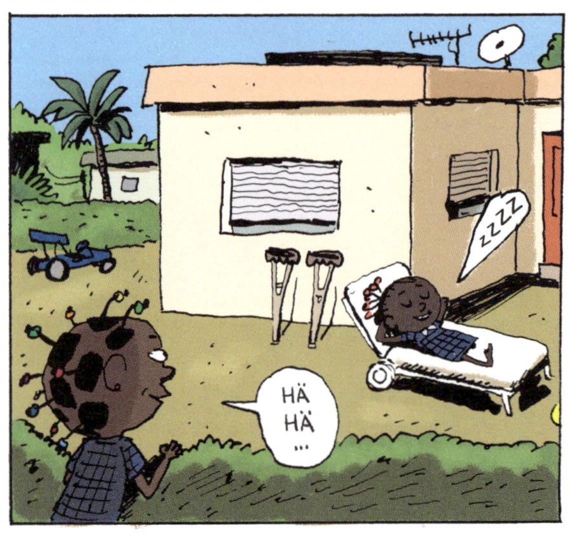
ZZZZ
HÄ
HÄ
...

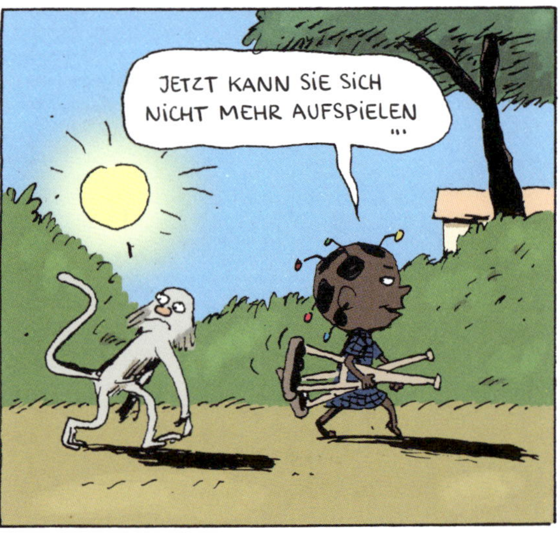
JETZT KANN SIE SICH
NICHT MEHR AUFSPIELEN
...

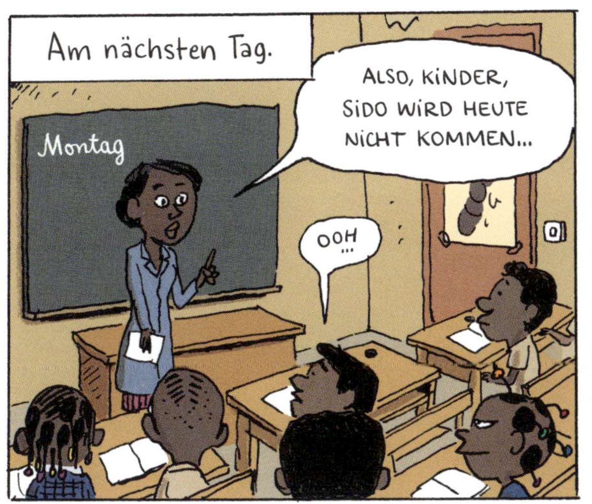
Am nächsten Tag.
ALSO, KINDER, SIDO WIRD HEUTE NICHT KOMMEN...
Montag
OOH ...

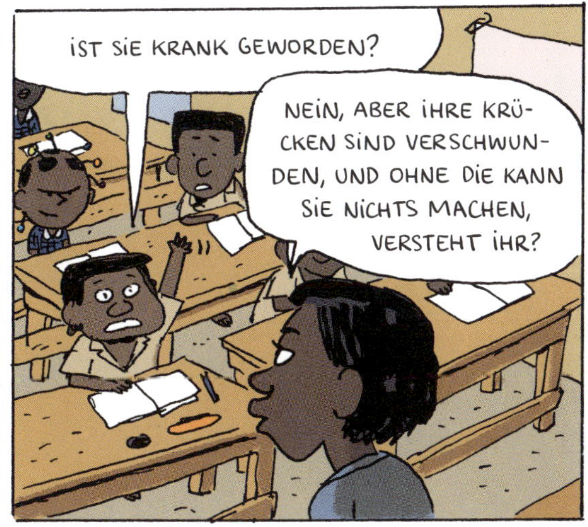
IST SIE KRANK GEWORDEN?
NEIN, ABER IHRE KRÜCKEN SIND VERSCHWUNDEN, UND OHNE DIE KANN SIE NICHTS MACHEN, VERSTEHT IHR?

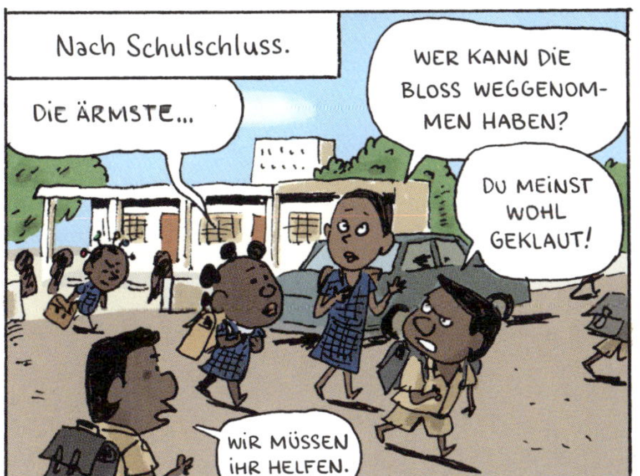
Nach Schulschluss.
DIE ÄRMSTE...
WER KANN DIE BLOSS WEGGENOMMEN HABEN?
DU MEINST WOHL GEKLAUT!
WIR MÜSSEN IHR HELFEN.

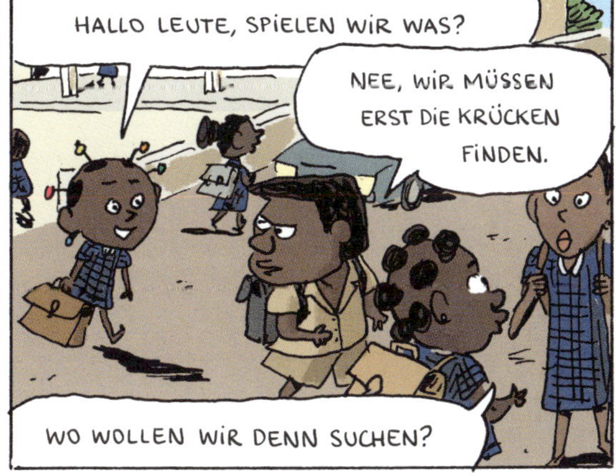
HALLO LEUTE, SPIELEN WIR WAS?
NEE, WIR MÜSSEN ERST DIE KRÜCKEN FINDEN.
WO WOLLEN WIR DENN SUCHEN?

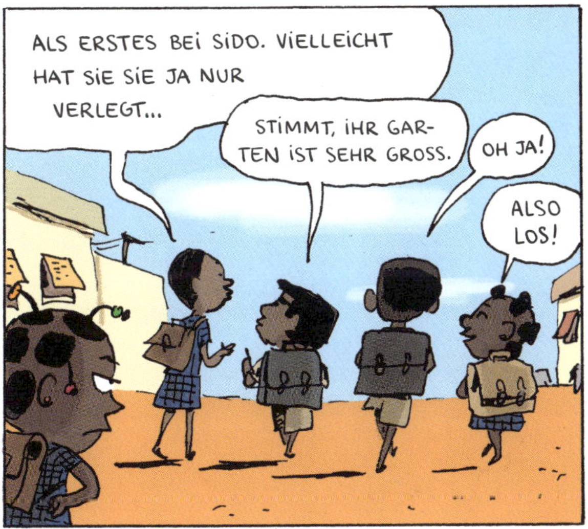
ALS ERSTES BEI SIDO. VIELLEICHT HAT SIE SIE JA NUR VERLEGT...
STIMMT, IHR GARTEN IST SEHR GROSS.
OH JA!
ALSO LOS!

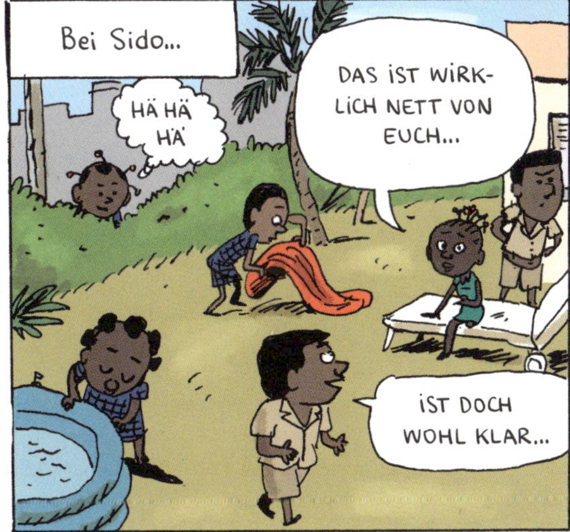
Bei Sido...
HÄ HÄ HÄ
DAS IST WIRKLICH NETT VON EUCH...
IST DOCH WOHL KLAR...

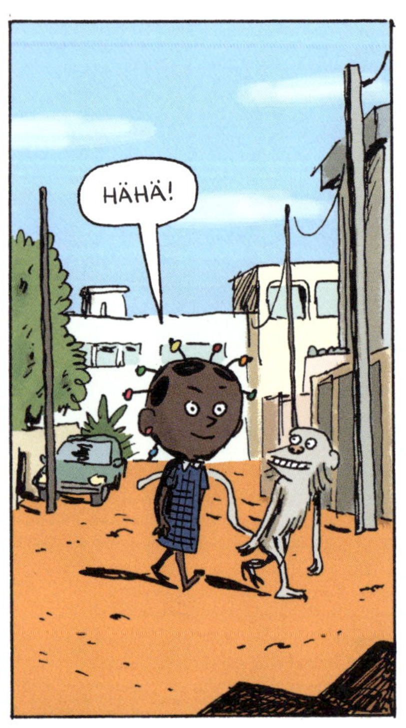
HÄHÄ!

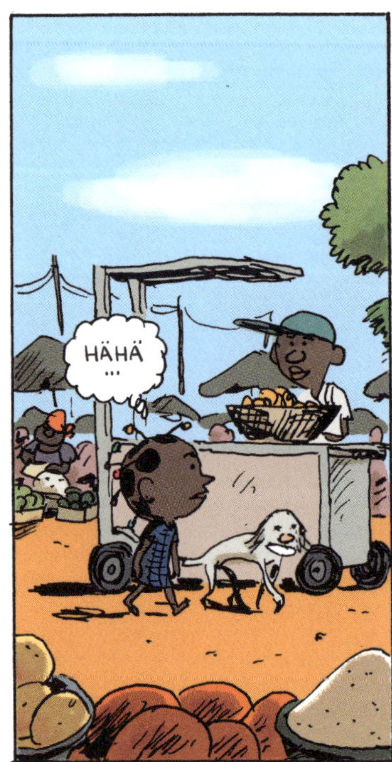
HÄHÄ
...

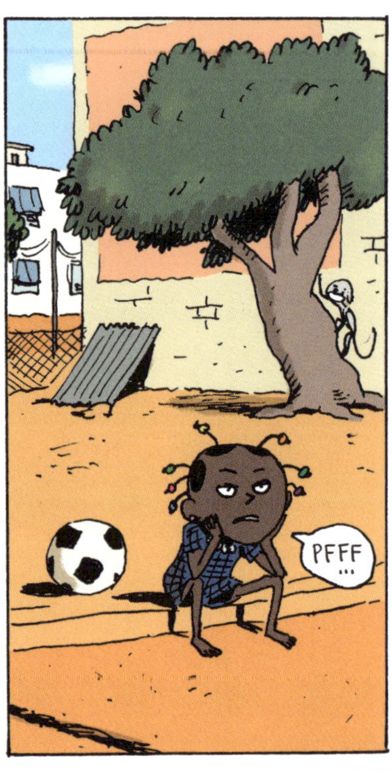
PFFF
...

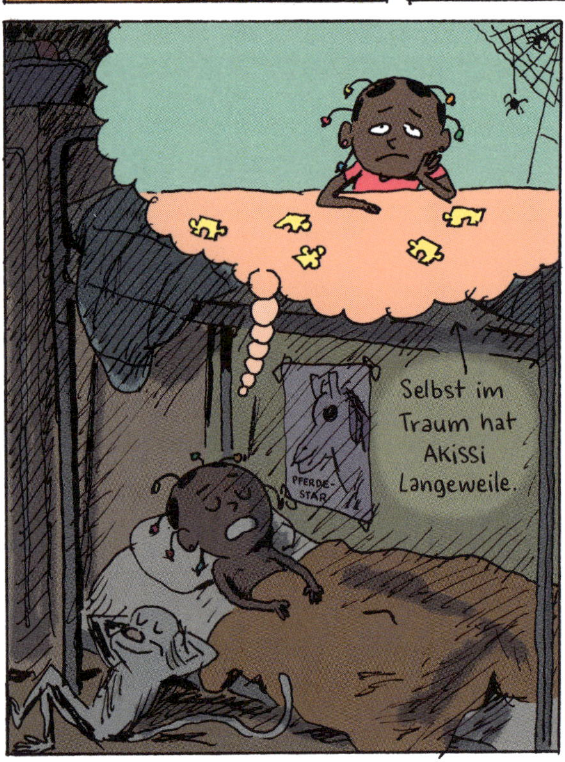
PFERDE-
STAR
Selbst im Traum hat AKISSI Langeweile.

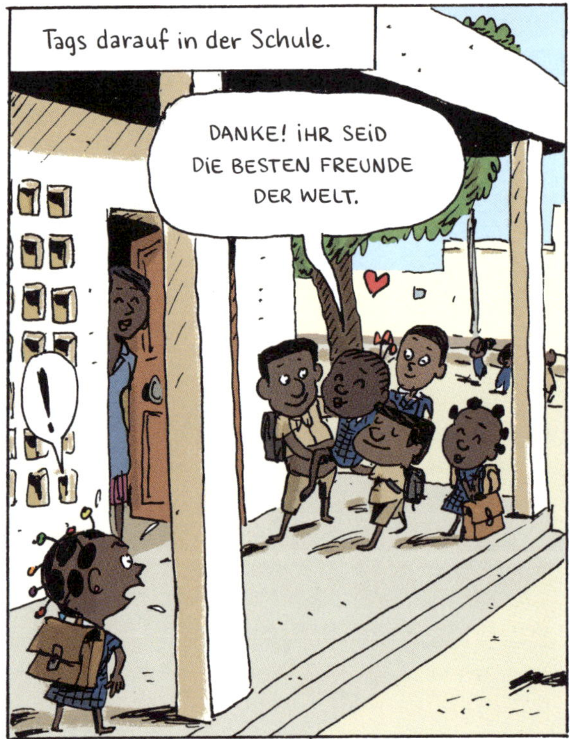
Tags darauf in der Schule.
DANKE! IHR SEID DIE BESTEN FREUNDE DER WELT.
!

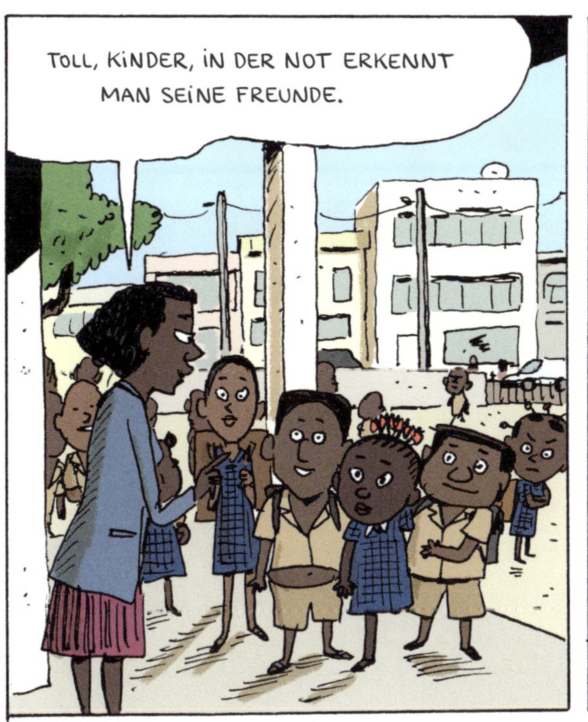
TOLL, KINDER, IN DER NOT ERKENNT MAN SEINE FREUNDE.

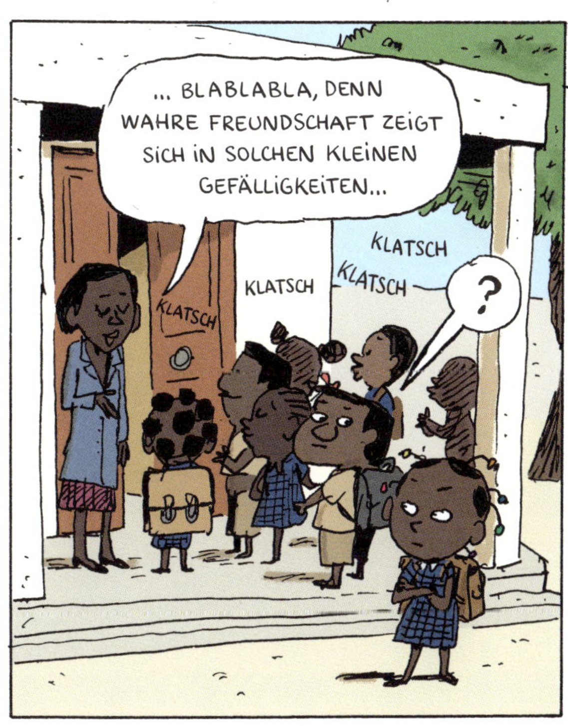
... BLABLABLA, DENN WAHRE FREUNDSCHAFT ZEIGT SICH IN SOLCHEN KLEINEN GEFÄLLIGKEITEN...
KLATSCH
KLATSCH
KLATSCH
KLATSCH
?

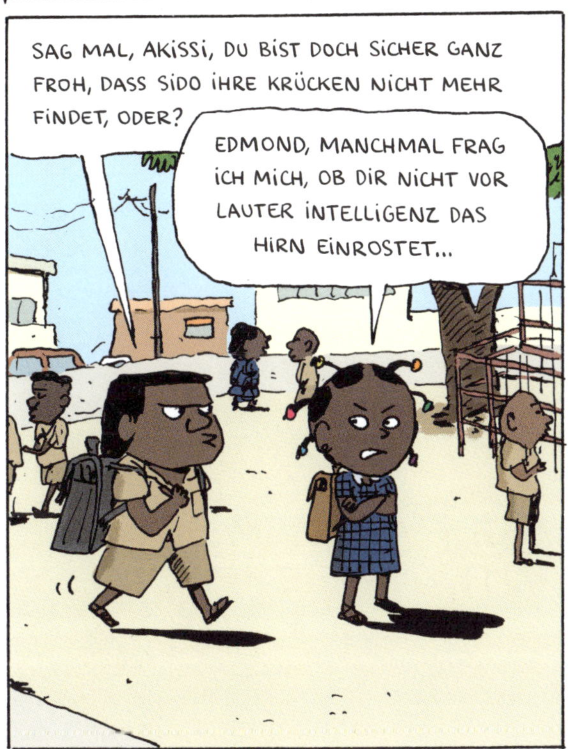
SAG MAL, AKISSI, DU BIST DOCH SICHER GANZ FROH, DASS SIDO IHRE KRÜCKEN NICHT MEHR FINDET, ODER?
EDMOND, MANCHMAL FRAG ICH MICH, OB DIR NICHT VOR LAUTER INTELLIGENZ DAS HIRN EINROSTET...

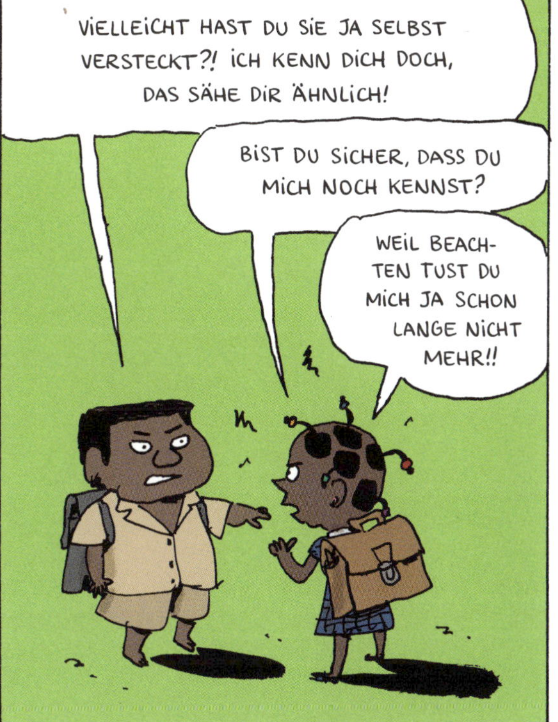
VIELLEICHT HAST DU SIE JA SELBST VERSTECKT?! ICH KENN DICH DOCH, DAS SÄHE DIR ÄHNLICH!
BIST DU SICHER, DASS DU MICH NOCH KENNST?
WEIL BEACH-TEN TUST DU MICH JA SCHON LANGE NICHT MEHR!!

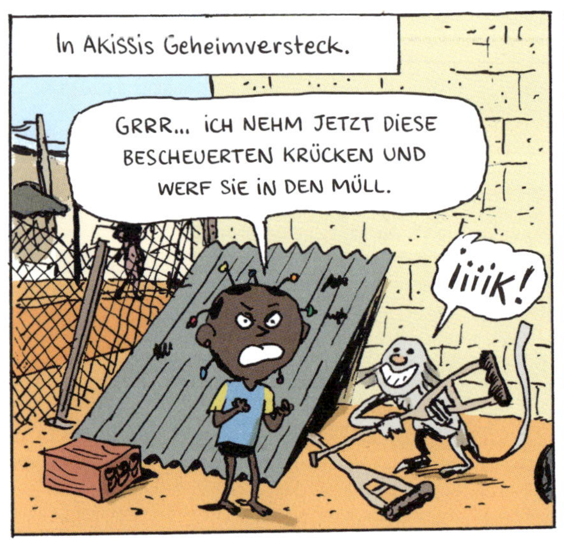
In Akissis Geheimversteck.
GRRR... ICH NEHM JETZT DIESE BESCHEUERTEN KRÜCKEN UND WERF SIE IN DEN MÜLL.
IIIIK!

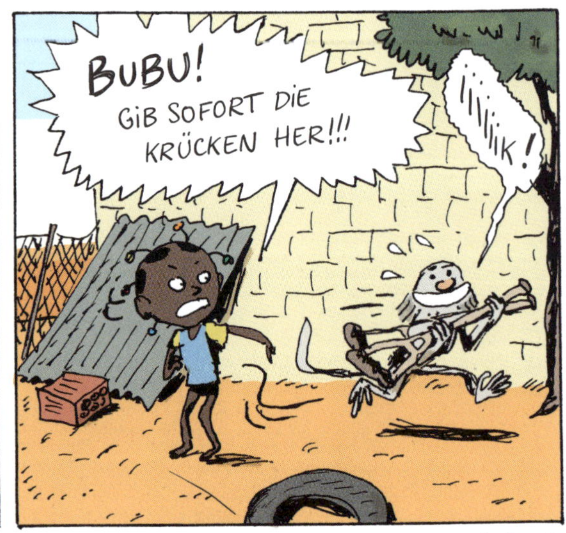
BUBU! GIB SOFORT DIE KRÜCKEN HER!!!
IIIIIIIIK!

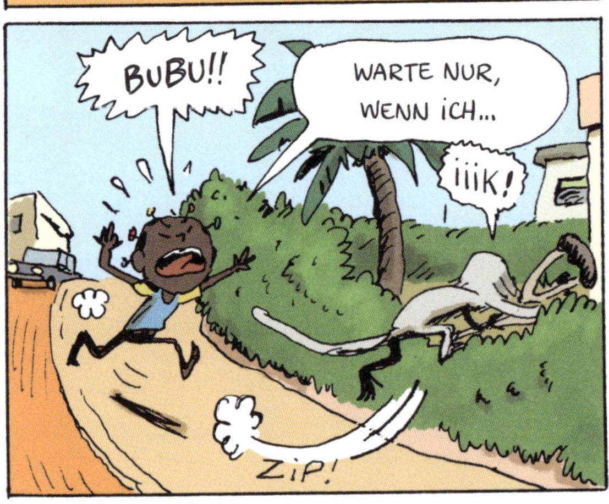
BUBU!!
WARTE NUR, WENN ICH...
IIIK!
ZIP!

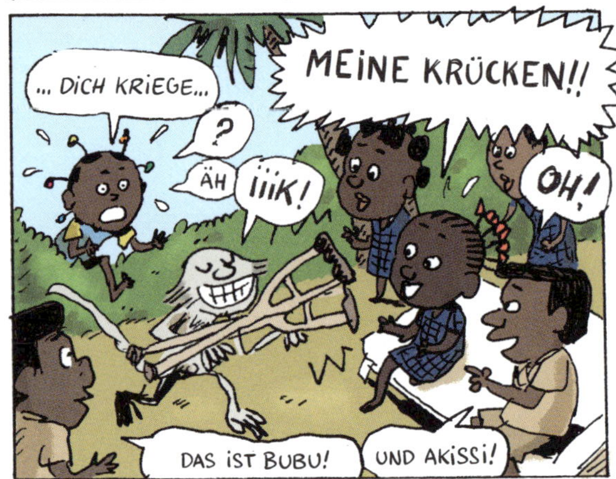
... DICH KRIEGE...
MEINE KRÜCKEN!!
?
ÄH
IIIK!
OH!
DAS IST BUBU!
UND AKISSI!

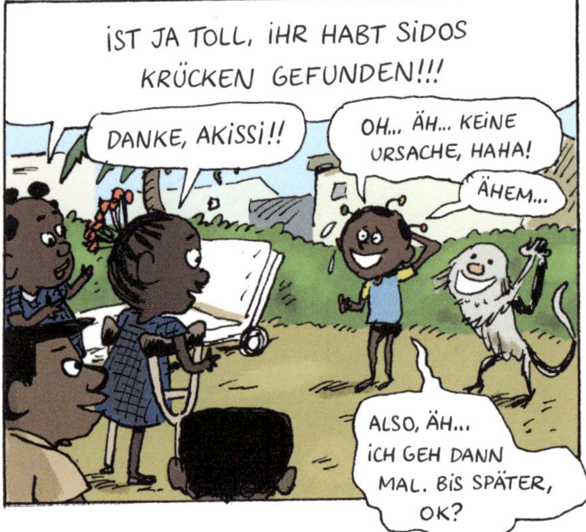
IST JA TOLL, IHR HABT SIDOS KRÜCKEN GEFUNDEN!!!
DANKE, AKISSI!!
OH... ÄH... KEINE URSACHE, HAHA!
ÄHEM...
ALSO, ÄH... ICH GEH DANN MAL. BIS SPÄTER, OK?

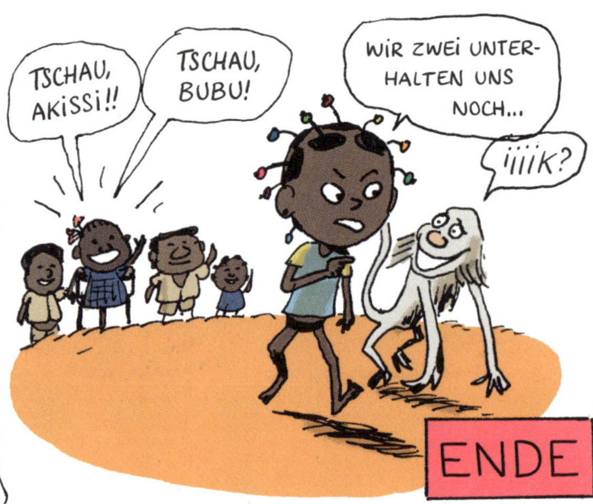
TSCHAU, AKISSI!!
TSCHAU, BUBU!
WIR ZWEI UNTERHALTEN UNS NOCH...
IIIIK?
ENDE

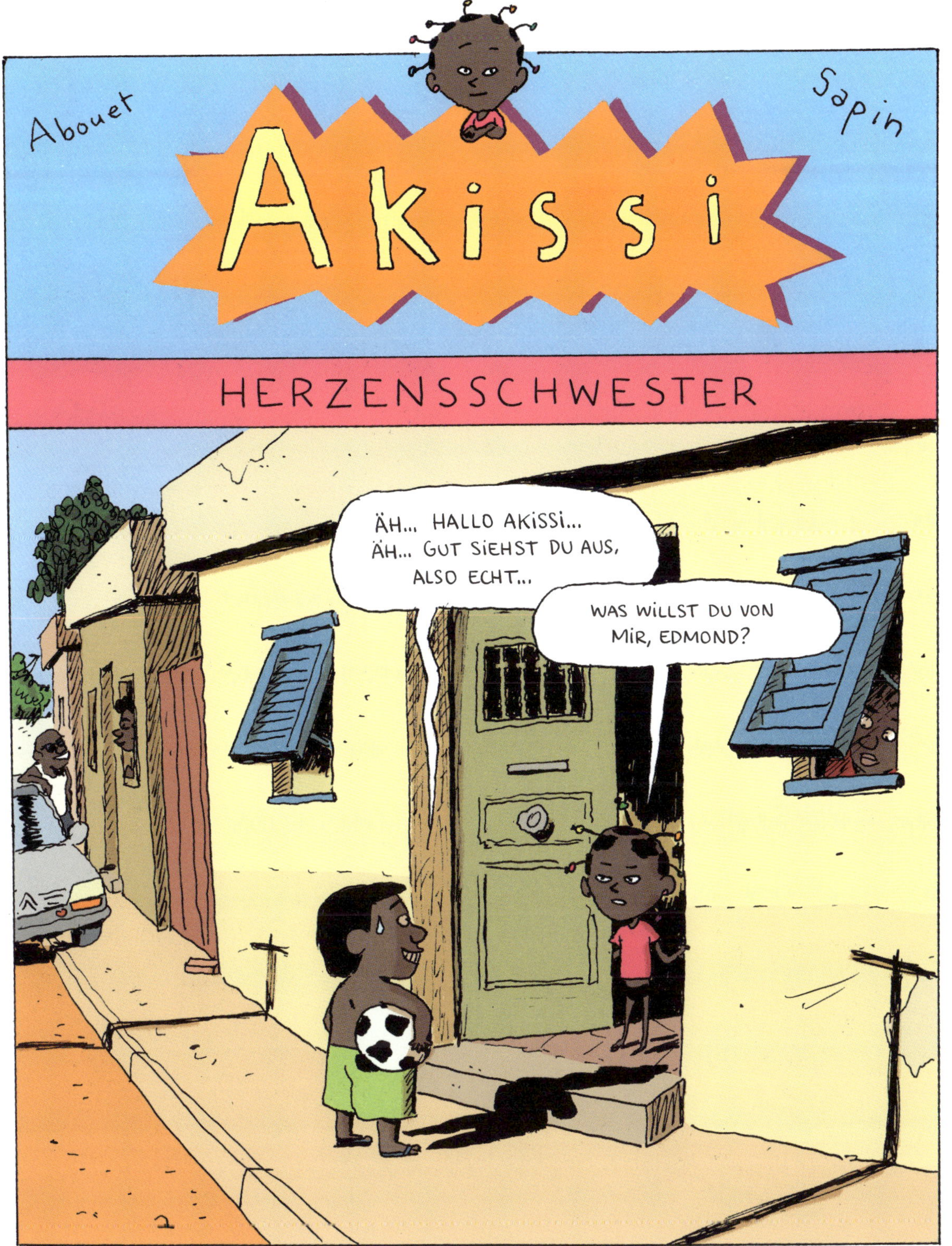
Abouet
Sapin
Akissi
HERZENSSCHWESTER
ÄH... HALLO AKISSI...
ÄH... GUT SIEHST DU AUS,
ALSO ECHT...
WAS WILLST DU VON
MIR, EDMOND?

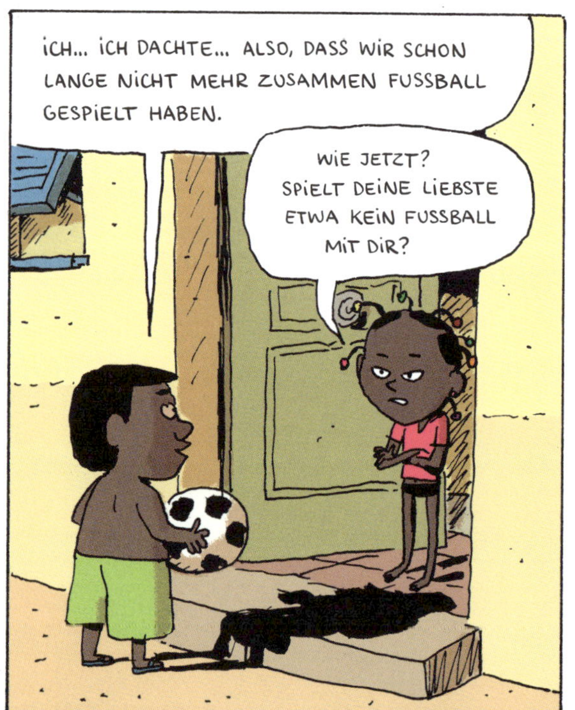
ICH... ICH DACHTE... ALSO, DASS WIR SCHON LANGE NICHT MEHR ZUSAMMEN FUSSBALL GESPIELT HABEN.
WIE JETZT? SPIELT DEINE LIEBSTE ETWA KEIN FUSSBALL MIT DIR?

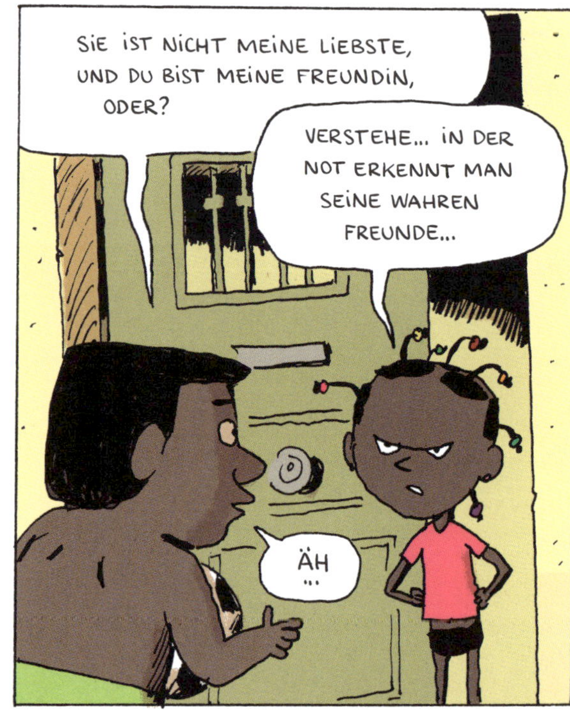
SIE IST NICHT MEINE LIEBSTE, UND DU BIST MEINE FREUNDIN, ODER?
VERSTEHE... IN DER NOT ERKENNT MAN SEINE WAHREN FREUNDE...
ÄH ...

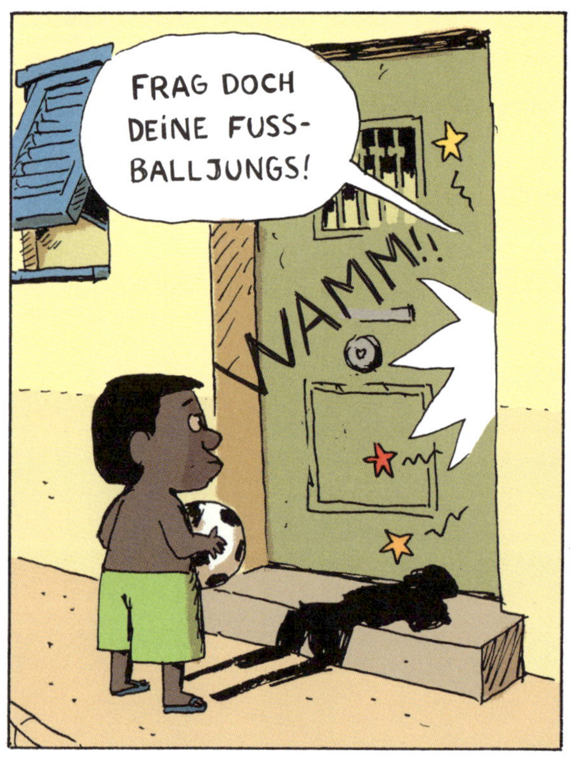
FRAG DOCH DEINE FUSS-BALLJUNGS!
WAMM!!

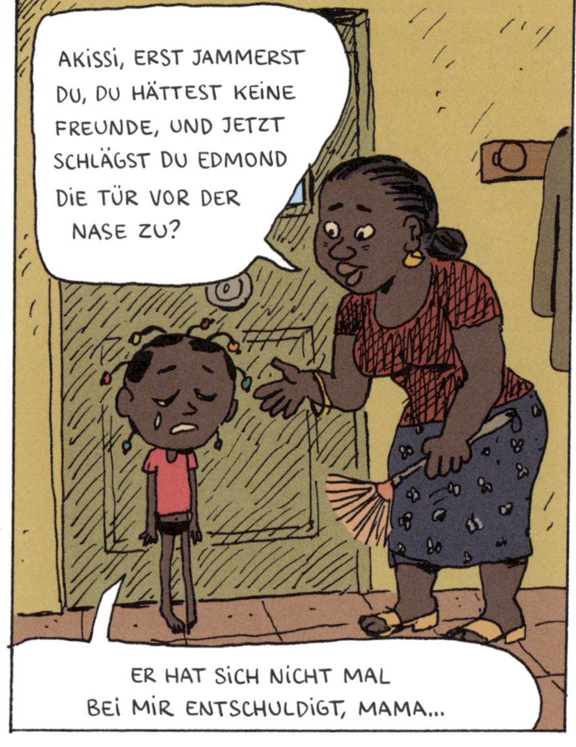
AKISSI, ERST JAMMERST DU, DU HÄTTEST KEINE FREUNDE, UND JETZT SCHLÄGST DU EDMOND DIE TÜR VOR DER NASE ZU?
ER HAT SICH NICHT MAL BEI MIR ENTSCHULDIGT, MAMA...

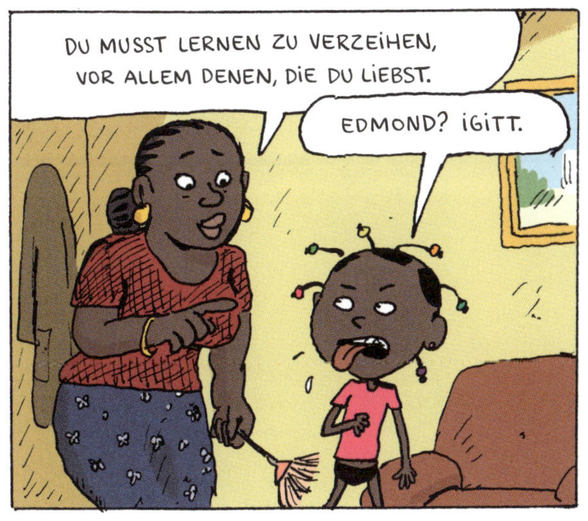
DU MUSST LERNEN ZU VERZEIHEN, VOR ALLEM DENEN, DIE DU LIEBST.
EDMOND? IGITT.

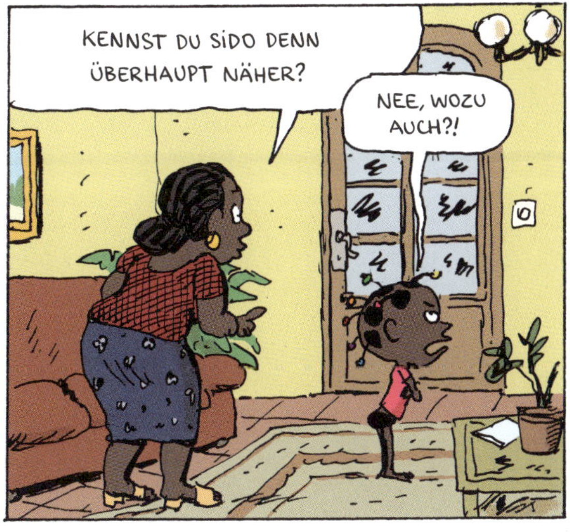
KENNST DU SIDO DENN ÜBERHAUPT NÄHER?
NEE, WOZU AUCH?!

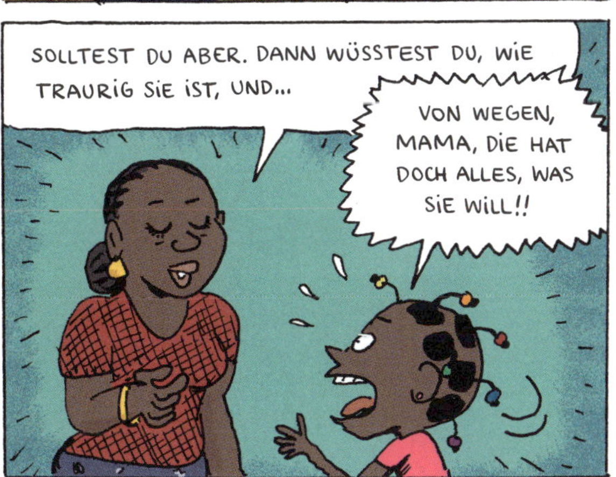
SOLLTEST DU ABER. DANN WÜSSTEST DU, WIE TRAURIG SIE IST, UND...
VON WEGEN, MAMA, DIE HAT DOCH ALLES, WAS SIE WILL!!

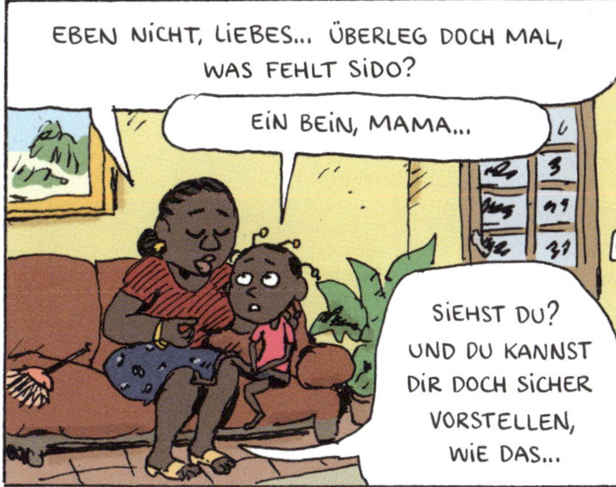
EBEN NICHT, LIEBES... ÜBERLEG DOCH MAL, WAS FEHLT SIDO?
EIN BEIN, MAMA...
SIEHST DU? UND DU KANNST DIR DOCH SICHER VORSTELLEN, WIE DAS...

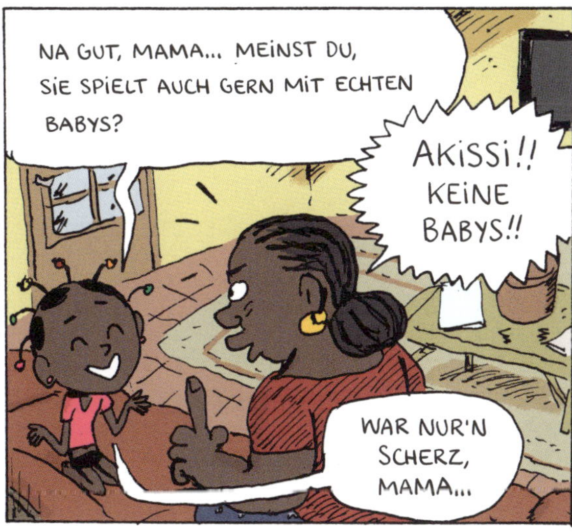
NA GUT, MAMA... MEINST DU, SIE SPIELT AUCH GERN MIT ECHTEN BABYS?
AKISSI!! KEINE BABYS!!
WAR NUR'N SCHERZ, MAMA...

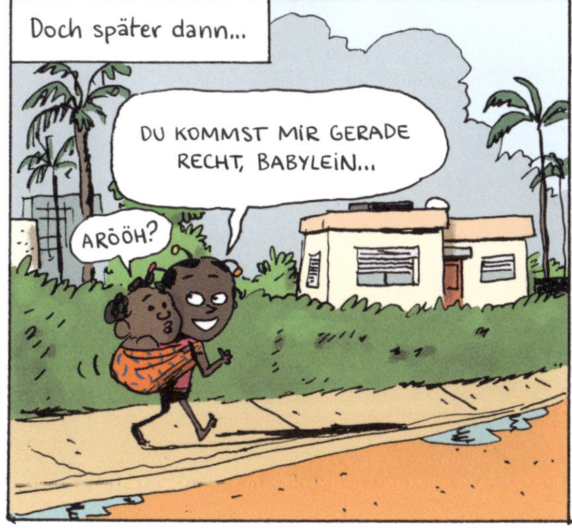
Doch später dann...
DU KOMMST MIR GERADE RECHT, BABYLEIN...
ARÖÖH?

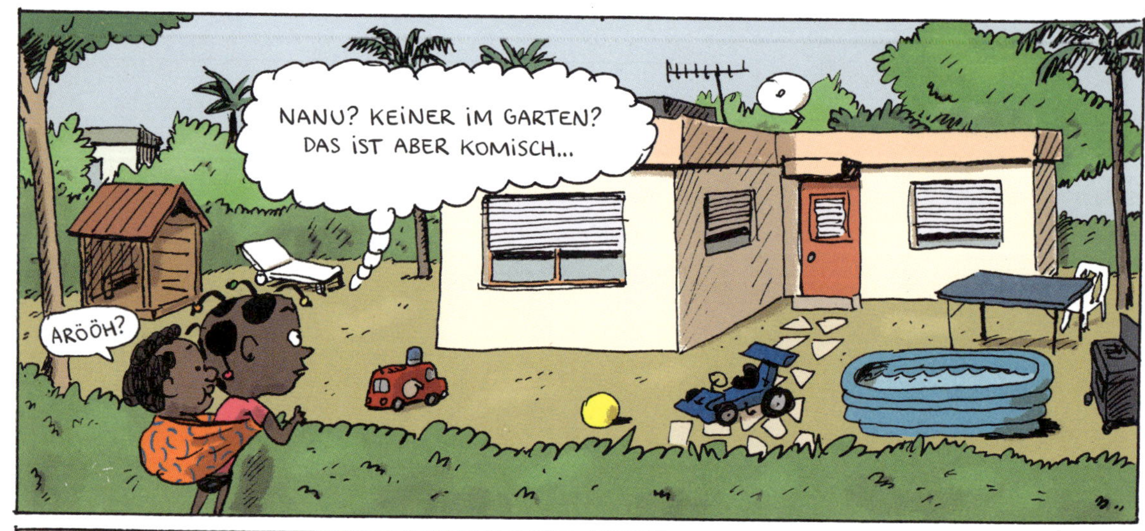
NANU? KEINER IM GARTEN?
DAS IST ABER KOMISCH...
ARÖÖH?

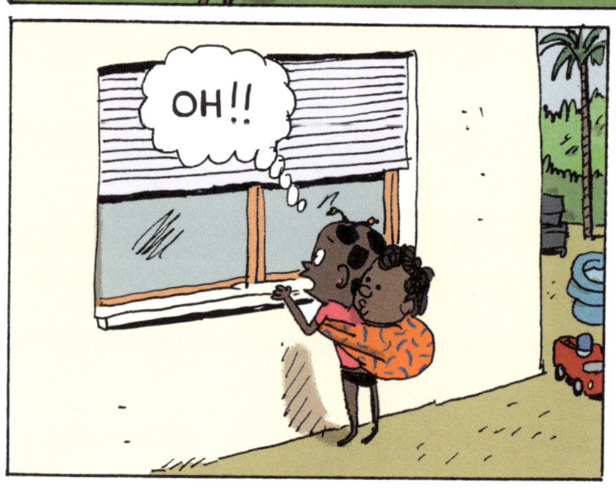
OH!!

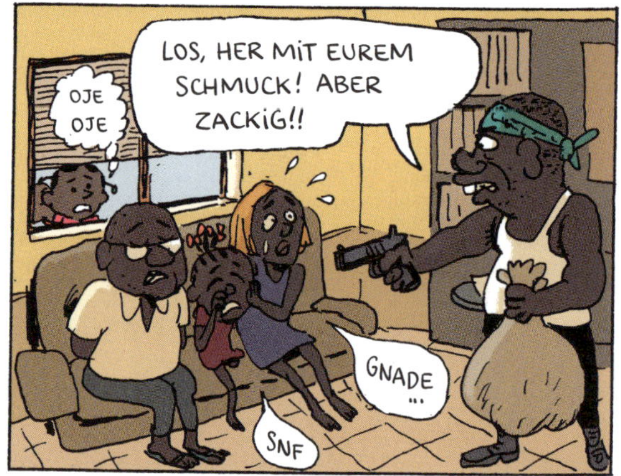
OJE OJE
LOS, HER MIT EUREM SCHMUCK! ABER ZACKIG!!
GNADE ...
SNF

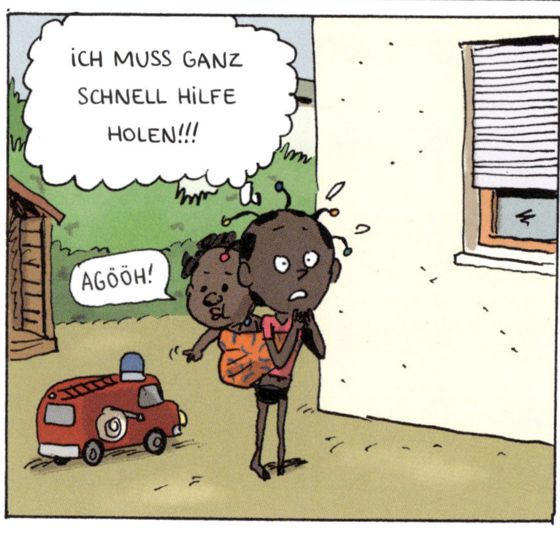
ICH MUSS GANZ SCHNELL HILFE HOLEN!!!
AGÖÖH!

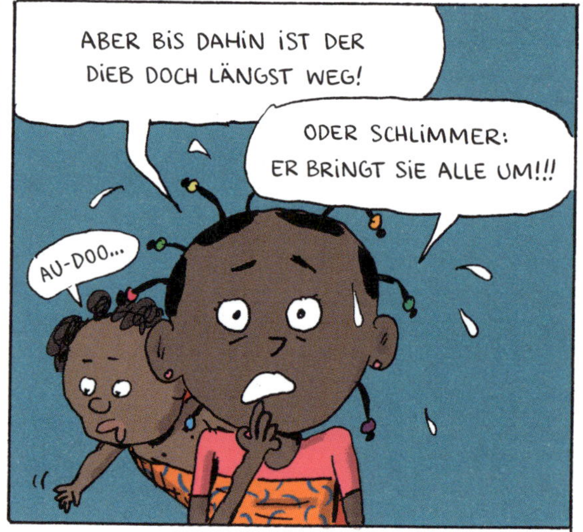
ABER BIS DAHIN IST DER DIEB DOCH LÄNGST WEG!
ODER SCHLIMMER: ER BRINGT SIE ALLE UM!!!
AU-DOO...

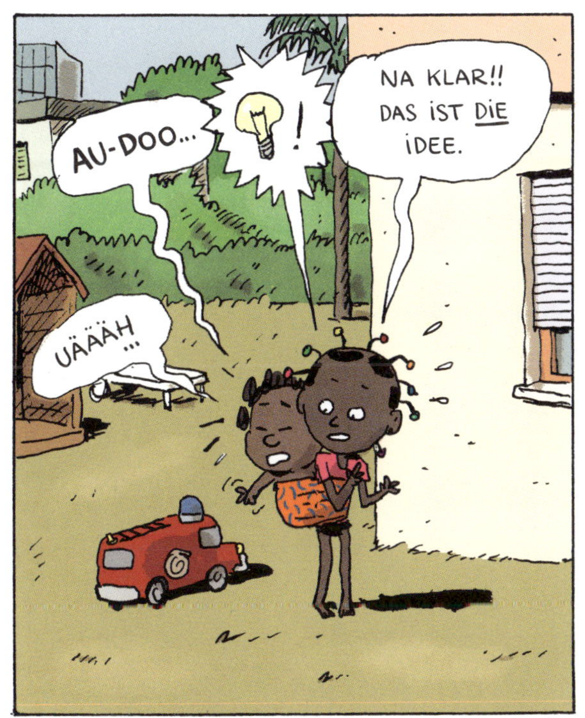
AU-DOO...
!
NA KLAR!!
DAS IST DIE IDEE.
UÄÄÄH...

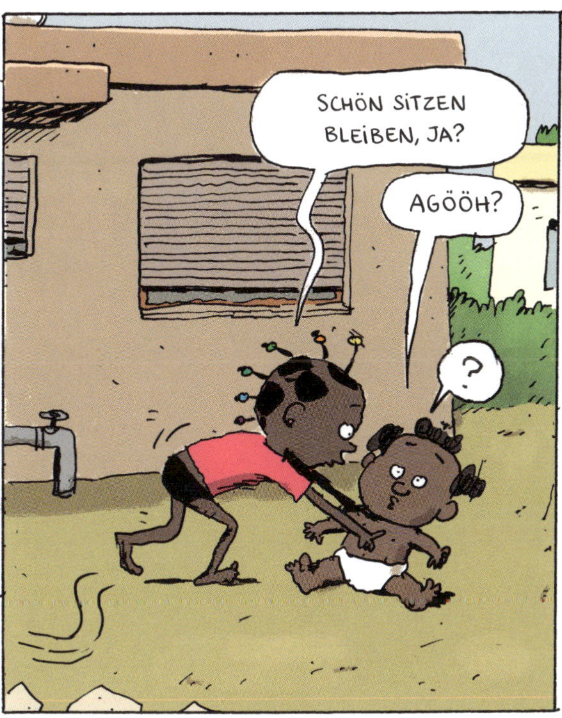
SCHÖN SITZEN BLEIBEN, JA?
AGÖÖH?
?

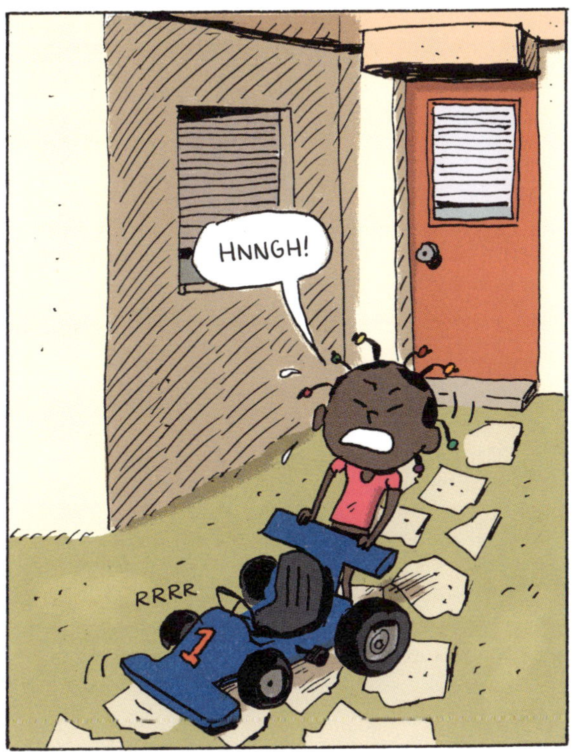
HNNGH!
RRRR

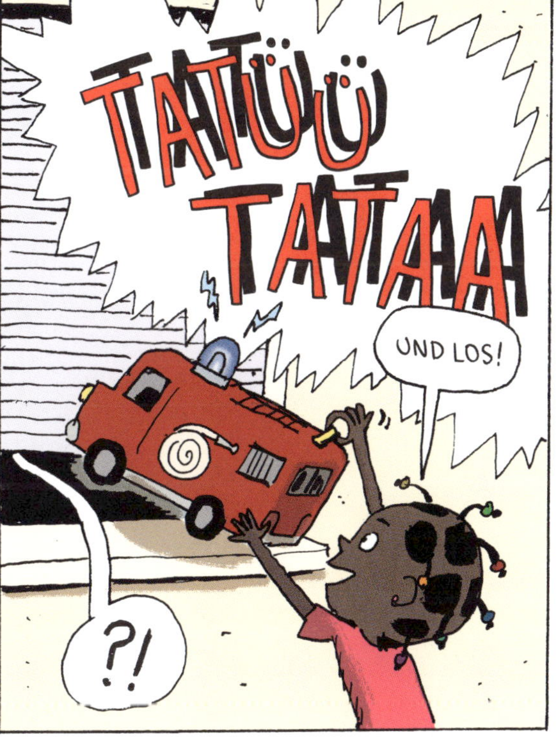
TATÜÜ
TATAAA
UND LOS!
?!

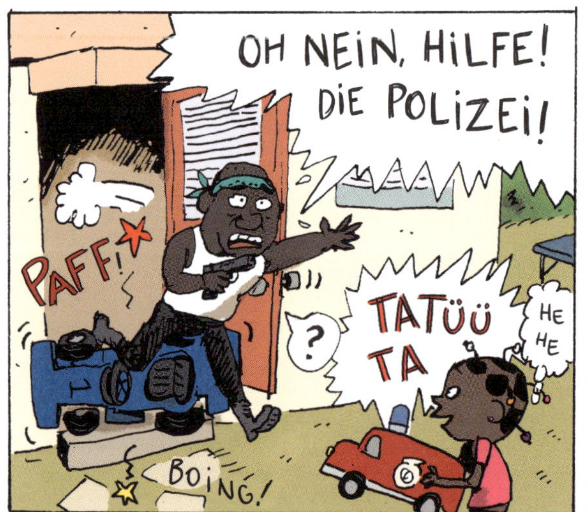
OH NEIN, HILFE! DIE POLIZEI!
PAFF!
?
TATÜÜ TA
HE HE
BOING!

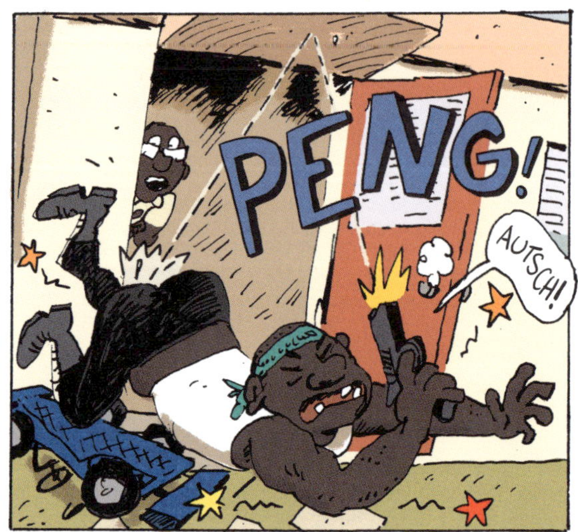
PENG!
AUTSCH!

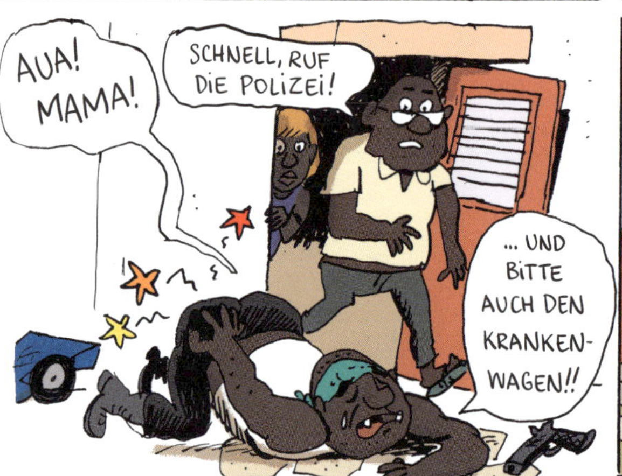
AUA! MAMA!
SCHNELL, RUF DIE POLIZEI!
... UND BITTE AUCH DEN KRANKEN-WAGEN!!

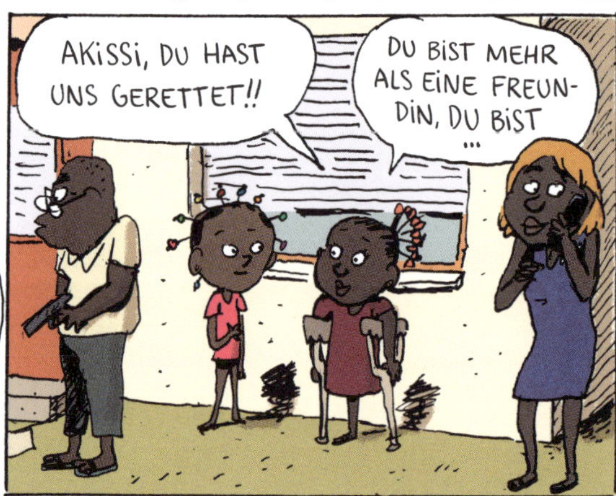
AKISSI, DU HAST UNS GERETTET!!
DU BIST MEHR ALS EINE FREUN-DIN, DU BIST ...

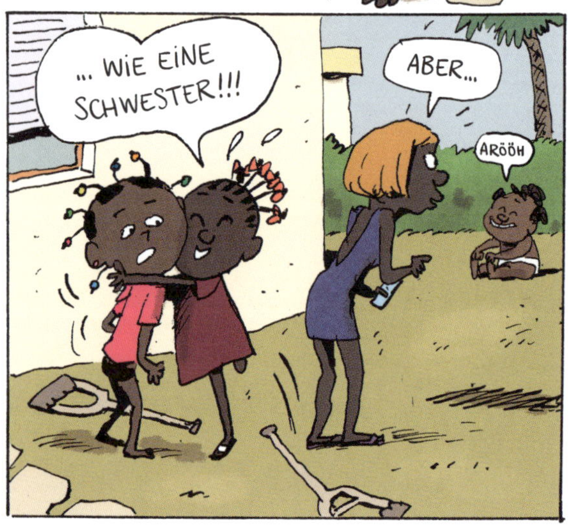
... WIE EINE SCHWESTER!!!
ABER...
ARÖÖH

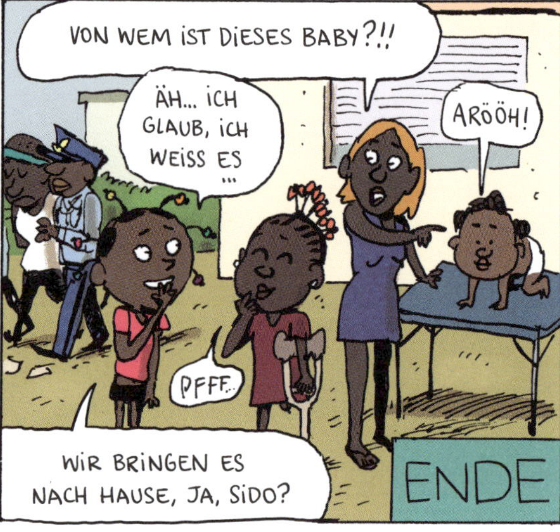
VON WEM IST DIESES BABY?!!
ÄH... ICH GLAUB, ICH WEISS ES ...
ARÖÖH!
PFFF.
WIR BRINGEN ES NACH HAUSE, JA, SIDO?
ENDE

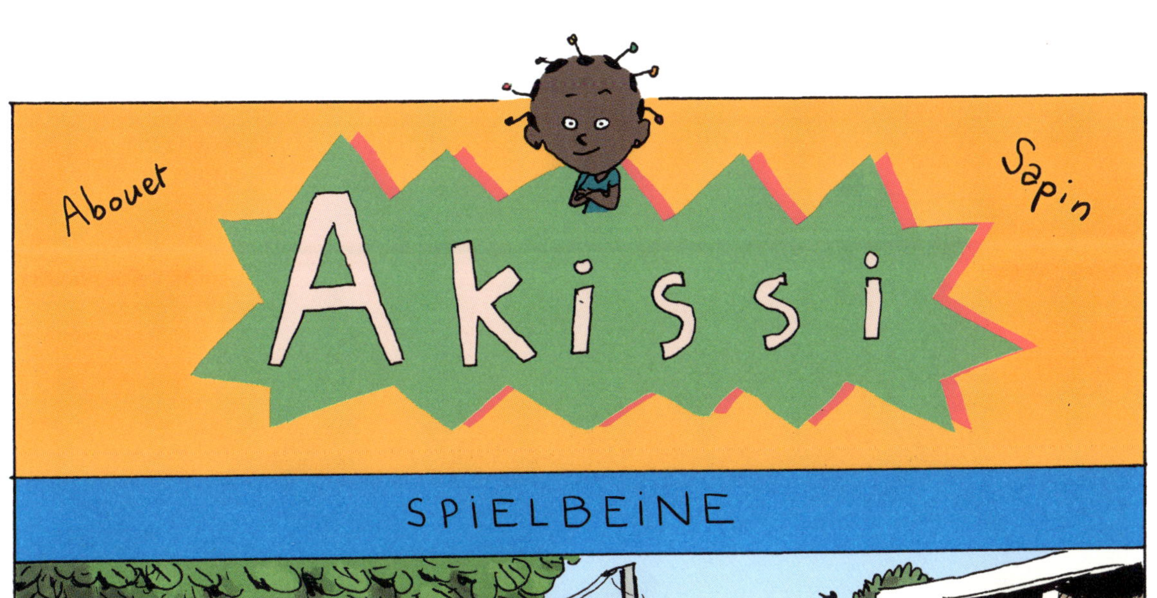
Abouet
Akissi
Sapin
SPIELBEINE

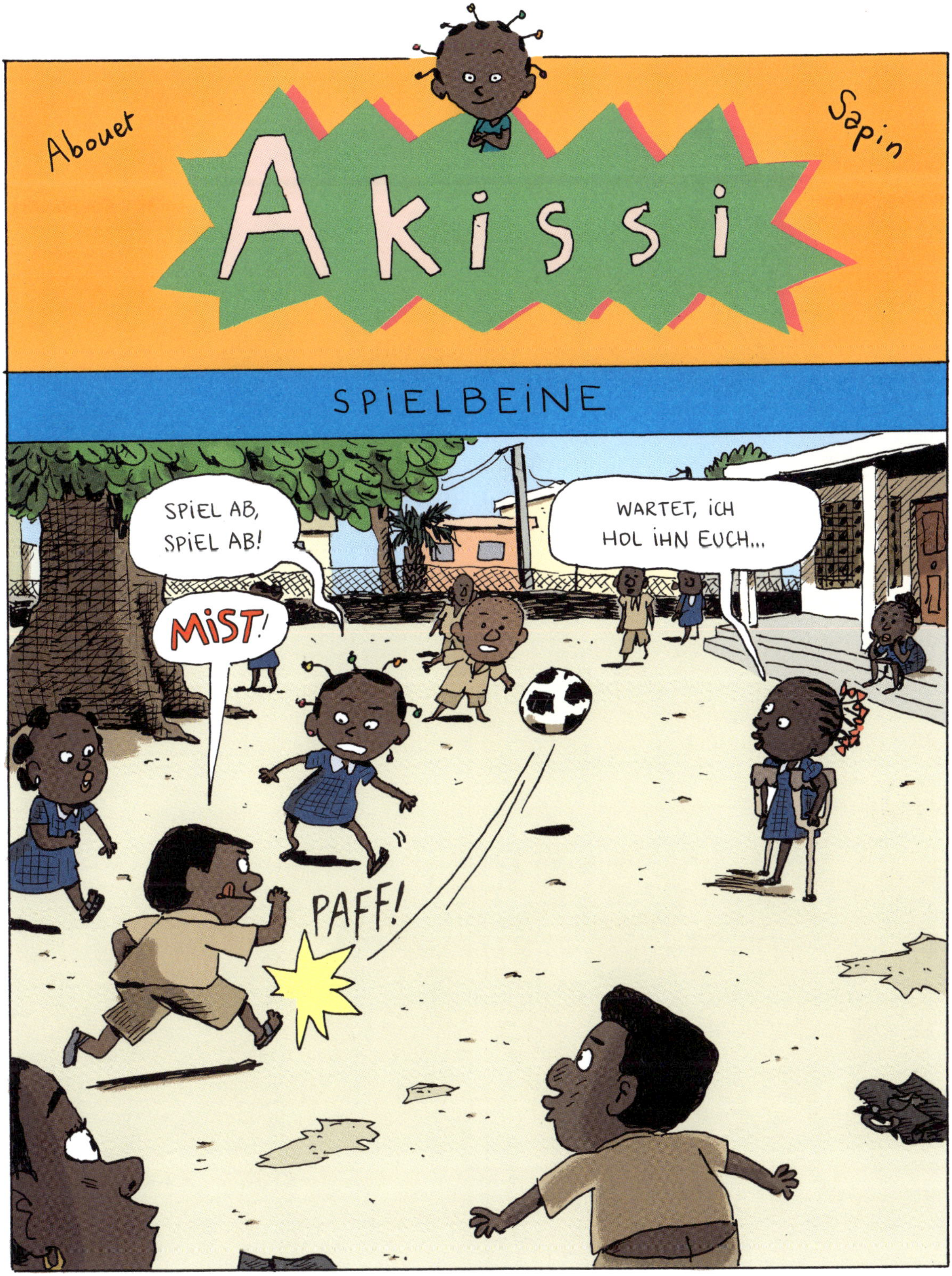

SPIEL AB, SPIEL AB!
MIST!
WARTET, ICH HOL IHN EUCH...
PAFF!

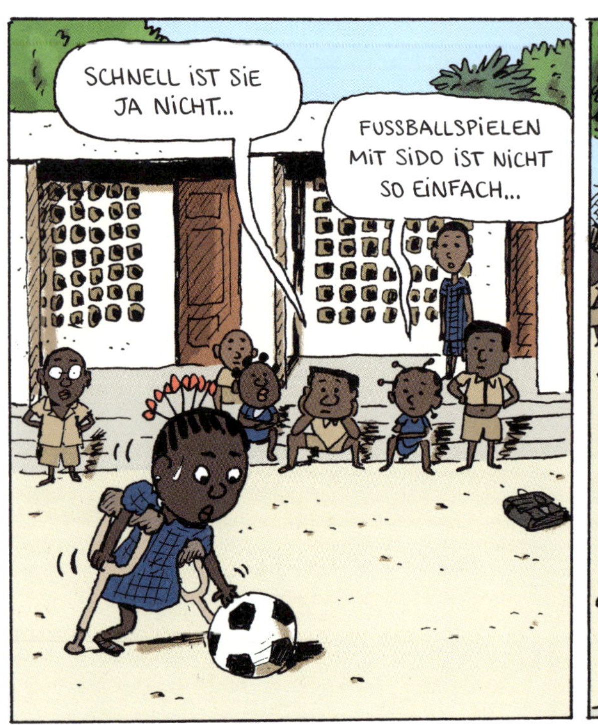
SCHNELL IST SIE JA NICHT...
FUSSBALLSPIELEN MIT SIDO IST NICHT SO EINFACH...

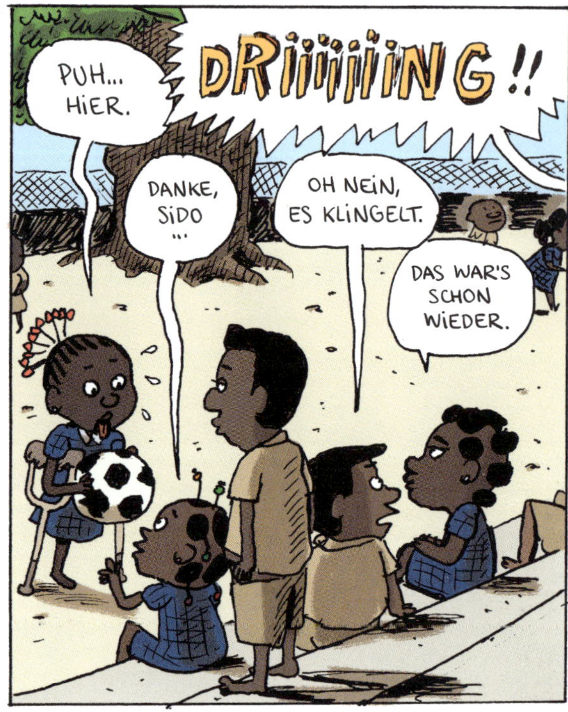
PUH... HIER.
DRiiiiiiING!!
DANKE, SIDO ...
OH NEIN, ES KLINGELT.
DAS WAR'S SCHON WIEDER.

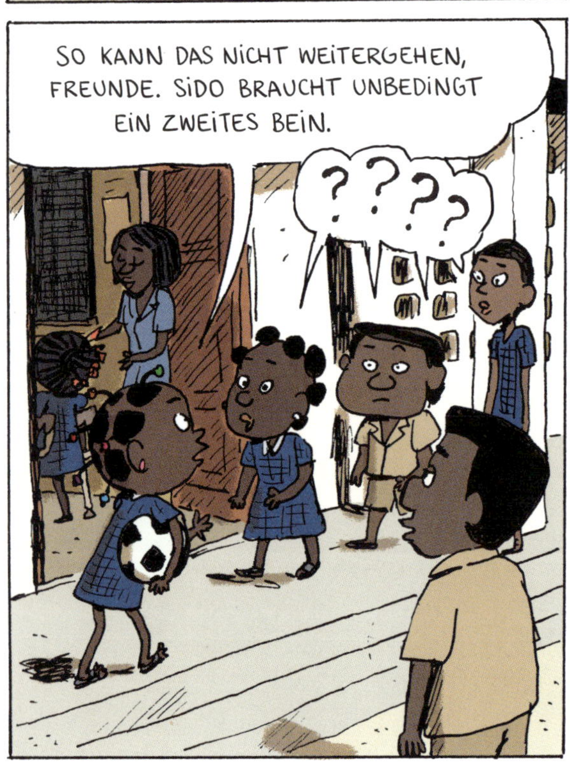
SO KANN DAS NICHT WEITERGEHEN, FREUNDE. SIDO BRAUCHT UNBEDINGT EIN ZWEITES BEIN.
????

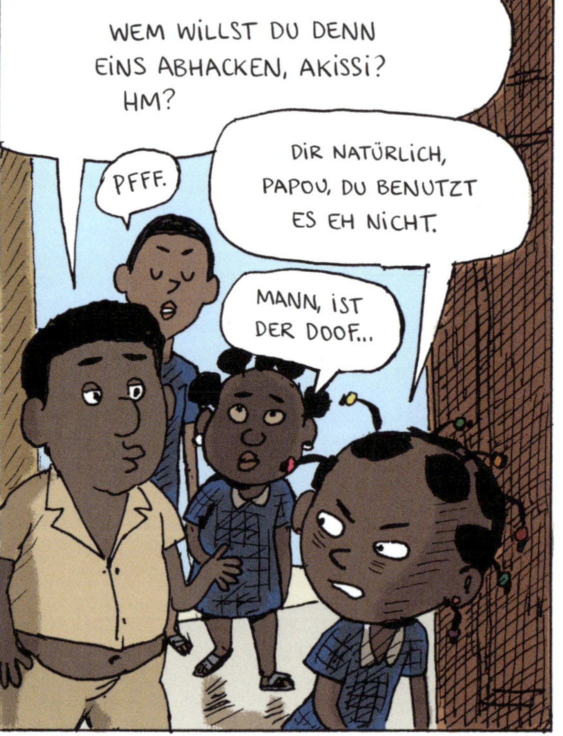
WEM WILLST DU DENN EINS ABHACKEN, AKISSI? HM?
PFFF.
DIR NATÜRLICH, PAPOU, DU BENUTZT ES EH NICHT.
MANN, IST DER DOOF...

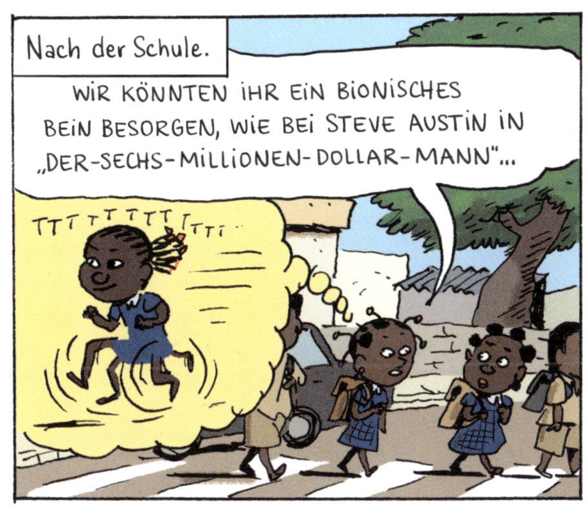
Nach der Schule.
WIR KÖNNTEN IHR EIN BIONISCHES BEIN BESORGEN, WIE BEI STEVE AUSTIN IN „DER-SECHS-MILLIONEN-DOLLAR-MANN"...
TTTTTTTTTTTT

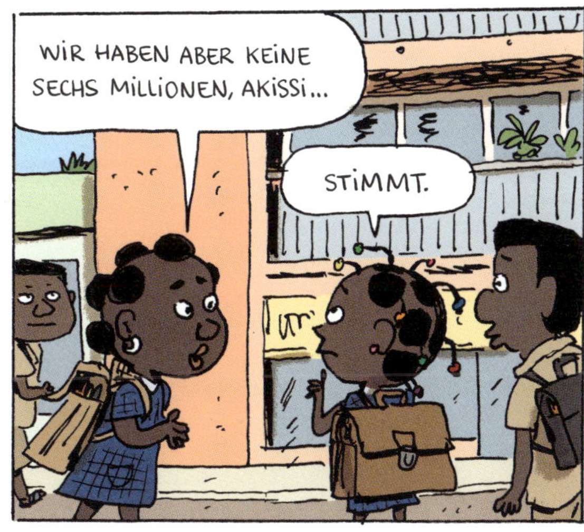
WIR HABEN ABER KEINE SECHS MILLIONEN, AKISSI...
STIMMT.

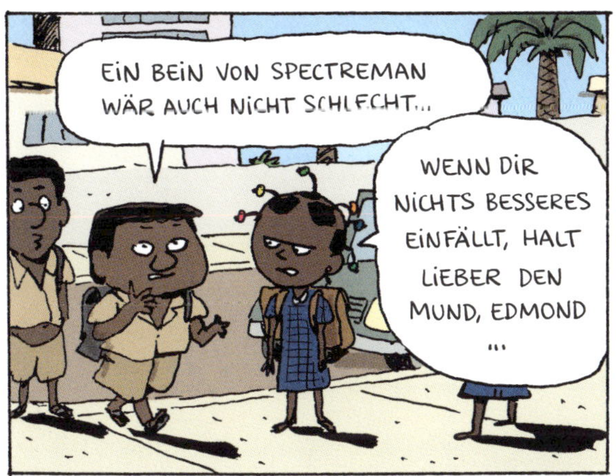
EIN BEIN VON SPECTREMAN WÄR AUCH NICHT SCHLECHT...
WENN DIR NICHTS BESSERES EINFÄLLT, HALT LIEBER DEN MUND, EDMOND ...

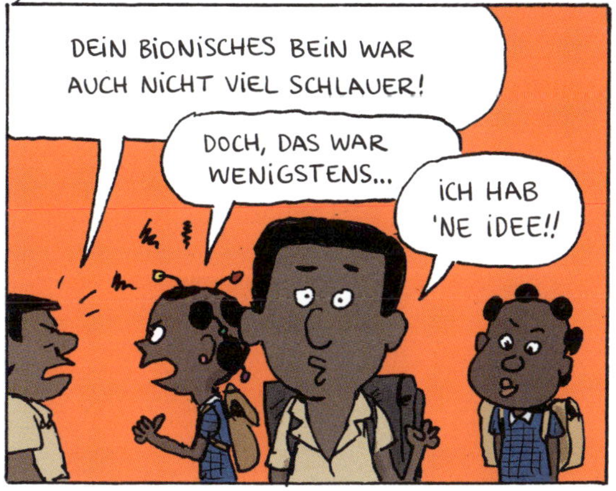
DEIN BIONISCHES BEIN WAR AUCH NICHT VIEL SCHLAUER!
DOCH, DAS WAR WENIGSTENS...
ICH HAB 'NE IDEE!!

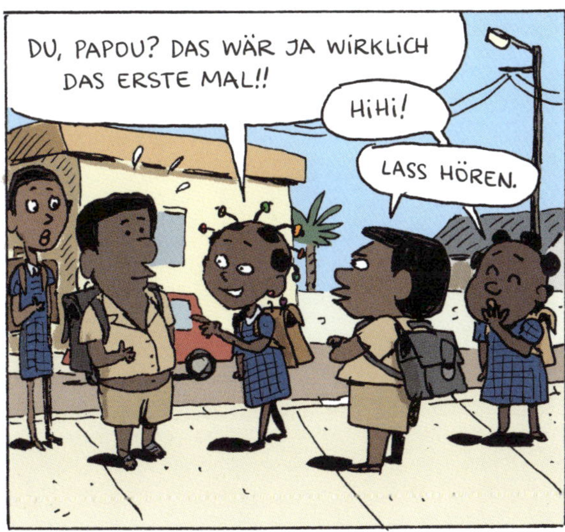
DU, PAPOU? DAS WÄR JA WIRKLICH DAS ERSTE MAL!!
HIHI!
LASS HÖREN.

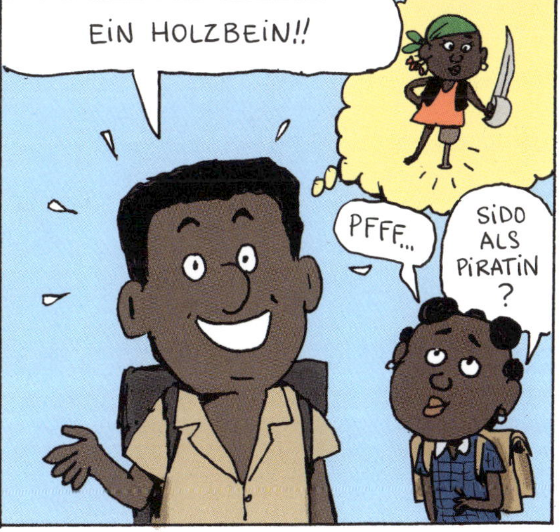
EIN HOLZBEIN!!
PFFF...
SIDO ALS PIRATIN ?

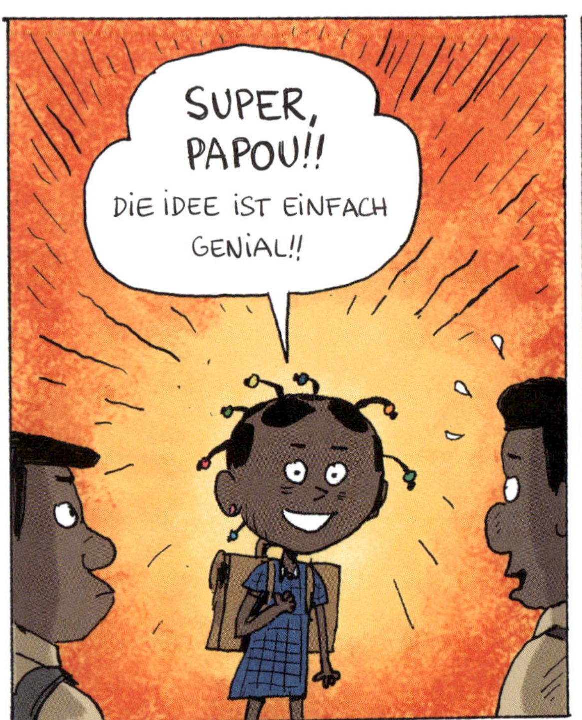
SUPER, PAPOU!!
DIE IDEE IST EINFACH GENIAL!!

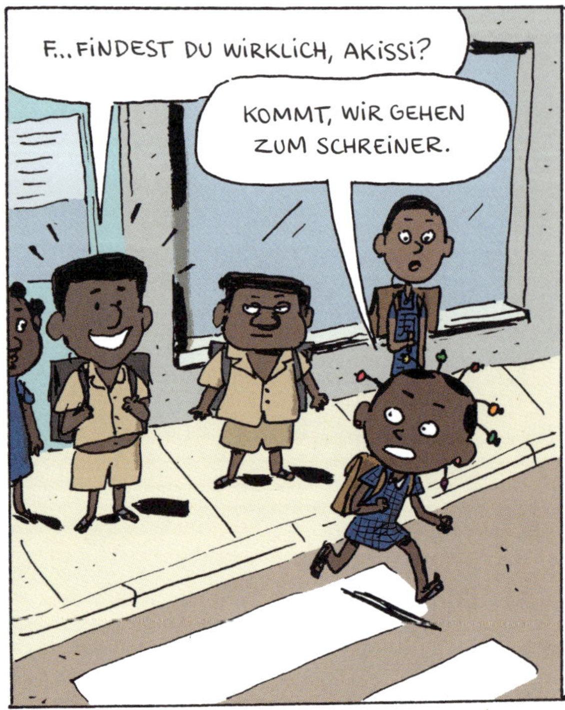
F... FINDEST DU WIRKLICH, AKISSI?
KOMMT, WIR GEHEN ZUM SCHREINER.

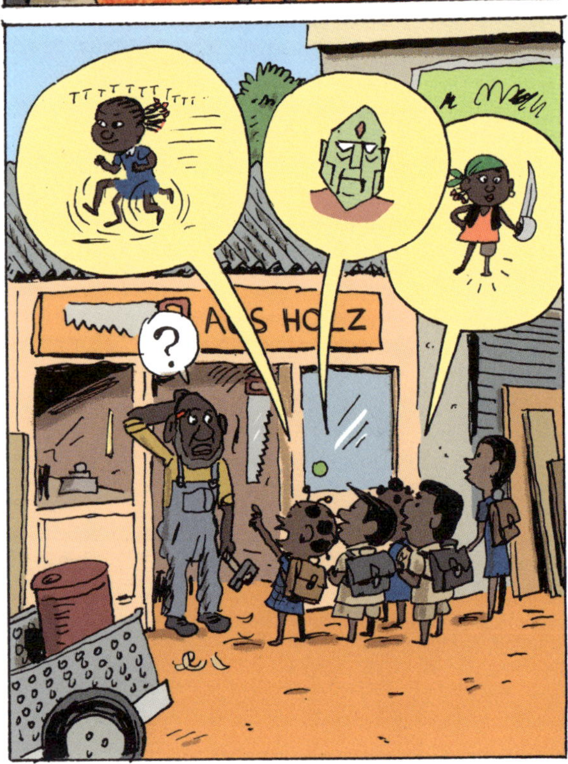
?

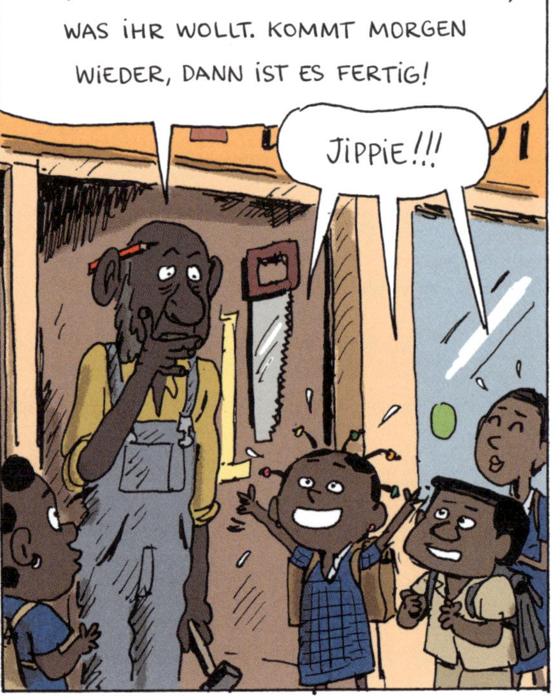
GUT, KINDER. ICH GLAUB, ICH WEISS JETZT, WAS IHR WOLLT. KOMMT MORGEN WIEDER, DANN IST ES FERTIG!
JIPPIE!!!

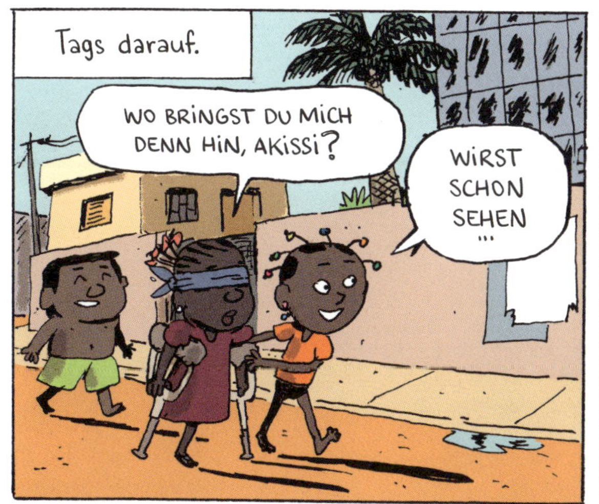
Tags darauf.
WO BRINGST DU MICH DENN HIN, AKISSI?
WIRST SCHON SEHEN ...

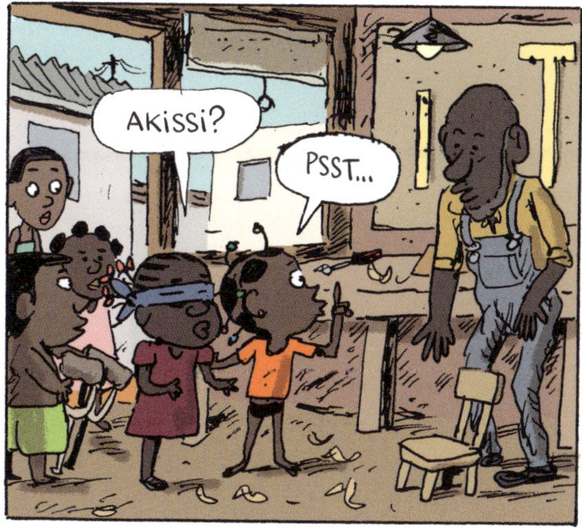
AKISSI?
PSST...

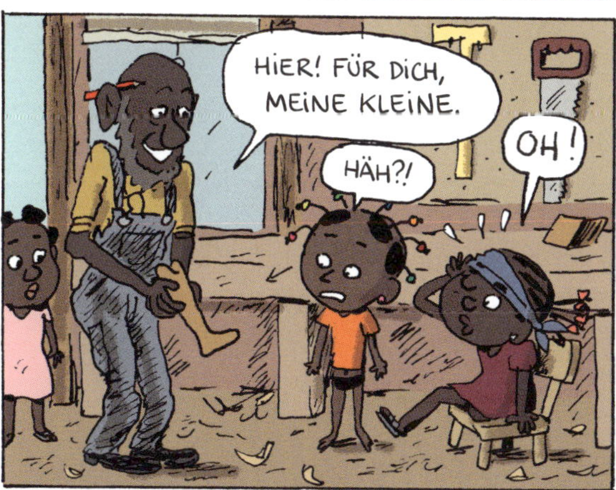
HIER! FÜR DICH, MEINE KLEINE.
HÄH?!
OH!

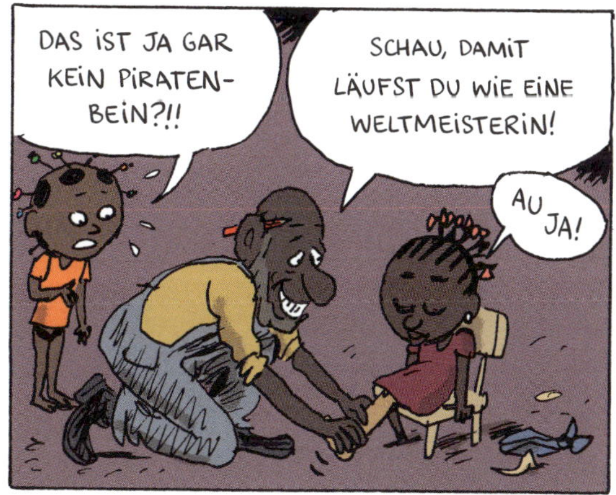
DAS IST JA GAR KEIN PIRATEN-BEIN?!!
SCHAU, DAMIT LÄUFST DU WIE EINE WELTMEISTERIN!
AU JA!

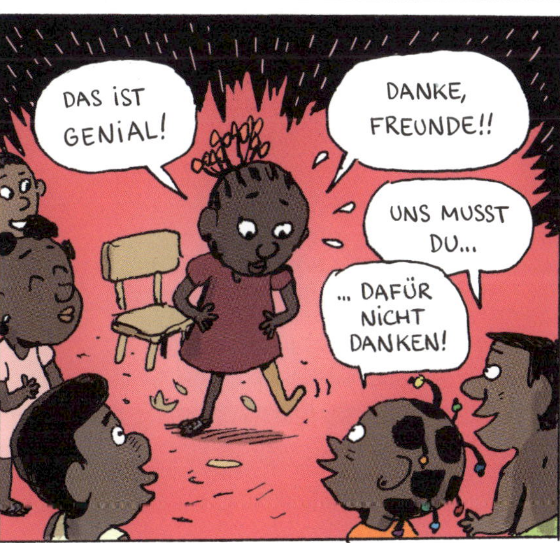
DAS IST GENIAL!
DANKE, FREUNDE!!
UNS MUSST DU...
... DAFÜR NICHT DANKEN!

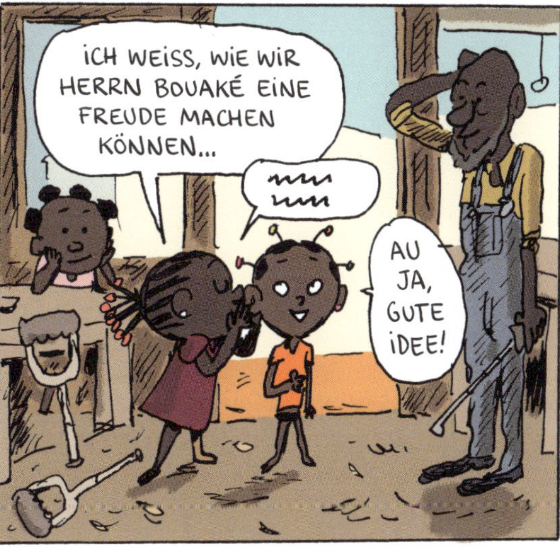
ICH WEISS, WIE WIR HERRN BOUAKÉ EINE FREUDE MACHEN KÖNNEN...
AU JA, GUTE IDEE!

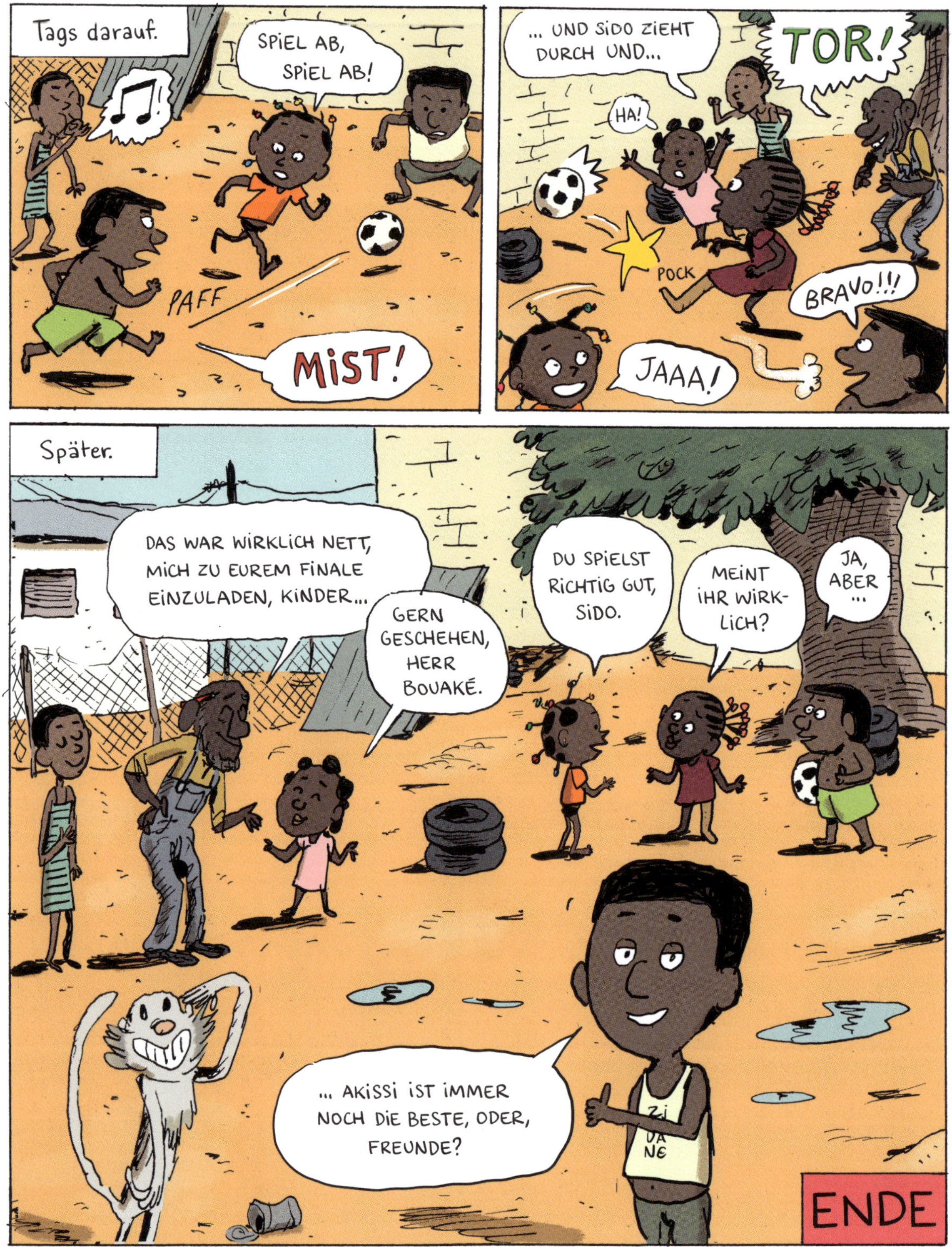

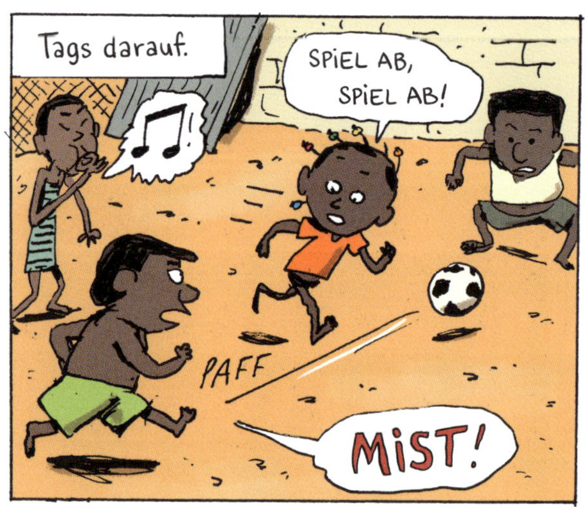

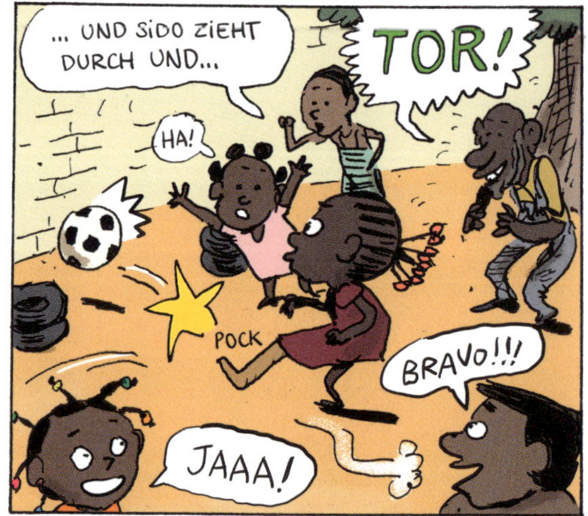

Später.

DAS WAR WIRKLICH NETT, MICH ZU EUREM FINALE EINZULADEN, KINDER...

GERN GESCHEHEN, HERR BOUAKÉ.

DU SPIELST RICHTIG GUT, SIDO.

MEINT IHR WIRKLICH?

JA, ABER ...

... AKISSI IST IMMER NOCH DIE BESTE, ODER, FREUNDE?

ENDE

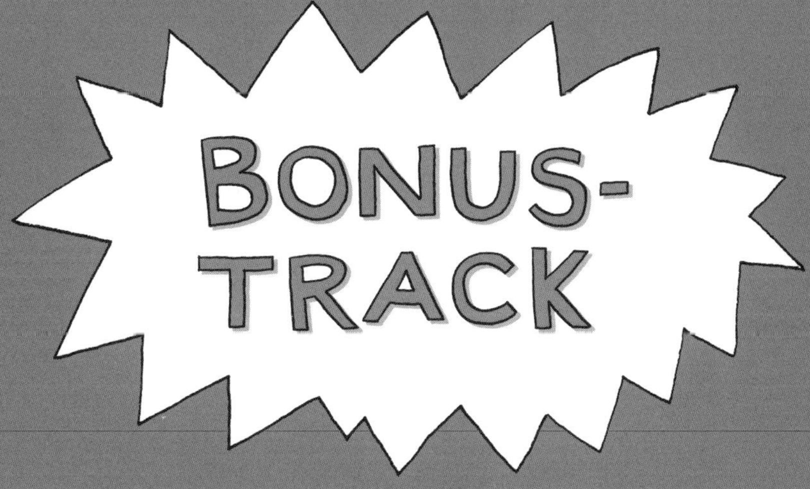
BONUS-
TRACK

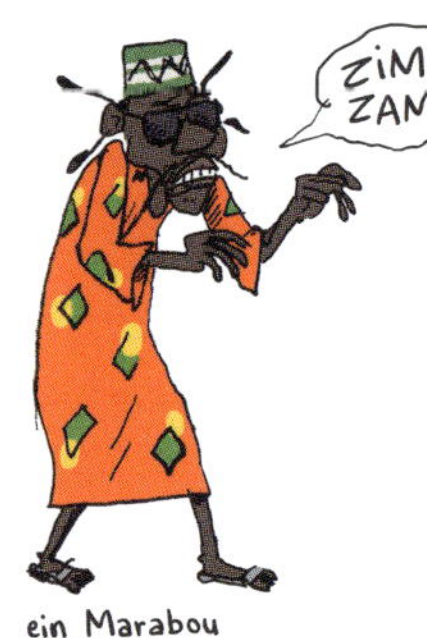

MARABOU:
Dieses Wort hat mehrere Bedeutungen, aber in unserem Buch bezeichnet es einen Magier oder Hexer, der jede Art von Problem für euch löst.

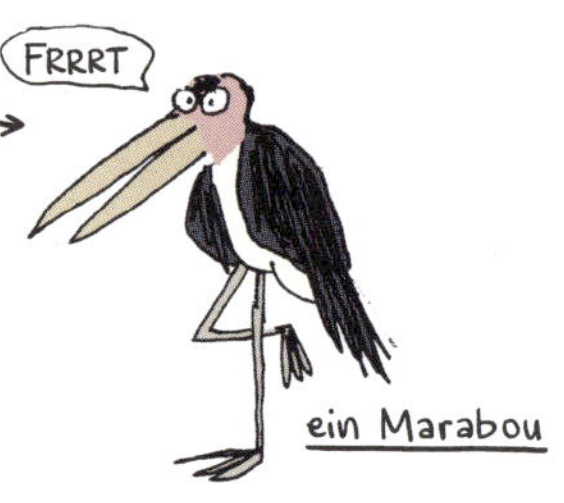

MALARIA ist eine Krankheit und kann sehr gefährlich sein. Sie wird durch den Stich einer infizierten Mücke auf den Menschen übertragen.

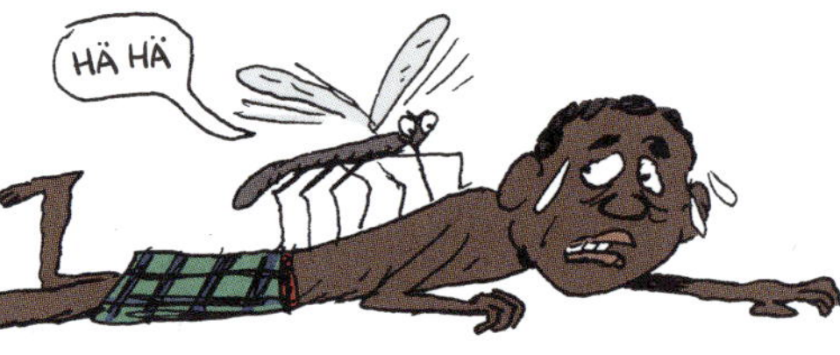

Rezept für einen ZAUBERTRANK

erfunden von AKISSI

1

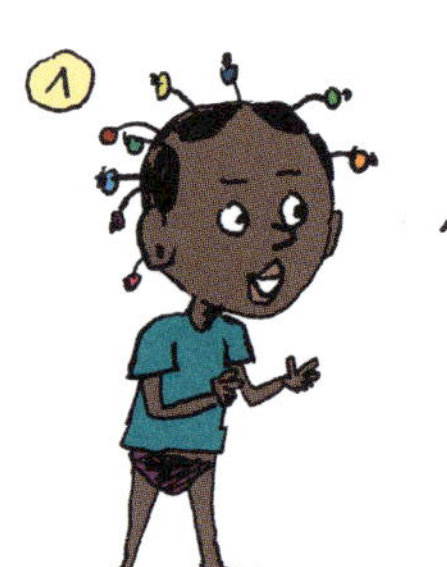

- 1 Liter Guavensaft (oder Mango, das geht auch)
- 1 Glas Ananassaft (oder Kirsche, das geht auch)

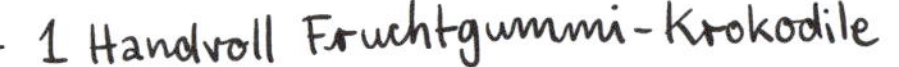

- 1 Handvoll Fruchtgummi-Krokodile

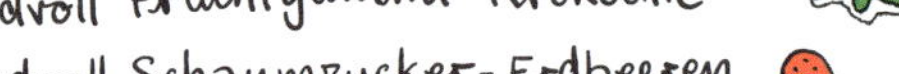

- 1 Handvoll Schaumzucker-Erdbeeren
- ein paar Fruchtgummi-Insekten (Spinnen, Fliegen, was es so gibt)

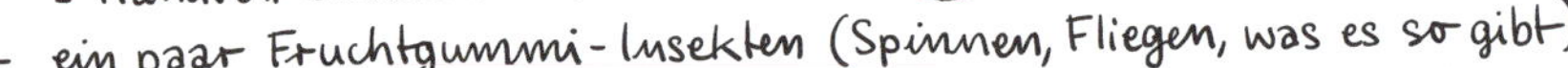

- 1 Prise gemahlener Ingwer (muss aber nicht sein)
- 3 Krümel Salz (unverzichtbar)

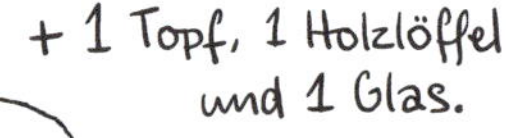

+ 1 Topf, 1 Holzlöffel und 1 Glas.

2

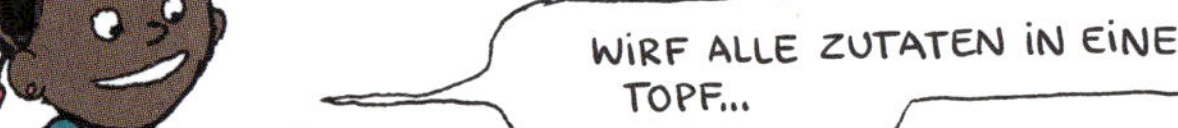

3

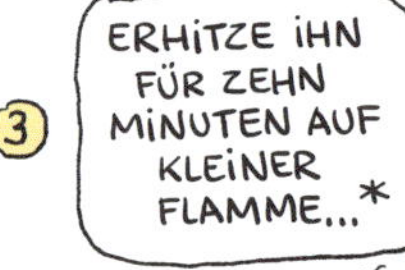

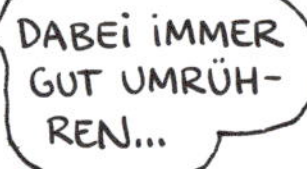

4

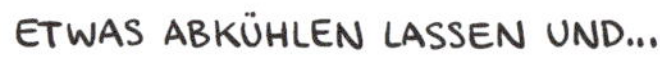

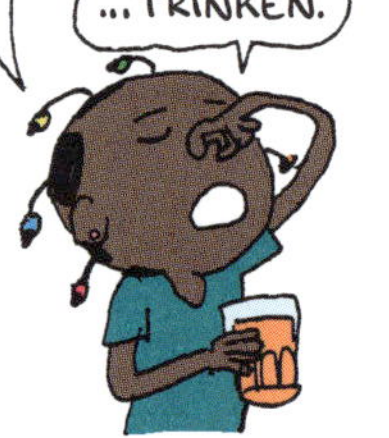

ACHTUNG ⚠

Schmeckt gut, aber nicht zu viel davon trinken, sonst rennst du ständig aufs Klo!!!

* nur in Anwesenheit eines Erwachsenen

EDMONDS MASKE ZUM AUSSCHNEIDEN

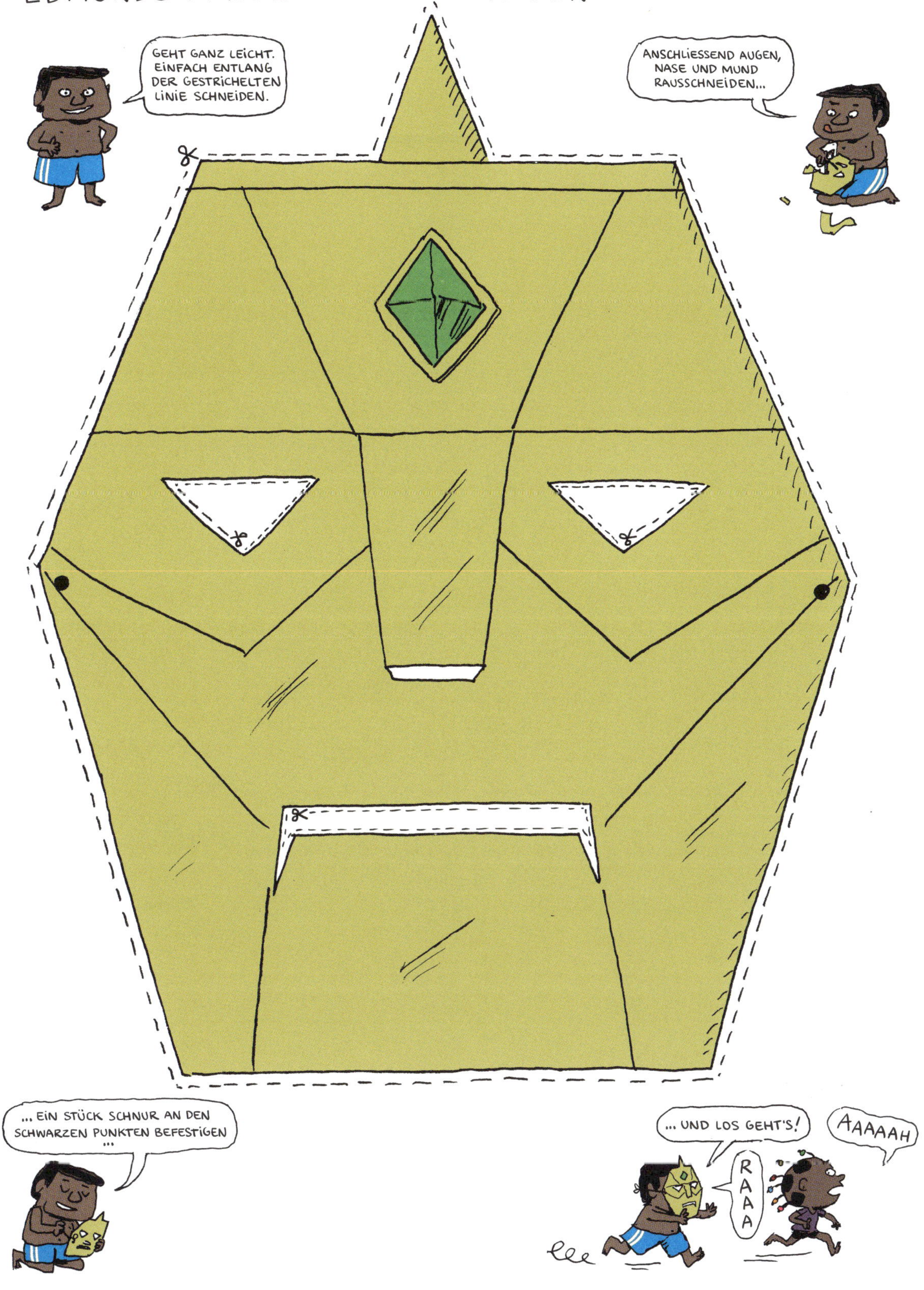

GEHT GANZ LEICHT. EINFACH ENTLANG DER GESTRICHELTEN LINIE SCHNEIDEN.

ANSCHLIESSEND AUGEN, NASE UND MUND RAUSSCHNEIDEN...

... EIN STÜCK SCHNUR AN DEN SCHWARZEN PUNKTEN BEFESTIGEN ...

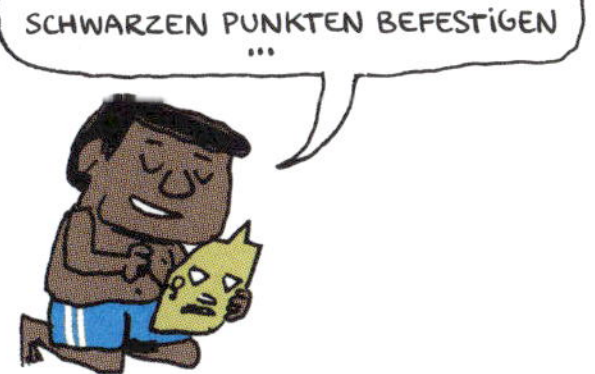

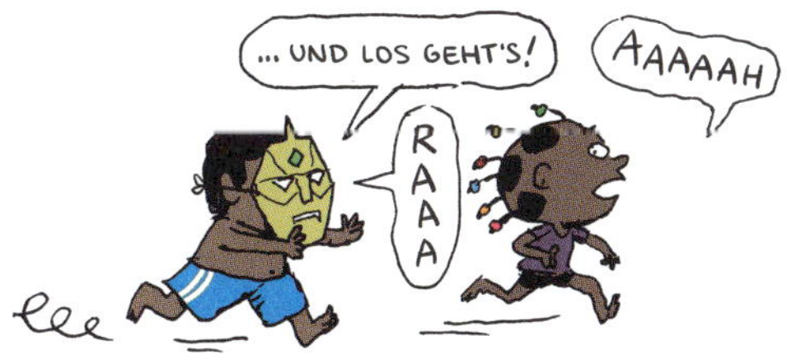

SO ZEICHNET MAN AKISSIS KOPF

1. Fang mit einem nicht zu runden Kreis an...

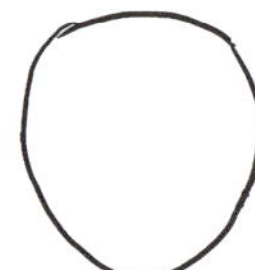

2. ... zwei Ovale als Augen und ein Punkt in jedes Oval...

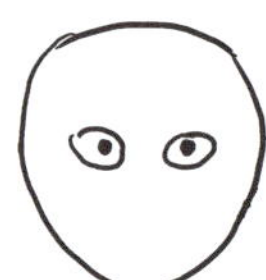

3. ... ein Häkchen als Nase...

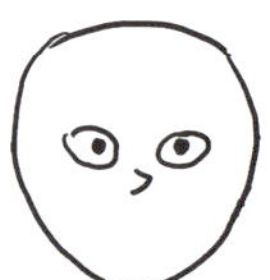

4. ... und eine kleine Bohne als Mund.

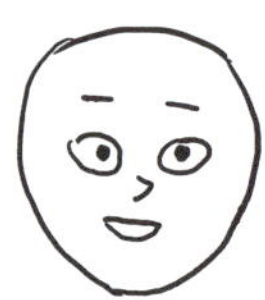

5. Zwei Striche als Augenbrauen und zwei Halbmonde als Ohren.

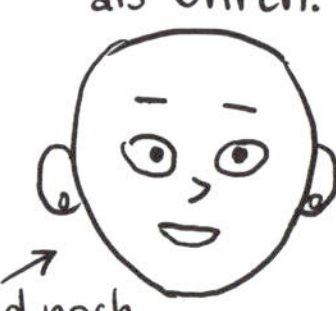

und noch zwei kleine Kringel für die Ohrringe

6. Na bitte! Fehlen nur noch die Zöpfchen!

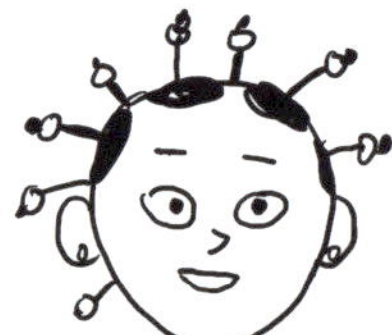

Wenn man mit der Form der Augen, der Brauen und der Lippen spielt, kann man den Gesichtsausdruck verändern.

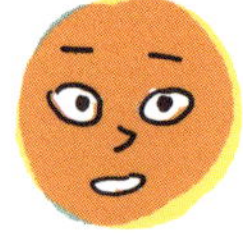

NORMAL

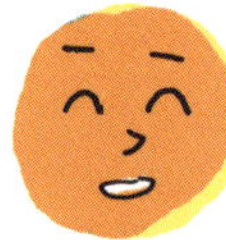

GLÜCKLICH

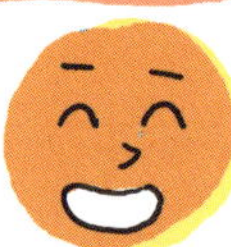

SEHR GLÜCKLICH

ENTTÄUSCHT

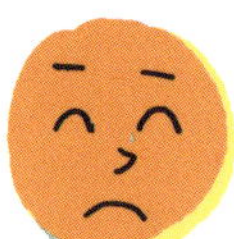

TRAURIG

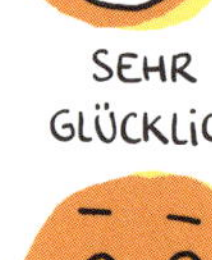

SEHR TRAURIG

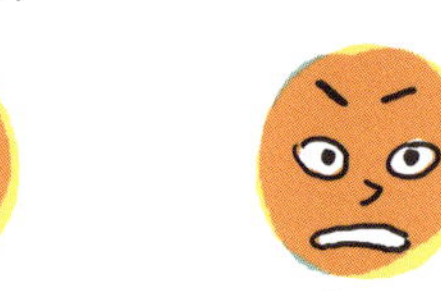

UNZUFRIEDEN

SEHR UNZUFRIEDEN

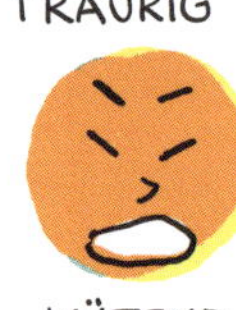

WÜTEND

usw.

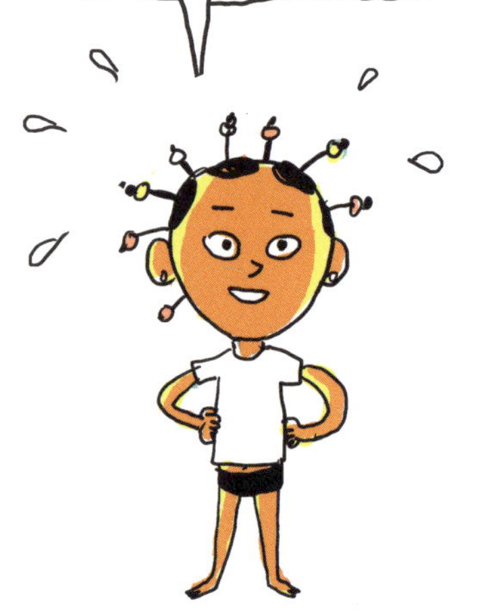

DENK DIR EINE FORTSETZUNG DER GESCHICHTE AUS UND ZEICHNE SIE...

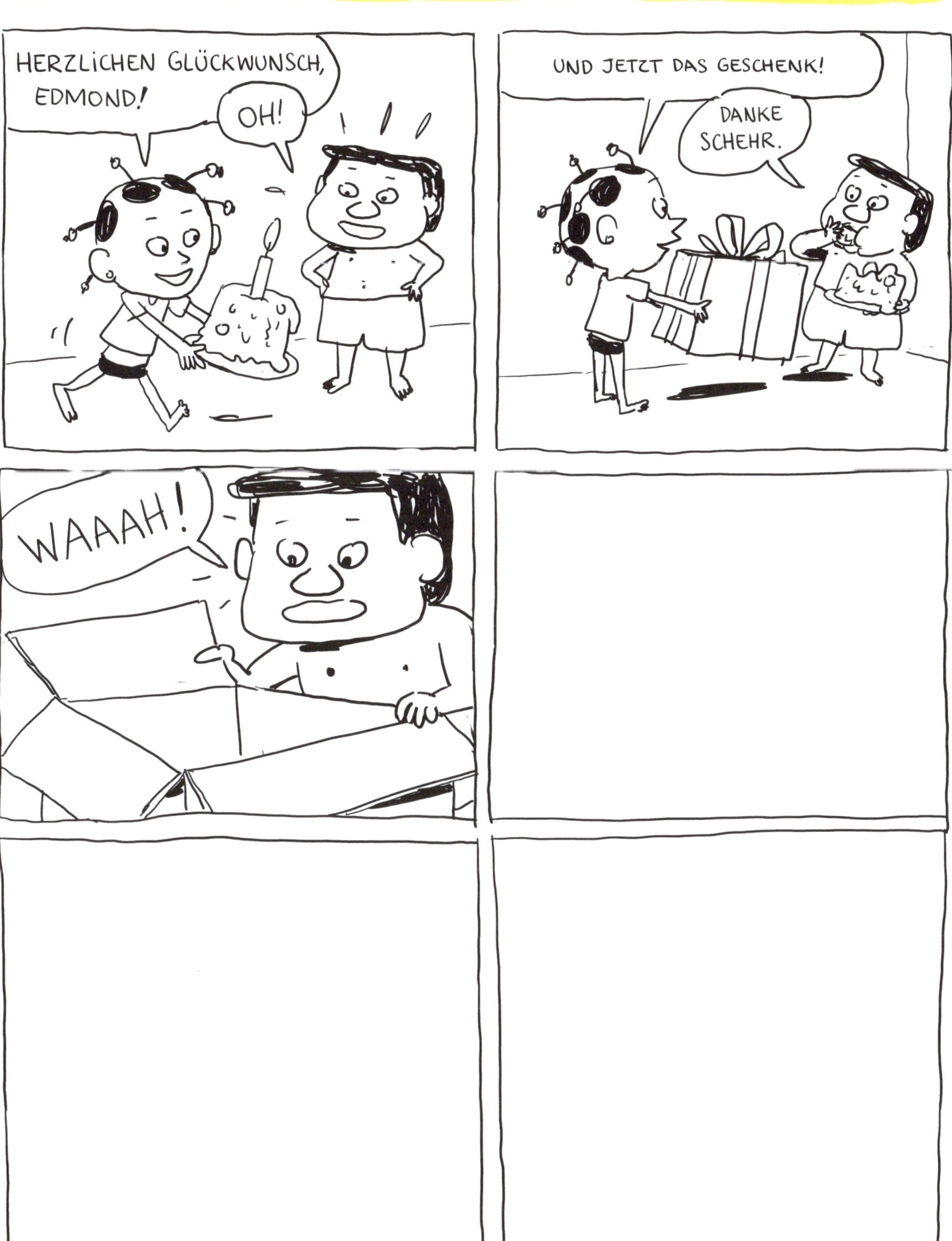

Ende

INHALT

MARGUERITE ABOUET ist die Autorin von *Akissi*. Sie wurde 1971 in Abidjan, der größten Stadt der Elfenbeinküste, geboren. Als sie zwölf Jahre alt war, schickten ihre Eltern sie und ihren älteren Bruder zu einem Großonkel nach Paris, damit die beiden eine gute Schule besuchen konnten. Marguerite machte eine Ausbildung zur Rechtsanwaltsgehilfin, bevor sie sich dazu entschloss, Szenaristin und Drehbuchautorin zu werden. Sie hat außerdem eine Organisation zur Förderung von Bibliotheken in Afrika gegründet. Mit ihrem Sohn lebt Marguerite in der Nähe von Paris.

MARGUERITE ABOUET & CLÉMENT OUBRERIE BEI REPRODUKT

Aya aus Yopougon 1–7

MARGUERITE ABOUET & MATHIEU SAPIN BEI REPRODUKT

Akissi – Auf die Katzen, fertig, los!

Akissi – Vorsicht, fliegende Schafe!

Akissi – Magische Mixtur

Akissi – Die Königin der Nervensägen

Akissi – Rette sich, wer kann!

Akissi aus Paris

MATHIEU SAPIN hat *Akissi* gezeichnet. Er kam 1974 in der französischen Stadt Dijon zur Welt, aus der auch der weltberühmte Senf kommt. In Straßburg hat er Illustration studiert und danach einige Comics über bekannte Männer gezeichnet, zum Beispiel über den ehemaligen französischen Präsidenten François Hollande oder über den bekannten Schauspieler Gérard Depardieu. Mathieu Sapin lebt mit seiner Familie in Paris.

MATHIEU SAPIN BEI REPRODUKT

Gérard – Fünf Jahre am Rockzipfel von Depardieu

Comédie française

Aus dem Französischen von Annette von der Weppen
Redaktion: Heike Drescher
Korrektur: Gustav Mechlenburg
Lettering: Olav Korth
Bildbearbeitung und Herstellung:
Minou Zaribaf

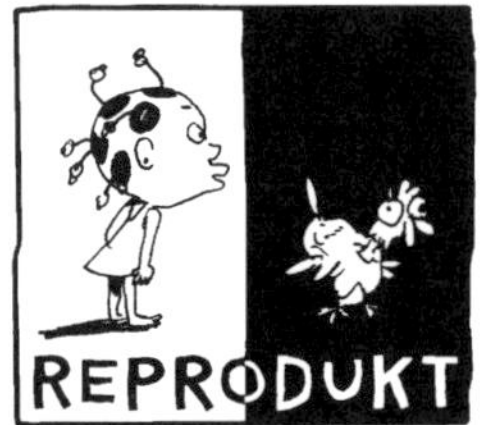

Reprodukt GmbH
Gottschedstr. 4 / Aufgang 1
13357 Berlin

Originally published in France by Gallimard Jeunesse,
5 rue Gaston Gallimard, 75007 Paris, France
Published by arrangement with Sylvain Coissard Agency,
5111 Route de Genas, 69100 Villeurbanne, France
Herausgeber: Dirk Rehm
ISBN 978-3-95640-261-6
Druck: Balto Print, Vilnius, Litauen

Zweite Auflage: April 2025

info@reprodukt.com · www.reprodukt.com

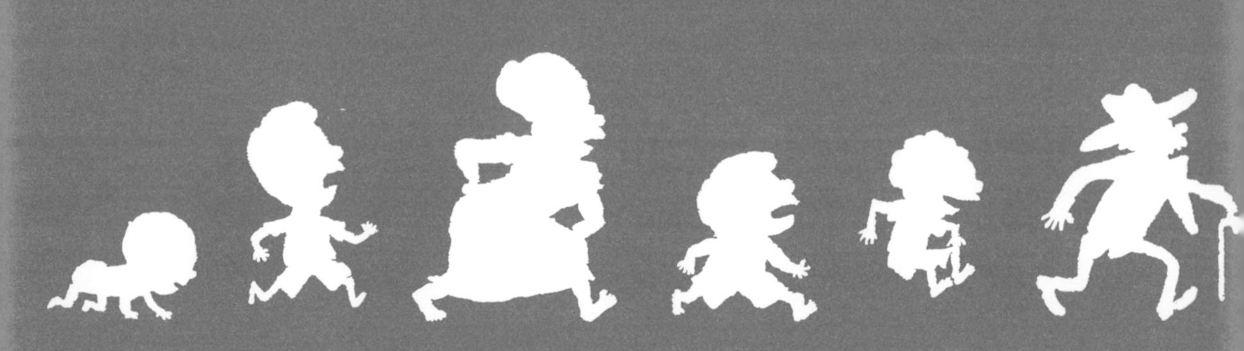